U0755193

英语语言学与教学方法研究

崔洪静 著

江西美术出版社

图书在版编目（CIP）数据

英语语言学与教学方法研究 / 崔洪静著. – – 南昌：
江西美术出版社，2021. 12
ISBN 978-7-5480-8681-9

Ⅰ．①英… Ⅱ．①崔… Ⅲ．①英语 – 语言学 – 研究②
英语 – 教学研究 Ⅳ．①H31

中国版本图书馆 CIP 数据核字（2022）第 023448 号

出 品 人：周建森
责任编辑：许越敏
责任印制：汪剑菁
装帧设计：吕冠超

英语语言学与教学方法研究
著　　者：崔洪静
出　　版：江西美术出版社
地　　址：江西省南昌市子安路 66 号江美大厦
网　　址：http://jxfinearts. com
电子信箱：jxms@ jxfinearts. com
邮　　编：330025
电　　话：0791-86566241
经　　销：全国新华书店
印　　刷：长沙欣发印务有限公司
版　　次：2021 年 12 月第 1 版
印　　次：2024 年 4 月第 2 次印刷
开　　本：787mm×1092mm　1/16
印　　张：11
字　　数：250 千字
ISBN 978-7-5480-8681-9
定　　价：78.00 元

前　言

　　语言是人类重要的交际工具，是人类特有的沟通方式，其在生理和心理上反映了人类的心智能力，在社会文化方面反映了人类文明的进步。自语言产生以来，人们就从来没有终止对它的研究，并随着时间的推移形成了基于语言研究的学科——语言学。语言学有着古老的历史，人类最早的语言研究始于古代文献的解释，而现代语言学建立于 18 世纪初期。语言学以人类语言为主要研究对象，探索的范围包括语言的历史发展、性质、结构、功能以及与语言相关的问题，其任务是揭示语言的本质，探索语言的共同规律。

　　随着我国对外开放的程度不断加深，我国开始越来越注重对于外语专业人才的培养，而随着对于英语语言文学研究的逐渐深入，当代对于英语语言的研究已经从语言基础方面转变为与其他学科的融合发展。在这样的潮流趋势之下，英语语言学研究应时而生，外语工作者应该从多维视角来探究英语蕴含的规律，为推动英语的发展做出贡献。

　　英语语言学研究可以使人们对语言的本质有深入的了解，可以使人们更加有效地使用语言，这对于人类而言意义重大。但英语语言学研究的意义不止于此，其对英语教学也有着重要的指导和启示意义，它可以为英语教学提供新的理论，突破传统的英语教学模式，提高英语教学的质量和效率。所以，英语语言学研究不只是语言学家的事情，也是英语教师的重要工作。英汉翻译并非仅仅只是语言之间的简单转换，两种语言之间的差异在翻译过程中会对译文产生影响与效果。通过对英汉语言的对比分析不仅能够帮助英语学习者在错综复杂的语言现象中学会洞察其语言特点和表达规律，并将其作为习得的重点，而且能够帮助他们排除母语的千扰，进而提高学习效率。英语教师在教学过程中应意识到英汉语言文化的差异性，针对学生的认知水平和学习特点，采取具有可行性、实用性、教育性、思想性的英汉语言文化对比方法，帮助学生突破语言交流障碍，培养学生运用英汉双语进行跨文化交际的语言能力。

　　本书文字简洁，结构清晰，通过阅读本书，读者将熟练掌握英语语言学与教学方法，对个人工作能力提升具有重要意义。

目 录

第一章　英语语言学概论 ………………………………………………… 1

　　第一节　语言的内涵与外延 ……………………………………… 1

　　第二节　语言的特征与功能 ……………………………………… 6

　　第三节　现代语言学的主要流派 ……………………………… 10

第二章　词汇学与句法学 ……………………………………………… 22

　　第一节　词汇学 …………………………………………………… 22

　　第二节　句法学 …………………………………………………… 31

第三章　语义学与语用学 ……………………………………………… 46

　　第一节　语义学 …………………………………………………… 46

　　第二节　语用学 …………………………………………………… 58

第四章　语言与社会文化 ……………………………………………… 69

　　第一节　语言与社会 ……………………………………………… 69

　　第二节　语言与文化 ……………………………………………… 75

第五章　认知语言学 …………………………………………………… 92

　　第一节　认知语言的概念 ………………………………………… 92

　　第二节　语言与认知的关系 ……………………………………… 95

　　第三节　认知语言学的研究领域 ………………………………… 97

　　第四节　现代语言心理学 ………………………………………… 98

第六章　英语语言知识教学艺术 …………………………………… 100

　　第一节　词汇教学策略 ………………………………………… 100

　　第二节　听说教学策略 ………………………………………… 110

　　第三节　写作教学策略 ………………………………………… 115

　　第四节　语法教学策略 ………………………………………… 118

　　第五节　阅读教学策略 ………………………………………… 124

第七章　英语教学语言的表达艺术 ················· 132

　　第一节　英语教学语言的特点与意义 ············· 132

　　第二节　英语教学语言的类型与功能 ············· 135

　　第三节　英语教学语言的要求 ················· 138

　　第四节　英语语言教学用语 ·················· 142

第八章　英语教学方法 ······················ 147

　　第一节　互动教学与提问教学法 ··············· 147

　　第二节　交际教学与逆向教学法 ··············· 155

　　第三节　启发式教学法 ···················· 158

　　第四节　多元化教学法 ···················· 160

　　第五节　多媒体教学法 ···················· 164

参考文献 ····························· 169

第一章　英语语言学概论

第一节　语言的内涵与外延

一、语言的内涵

关于语言的内涵，不同的学者和专家有着不同的观点和看法。下面介绍一下近现代哲学家和语言学家对语言内涵的认识和看法。

洪堡特（Humboldt）认为：语言是构成思想的工具。

施坦塔尔（Steinthal）提出，语言是对意识到的内部的心理的和精神的运动、状态和关系的有声表达。

以上说法是针对语言与人类精神活动的关系来讲的。

舒哈特认为：语言的本质就在于交际。

萨丕尔（Sapir）认为：语言是人类特有的，非本能地利用任意产生的符号体系来表达思想感情和愿望的方法。

以上说法是针对语言功能来讲的。

索绪尔（Saussure）认为：语言是表达思想的符号体系。

叶姆斯列夫（Hjemslev）认为：语言是……纯关系的结构……是不依赖于实际表现的形式或公式。

以上说法是针对语言的结构特点来讲的。

乔姆斯基（Chomsky）认为：语言是一种能力，是人脑中的一种特有的机制。此观点是针对语言的心理和认识基础而展开的论述。

另外，对于"语言"内涵的理解，《韦氏新世纪词典》（Webster's New World Dictionary）也有着详细的论述：①人类语言（human speech）；②通过这一手段进行交际的能力（the ability to communicate by this means）；③一种语言和语义相结合的系统，用来表达和交流思想感情（a system of vocal sounds and combinations of such sounds to which meaning is attributed, used for the expression or communication of thoughts and feelings）；④系统的书写形式（the written representation of such a system）；任何一种表达或交流的手段，如手势、标牌或动物的声音（any means of expressing or communication, as gestures, signs, or animal sounds）；由符号数字及规则等组合成的一套特殊体系，用来传递信息，类似计算机信息

传递（a special set of symbols, letters, numerals, rules ete. used for the transmission of information, as in a computer）……

尽管前面从不同方面对语言的内涵进行了阐述，且都对语言的特征进行了一定的说明，但却不是全面的，而且即使将上述观点融合在一起，也不能全面地说明语言的内涵。可以说，迄今为止还没有一个准确的"语言"内涵。

总之，语言最直接、最简明的定义就是，语言是一种口头交际工具。

二、语言的外延

对于语言的外延，这里主要介绍其结构与建构两个方面。

（一）语言的结构

语言是音义结合的词汇和语法体系，语言包含的所有结构要素都有规律地相互联系和制约，构成一个统一的整体。

在语言体系中，词汇就像语言的建筑材料。词汇主要包括词和熟语，其中的词是能够独立使用的最小单位，主要由词素构成。而词素是语言中的最小单位，不能再继续划分。例如，英语中的 manly 是由词根 man 和后缀-ly 两个词素构成的；汉语中的"奶牛"是由"奶"和"牛"两个词素构成的。熟语是词的固定组合，如英语 cast pearls before swine，汉语"对牛弹琴"等。需要指出的是，词汇不能脱离语法的支配，而只有在语法的支配下，词汇才具有可理解的性质。

语法是指语言的组织规律。在一定的语法规则的支配下，词素可以构成词或词性，词可以构成词组，词组可以构成句子。词素构成词的规则为构词规则；词搭配成词组的规则为造词组规则。语法规则是语言中现成的，它们构成语言的语法，用来组织词汇单位，所以可将其称为"语言的建筑法"。构词规则即构词法，构形规则即构形法，构词法和构形法合称为"词法"。词法可进一步分为词素分类和词类。构造词组的规则即词组构词法，造句规则即造句法，词组构词法和造句法合称为"句法"。句法又分为词组类型和句型。

词汇和语法都是音义结合的。这里的"音"即语音，是作为语言的物质外壳而存在的，其最小单位是音素。这里的"义"即语义，是语言的意义内容，其涉及词汇意义、语法意义和修辞意义三个方面。对于语义来讲，语音就是表现形式，没有语音的物质形式，语义也就不能表达；但是如果只有语义形式而没有语义内容，那么声音也就不能称之为语言单位。

总之，语言是以语音为物质外壳、以语义为意义内容的、音义结合的词汇建筑材料和语法组织规律的体系。语言体系是在人类历史的发展过程中形成的，是客观存在的，是约定俗成的，具有较强的稳定性。此外，各语言体系还具有民族性。因此，在学习和研究语言的过程中，必须对语言体系及其结构要素间的关系予以足够的重视。

（二）语言的建构

建构的含义主要包括两个方面，一是指利用语言体系中的材料构成话语，二是指利用话语中的创新。在其约定俗成之后，充实语言结构体系。语言的建构主要有两个特征：阶

段性和连续性，二者是相统一的关系。阶段性使得语言结构相对稳定，能够保证交际的需要；而连续性使得语言结构不断发展，能够满足不断增加的交际需要。

任何语言的结构都是在交际和思维活动中建立起来的，并通过使用逐渐形成，形成之后也不是固定不变的，而是不断发展的。因此，建构是动态的，在语言交际过程中，建构无数新话语的同时，话语中的创新成分不断丰富着语言体系。

综上所述，语言结构和语言建构是相互联系、相互作用的。如果语言结构离开了语言建构，那么语言结构就不能适应社会交际，语言体系就会显得匮乏。因此，语言学在继续研究语言结构的同时，还应研究语言建构的基本规律，以促进语言的发展。

三、语言的发展

（一）语言的接触和融合

1. 语言接触

语言接触（language contact）是指不同语言之间的接触现象，尤其是当这种接触影响了其中至少一种语言时。不同民族之间的接触必然会促使不同语言的接触。而语言接触的结果可以体现在语言的各个层面上，特别是词语的相互借代上。例如，汉语中借词（loanwords）的情况非常多，如"狮子、沙发、电话、戈壁、葡萄、石榴、因果、菩萨、哈达、喇嘛、塔、马达"等，它们都借自于国外或国内民族的语言。同样，汉语中的"丝、茶、瓷器、台风"等词语也常常被其他语言所使用。

随着各民族语言的进一步接触，语音和语法也出现了借代现象。例如，西双版纳傣语吸收了汉语的借词，增加了一个复合元音/au/，语序原本是"主语＋宾语＋动词"的白语吸收了汉语的借词后，变成了"主语＋动词＋宾语"的语序。

处于相同地域中的语言，由于在长期的语言接触中相互借代一些语言要素，所以渐渐显现出一些语言共同点。例如，印第安语言联盟、南部非洲语言联盟、印度语言联盟等都是语言长时间接触的结果。再如，欧洲巴尔干半岛有罗马尼亚语、保加利亚语、阿尔巴尼亚语、匈牙利语、塞尔维亚－克罗地亚语、马其顿语等，这些语言属于不同的语族，但在语法方面却体现出明显的相似性，形成了有名的巴尔干语言联盟。

此外，语言接触还形成了双语现象（包括多语现象）。双语现象（多语现象）就是在一个语言社团中通行两种（或多种）语言，或者某语言社团的一些成员，能讲两种（或多种）语言。例如，新疆人既能讲自己民族的语言，又能讲汉语。

2. 语言融合

（1）同化现象

语言的同化现象是指一种语言排挤或代替其他语言，从而使被排挤、被代替的语言消亡。在同化中幸存的语言称为"同化语言"，在同化中被代替、消失的语言称为"被同化语言"。

同化是语言发展的重要现象。一般来说，语言的同化主要包括两类：强迫同化、非强迫同化。

①强迫同化

所谓强迫同化，就是占据统治地位的民族为了同化和奴役被统治民族而采取的语言同化政策，即强制被统治民族使用他们的语言文字，同时限制被统治民族使用自己的语言文字。这种通过强势语言对其他语言的同化、兼并现象是语言发展的基本规律。

某语言的强迫同化对该民族产生的影响也是巨大的。具体来说，强迫同化的影响体现在以下方面。

A. 经济同化

在世界范围的某些国家或在一个国家的某些地区，由于这些国家或地区的经济发展较快，有着极强的经济优势，其所通用的国家语言或地方方言借助本国或地区的经济优势，渐渐获得了全国范围乃至全世界范围的优势语言、强势语言的地位，称为"广泛使用的标准语"，而原本流行的方言或语言在这种强势语言的逼迫下不得不逐渐隐退，甚至消失，于是这种强势的语言开始登上历史舞台。

B. 政治同化

对政治的强迫同化，是指国家权力机关、行政机关利用国家政治力量强制大家使用的语言，加大这种语言对其他语言的同化力度，加快这种语言的普及进程。

C. 文化同化

语言是文化的载体。文化的发展和进步，对语言的发展起着推动作用。同样，语言的使用和推广，同样对文化有着不同程度的影响。对文化的强迫同化，是指占优势地位的某种语言，利用文化这一社会物质，进一步强化自身的语言强势地位，进而同化、融合其他语言的过程。

D. 教育同化

教育的普及同样也会进一步推动语言的同化进程。当今时代，学校教育已经成为人们学习语言、应用语言和发展语言的重要场所。人们从出生之日起，就开始接触语言。到了接受教育的阶段，开始学习母语的书面语言，同时学习一些外语。通过对母语的学习和扎实掌握，逐渐将其作为学习其他学科的工具。

②非强迫同化

所谓非强迫同化，就是一个民族自愿放弃自己的语言而采用他民族语言的现象。例如，公元 5 世纪，我国的北方建立了鲜卑族统治的北魏政权，为了巩固政权统治，就倡导学习汉语先进的文化，并提出要"断诸北语，一从正音"，也就是主张王公卿士在朝廷上要禁止说鲜卑语（北语），要讲汉语（正音），极力推行"汉化"政策。

（2）混合现象

混合是一种特殊的语言融合现象。语言混合现象并不是一种语言同化另一种语言，而是由两种语言"拼凑"而成一种混合语。这种用于临时交际的混合语被称为"洋泾浜"或"皮钦语"（Pidgin）。

洋泾浜原是指上海的一条河浜，在黄浦江的东西各有一条。在旧上海，洋泾浜是外商聚集的地方，在这里本地人与外国人频繁接触，逐渐就形成了一种混合语，即按中国话"字对字"地转成英语，被称作"洋泾浜英语"。这种混合语的基本词汇来源于英语，语法则采用汉语语法，并且语音也有所变化。

例如：

Two piece book. （两本书。正确说法为 "Two books."）

My no can. （我不能。正确说法为 "I can not."）

（二）影响语言发展的主要因素

1. 社会因素

语言是人类最重要的交际工具，人类借助语言可以相互讨论对自然界的认识和社会的经验。语言要想真正发挥其作用，就必须敏锐地反应人类对自然的各种认识和各种社会经验，紧跟时代发展的步伐，语言的工具性决定了社会各物质的发展变化必然会促进语言的发展变化。

2. 心理因素

语言除了是人类最重要的交际工具外，还是人类最重要的思维工具。语言在用于交际和思维的过程中，一定会受使用该语言的人的心理的影响。这种心理影响就会引起语言的变化发展。

诸多心理因素中，对语言变化发展影响最大的就是思维。先民们长期使用具象思维，使抽象思维发展迟缓，所以他们的语言有着较浓的具象色彩。先民们的这一心理特征，从一些古代语言中就能找到原因。例如，在爱斯基摩语中，有 15 个名词是用来表示不同形态或下落到不同地点的雪的，但却没有"雪"这个概括性的词语。在英美国家，人们习惯给孩子取一个保护性的小名，如 Little Death，dirt 等，他们认为取了这个小名，孩子就能健康长寿。在新西兰，孩子们不可以说"地震"这一词语，人们认为一提到这个词，就会真的地震。

3. 语言自身因素

社会因素和心理因素都是语言发展的外部因素，它们仅能为语言的变化发展提出要求和提供动力。语言能否接受和满足外部因素的要求，如何将这些外部因素转换为具体的变化和发展，最终取决于语言的自身因素。例如，语言和言语的矛盾运动这一因素。

言语是一种对语言运用的过程，主要体现在人们的口头和笔上。言语要想充分发挥交际功能，就要同交际对象、交际语境、交际信息和情感等建立起联系。这些联系是开放的、具体的、灵活多变的，因而将会使其与语言系统发生矛盾。这种矛盾又将引发各种"出格"现象。人们会根据具体的需求，创造出一系列语言中原本不存在的新词和表达，这就是"出格"的表现。

一些"出格"现象只能昙花一现，而另一些将会保留下来，成为语言系统的一部分，从而促使语言的变化发展。因此，语言的变化发展有一部分是来自"出格"现象的。

语言形式与意义之间的矛盾是语言变化发展的另外一个因素。语言形式是有限的、相对稳定的，而社会和心理因素则要求语言所表达的意义是无限的、灵活多变的，还要因时、因地、因人而变化。这些有限且稳定的语言形式将会制约语言的意义，并且会"固化"人类的思维、心理的变化和发展。但是，因表达需要而决定的无限的、灵活多变的意义，将会对形式产生一定的冲击。这种冲击就使语言的形式得到了更新与衰亡。

总之，语言形式与意义之间的矛盾运动，将影响语言发展变化的各种外部因素，通过意义吸纳转化为语言发展变化的内部因素，从而使语言处于不断的发展变化之中。

第二节 语言的特征与功能

一、语言的特征

（一）任意性

"任意性"这一概念最早是由索绪尔（Saussure）提出的，如今已广为人知。任意性（arbitrariness）是指语言符号的形式和意义之间没有自然的联系。例如，人们无法解释为什么"一本书"会读作 a/buk/；"一支钢笔"会读作 a/pen/。语言的任意性还有着不同的层次。

1. 语素音义关系的任意性

很多人认为，象声词不属于语言任意性特征的行列。象声词是指一个词是靠模拟自然声响而形成的（Onomatopoeia refers to words that sound like the sounds they describe.）。例如，汉语中的"叮咚""轰隆""叽里咕噜"等。它们的形式似乎建立在天然基础之上。事实上，用不同的语言描写同一种声音，其表达方式是不同的。例如，英语中的狗叫是bowwow，而汉语中的狗叫则是"汪汪汪"。

语言的任意与象声是可以同时发生的。下面就以威德逊（H. G. Wid-dowson）从济慈（John Keats）所著《夜莺颂》（Ode to a Nightingale）一诗中摘取的一行诗句为例进行说明。

The murmurous haunt of flies on summer eves

夏日夜晚飞虫嗡嗡飞

如果读者大声朗读这句话，就能感受到声音与意义之间的联系。但这种效果并非来自词语本身，而是在读者知道词语语义后才建立起来的联系。为证明这一点，可以试想如果读者用发音类似的词 murderuus（谋杀）替换 murmurous（嗡嗡声），那么该词的语音与苍蝇飞动发出的嗡嗡声就完全失去联系了。"只有当你知道一个词的意义后，你才会推断它的形式是合理的。"此观点适用于大多数象声词。

2. 句法层次的任意性

系统功能语言学家和美国功能语言学家认为，在句法层面上语言是非任意性的。

所谓句法（syntax）是指根据语法组成句子的规则（Syntax refers to the ways that sentences are constructed according to the grammar of arrange-merit.）。正如我们所知，句子成分的排列顺序要遵循一定的规则，小句的顺序和事件真实的顺序有一定的对应关系。也就是说，句子的任意程度低于词语，特别体现在下面的顺序关系中。试比较：

①He came in and sat down.（他进来坐下。）

②He sat down and came in.（他坐下进来。）

③He sat down after he came in.（他进来后坐下。）

阅读完①句后，读者可以很容易判断出两个动作的先后；当读到②句时，读者会按与

实际情况相反的顺序来理解——也许他是坐上轮椅再进入房间；而在③句，一个 after 调换了两个分句的顺序。因此，功能学家认为语言中最严格意义上的任意性只存在于对立体中区别性语音单位里，如成对词语 fish 和 dish，pin 和 bin 等。

3. 任意性与约定性

通过以上分析可知，语言符号的形式与意义之间的关系是约定俗成的，即是约定性的关系。这里就来解释一下任意性的反面，也就是相对任意性的约定性。作为英语学习者，他们经常会被告知"这是惯用法"，也就是说它是一种约定俗成的说法，即使它看起来或听起来有些不合逻辑，也不可以做任何改动。任意性使语言有潜在的创造力，而约定性又使学习语言变得艰难和复杂。对外语学习者来说，语言的约定性要比任意性更值得注意。这就说明为什么我们在费力地记忆惯用法时，对语言的任意性浑然不知，但对语言的约定性却时常感到头疼。

（二）二重性

语言的二重性是指语言具有两层结构层次，上层结构的单位是由底层结构的元素组成的，每层结构又有各自的构成原则。

By duality is meant the property of having two levels of structures, such that units of the primary level are composed of elements of the secondary level and each of the two levels, has its own principles of organization.

一般来说，话语的组成元素是本身不传达意义的语音，语音的唯一作用就是相互组合构成有意义的单位，因此我们把语音称为"底层单位"，与词等上层单位相对立，因为底层单位没有意义而上层单位有独立明确的意义。二重性只存在于这样的系统之中，既有元素又有它们组合所成的单位。许多动物用特定的声音交际，它们都代表相应的意思。所以，我们说动物交际系统不具备这一人类语言独有的区别性特征——二重性。正因如此，从人类角度来看，动物的交流能力受到很大的限制。

说到二重性，我们就必须注意到语言的层次性。例如，在听一门我们不懂的外语时，我们会认为说话者流利的话语是持续、不间断的语流。其实，没有任何一种语言是没有间隙的。要表达分离的意思就必须有分离的单位，所以要对一门新的语言解码首先要找到它的单位。音节（syllable）是话语的最小单位。音节之间的结合可以构成数以千计的语义段，也就是词的组成部分，被称为"语素"，如前缀 trans-，后缀 -ism 等。有了大量的词，我们就可以联系更多的意义，进而组成无数的句子和语篇。

总之，语言的二重性对于人类语言有着巨大的能创性。人们仅用为数不多的几个元素就可以创造出大量不同的单位。例如，一套语音系统（如英语的 48 个语音）可以产生大量的词，运用这些词又可以产生无穷的句子，不同句子的有机组合又能形成不同的语篇。

（三）创造性

创造性指语言的二重性和递归性使语言变得具有无限变化的潜力。利用语言，可以产生各种新的意义。很多例子都能证明，词语通过新的使用方法能表达新的意思，并能立刻

被没有遇到过这种用法的人所理解。这种能力正是使人类语言有别于鸟儿那种只能传递有限信息的交际手段的原因之一。

但如果仅将语言看成是一个交流系统的话，那么语言也就不是人类所独有的了。我们知道，虫、鸟、鱼、狗及其他动物都能通过某种方式进行交流，只是所传达的内容极为有限而已。语言的创造性部分来自它的二重性。也就是说，通过组合基本的语言单位就可以创造出无限多的句子。其中，有听过也没有说过的。

另外，语言的创造性还体现在它可以产出无限长的句子。语言的递归性为这种可能性提供了理论基础。例如，我们可以将下面句子无限地扩展下去：

She bought a book which was written by a teacher who taught in a school which was known for its graduates who…

（四）移位性

移位性是指语言使用者可以用语言来表达不在交际现场（时间和空间上）的物体、事件及概念（Displacement means that human languages enable their users to symbolize objects, events and concepts which are not present at the moment of communication.）。例如，我们可以就秦始皇的作为畅所欲言，尽管秦始皇是公元前二百多年的人物；我们可以谈论南极的气候，尽管南极离我们遥不可及；我们可以说"明天有暴雨"，而明天实际上还没有到来，这就是我们所说的语言的移位性。

很显然，动物的"语言"不具备这一特性。白蚁在发现危险时，会用头叩击洞壁，通知蚁群迅速逃离；蜜蜂在发现蜜源时会摆动自己的尾巴，并通过这种"舞蹈"向同伴报告蜜源的远近和方向。但这些都必须是发生在同一时间和空间的情况下，一只狗不可能告诉另一只狗"昨天主人不在家"或是"去年的夏天真热啊！"可见，只有人类的语言可以打破时间和空间的限制，也即具有移位性的特征。

二、语言的功能

（一）交际功能

语言最重要的功能就是交际功能。语言的交际功能是指人与人之间通过语言彼此交流、互相沟通和交换信息，这是人类社会得以发展和维持的必要因素之一。人类沟通的手段有很多，其中，语言是最重要的一个，其他的沟通手段仅起到辅助性的作用，如身体语言、表情等。当然，语言要发挥其交际功能需要语言使用者遵循一定的语法规则，如"合作原则"（cooperative principle），该原则共有四个范畴：质准则（quality maxim），即话语的真实性；量准则（quantity maxim），即话语的信息量；关系准则（relevant maxim），即所提供话语与当前信息是否有关；方式准则（manner maxim），即话语是否清晰明了。另外，人们在交际过程中还会出于某些需要，需要故意违反合作原则，即"特殊会话含义"（conversational implicature），这就需要交际双方根据情景推导出表面话语下隐含的真实意图。总而言之，语言是人们最主要的交际工具，人们只有遵守语法规则才可以更好地发挥语言的交际功能。

（二）信息功能

语言是信息的载体，是人们用来表达思想的主要工具。语言的信息功能主要体现在人们使用语言进行沟通、将想要表达的信息传达给对方以及人们使用文字将信息记录下来。可见，语言是人类用来表达价值观、世界观以及自身内在意识的重要手段。

（三）情感功能

在人类语言具有信息功能的前提下，语言就能发挥情感功能。例如，语言可以用来控制交际双方的情绪，当一个人感到悲伤的时候，如果能听到几句安慰的话语将会很快减少悲伤情绪。当一个人感到激动的时候，如果得到一句"冷静"的提示，将会缓解其当时激动的情绪。除此之外，人类还可以使用语言来传达感情，生气时可以说几句发泄的话语，看到美好的景物时，可以吟诵几句诗词表达赞美的心情。语言的书面形式同样可以发挥其情感功能，这也就是为什么我们看到感人的故事会潸然泪下，看到恐怖的故事会心惊胆跳，看到幽默的故事会忍俊不禁的原因。

（四）标志功能

语言的区域性决定了它的标志功能。不同的民族通常有着属于自己的语言，同一民族的不同地区也可能有着属于自己的方言，所以人们往往仅通过一个人使用的语言就能判断其所在的民族或地区，这就是语言的标志功能。

（五）元语言功能

元语言功能就是用语言来解释语言的功能，又可称作"解释功能"。例如，我们可以用"人"一词来讨论一个人，或是用"人"来讨论语言符合"人"。为了将语言组织为完整的文本，作者需要使用特定的表述方法向读者传达准确的信息。再如，"Around the comer I found a little dog."和"I found a dog around the comer."，虽然这两句话表达的意思类似，但是侧重点不同，第一句强调"我发现了什么"，而第二句则强调"我在哪里发现了小狗"这就是所谓的元语言功能，正因为语言存在这一功能才使得人们可以谈论"谈话"，可以思考"思想"，可以询问"问题"。

（六）审美功能

人类除了使用语言，还赋予了语言审美的功能。这也就是我们常说的语言的美感。例如：

①听歌。
②听歌曲。
③聆听歌曲。
④聆听歌。

上面四个句子表达的意思基本相同，句法也无误，但在实际生活中，人们一般不会使用④这样的句子，因为它不符合语言的审美要求。

另外，语言的审美功能还体现在修辞手段的使用上，如比喻、排比、双关、拟人等手法都可以美化语言，彰显语言的艺术美感。

此外，诗歌、口号、绕口令等文学体裁也是对语言审美功能的应用。

（七）智力开发功能

语言还具有极强的智力开发功能。人类的语言中枢位于大脑皮层的左侧，它可以控制人类的思维和意识等高级活动，所以说语言是一个非常复杂的活动。爱因斯坦曾说："一个人的智力发展和形成概念的方法在很大程度上首先取决于语言。"可见，人类的语言和智力有着密切的关系。人们可以通过训练语言功能，来实现开发智力的目的；相反，如果一个人先天就丧失了语言习得能力，那么他的大脑智力以及其他能力的发展也会受到直接的影响。

第三节　现代语言学的主要流派

一、现代语言学之父索绪尔

（一）索绪尔语言理论产生的背景

科学的发展需要一个长期积累的过程。任何一个开学术风气之先的理论体系都不是孤立的，索绪尔语言理论的产生也不例外。具体来说，索绪尔语言理论是在语言学、心理学和社会学的基础上发展起来的。

1. 语言学背景

索绪尔的语言理论建立在前人和同时代学者的语言学思想和研究方法的基础之上，既有继承的部分，又有发展和独创的部分。

其中，美国语言学家惠特尼（William Dwight Whitney）对索绪尔的语言理论产生了巨大影响。惠特尼的主要著作有《语言和语言研究》（Language and the Study of Language，1867）和《语言的生命和成长》（The Life and the Growth of Language，1875）。在惠特尼看来，语言是建立在社会常规之上的流行于某一共同体内的一套用法，是一个词和形式的宝库，其中每一个词和形式都是一个任意的、惯例的符号。惠特尼关于语言的符号性、惯例性、任意性、可变性、不变性等看法对索绪尔产生了重要影响。

索绪尔关于语言和言语、共时和历时、组合和聚合关系的思想，在一定程度上受到波兰语言学家博杜恩·德·库尔特内（Baudouin de Courteney）的影响。库尔特内在《语言与语言学综述》（Some Genaral Remarks on Linguistics and Language，1870）中提出了语言的"动态性"和"静态性"的概念。库尔特内的学生、波兰语言学家克鲁舍夫斯基在此基础上提出应从静态与动态两个角度来研究语音变化规律，这对索绪尔的共时和历时的区分产生了一定的影响。此外，克鲁舍夫斯基提出的语言系统中词的两类联想关系的看法，对多年后索绪尔提出联想关系和组合关系也产生了一定影响。

2. 心理学背景

在心理学方面，索绪尔受奥地利心理学家弗洛伊德（Sigmund Freud）的影响较深。弗洛伊德提出了"下意识"即"集体心理"的概念，认为人类由于下意识的作用逐渐形成

了一个底层心理系统。人们一般意识不到这个底层心理系统的存在，但它却时常支配和控制着人们的行为。从语言行为的角度看，一个人并不一定能够说明他的语言知识，却能够说话、听懂别人的话，这些实际上都是受语言规则限制的结果，即语言行为的规范取决于语言规则。索绪尔接受了弗洛伊德的观点，认为"下意识"是具有连续性的，一件事情即使过去之后依然会对这个人产生深远的影响。

此外，格式塔心理学也在一定程度上对索绪尔的语言学思想产生过影响。格式塔心理学，也称为"心理学的认知观"，最初形成于德国，是一种心理学的研究方法。格式塔心理学强调人类感知即意识的整体组织性，反对把人类的感知分析为感觉元素。另外，格式塔心理学假设心理过程是一种有组织的空间或时间的整体性结构，不能将整体结构的性质归结为组成该结构的元素特性的总和。索绪尔语言理论中的"系统"观点与格式塔心理学的指导思想是一致的。

3. 社会学背景

在社会学方面，索绪尔受到当时欧洲特别是法国社会学思想的深刻影响。在当时的多种社会学思潮中，以现代社会学的创始人、法国社会学家涂尔干的学说对社会科学研究的影响最大。

涂尔干认为社会学的特定研究对象是社会事实，并提出了研究社会事实的特殊方法，从而使社会学成为一门独立的学科。同时，他确定了社会学的一系列基本概念，并把社会学的理论和方法运用到实践当中，由此，社会学的学科体系初步建立起来。

涂尔干在确定社会学研究对象方面的贡献主要有以下两点。

（1）确定了社会事实的性质

并将其作为社会学的研究对象。涂尔干揭示了社会事实的三种性质。

①社会事实具有外在性

它存在于个体身外，因此，不同于那些存在于个体身内的生理的和心理的现象。

②社会事实对个体具有强制性

它不仅存在于个体身外，而且对个体施加各种形式的影响。

③社会事实具有普遍性

它是全社会成员共有的特征，而不是个别人的特征。他认为，社会学要研究"社会事实"，同时还要区分"个人的"和"社会的"两个方面。

（2）对从集体意识角度考察社会事实的必要性进行了论述

涂尔干除了提出"集体意识"的概念，并对集体意识和个人意识进行了区分之外，还进一步论述了从集体意识角度考察社会事实的必要性。他指出："要考察社会现象的原因，或者社会现象的产生，不能在那些组成集体的各个分子中去寻找，而必须对这个已经组成的集合体进行研究。

索绪尔追随涂尔干的观点，认为语言本身是一种"社会事实"，而且同样区分了语言中"社会的"和"个人的"两个方面，由此提出"语言"和"言语"两个概念。"语言是社会事实"是索绪尔开展语言研究的出发点。

（二）索绪尔语言理论的基本内容

索绪尔语言学说的基本内容及其方法论贡献突出体现在以下几个方面。

1. 对语言符号性质的认识

对"语言是什么"这样一个语言学的基本问题，索绪尔明确提出：语言是一种表达观念的符号系统。在索绪尔看来，语言单位具有双重性质：一方面是概念，一方面是音响形象。语言符号是概念和音响形象的结合体。表示概念的音响形象是"能指"，被表示的概念是"所指"。"能指"与"所指"都是符号的组成部分。

在此基础上，索绪尔进一步指出，语言符号的本质是它的任意性，即"能指"和"所指"之间不存在天然的或必然的联系。索绪尔把符号的任意性原则列为语言研究的"第一项原则"，认为这一原则"支配着整个语言的语言学"。

总的来说，索绪尔关于符号的性质及符号任意性的原则主要体现为以下三点。

第一，能指和所指之间没有必然的联系。

第二，能指和所指都是对连续体进行任意划分的结果，其中能指是对声音连续体的划分，所指是对概念连续体的划分，因此符号具有任意性的特点。

第三，能指和所指都是由它们跟其他能指和所指的相对关系决定的。

2. 对语言系统的认识

索绪尔不仅提出了"语言是一个在其系统内部一切都相互联系的系统"，而且进一步指出了它们之间存在着什么样的联系。他使用的"实质和形式""差别""对立""价值"等术语使"系统"理论具有很强的独创性。其中，"价值"概念具有极其重要的作用。索绪尔认为，一个价值可以和另一个系统中的价值相交换，且这个价值是由同一系统中其他价值的相互关系决定的。理解"价值"概念是正确把握索绪尔"系统"理论的关键，因为语言是由相互联系的价值构成的价值系统，语言分析的目的就是要找出构成语言现状的价值系统。

3. 明确了语言研究的对象

索绪尔区分了语言和言语，确定了语言学的研究对象。他指出，语言和言语是两个完全不同的概念。语言潜藏在人们的意识里，是抽象的语法规则系统和词汇系统。语言不属于个人特有，而是社会的产物。言语则是发出的语言，如说出的话或写出的文章。不同的人有着不同的思维、交际目的、背景等，因此运用同一语言的人输出的话语也会不同，即言语是利用语法规则将词汇、短语等语言单位组织起来的结果。因此，言语是语言的具体表现，而语言则是言语的抽象表现。语言学的研究对象是语言而非言语。

4. 明确了语言研究的途径

20世纪之前的语言学研究方法大多采用历史比较法，即从历史的角度来解释语言现象，这是一种历时性研究。索绪尔则认为，语言的使用是一种历史实体，它处于不断变化之中，因此，要想系统地开展语言研究，就必须抓住共时状态中的关系进行共时性的研究，即对语言做出静态描写。

索绪尔进行了共时研究与历时研究的划分，并强调了共时描写的重要性。这改变了语言研究的方向，对语言结构的共时描写起到了重要的推动作用。

5.组合关系和聚合关系

索绪尔认为,在语言序列中,一个符号的价值由以下两种关系来决定。

第一,该符号与可以替代它的其他符号的对应关系,这种关系是联想关系(associative relations,现常译为聚合关系)。

第二,该符号与其前后符号之间的关系,这种关系是一种句段关系(syntagmatic relations,现常译为组合关系)。

聚合关系是指可以相互替换的各个成分之间的对应关系;组合关系是指各种组合的可能性,是组合序列中各个成分之间的关系。索绪尔认为,人们之所以能够进行有效的交际,就是这两种关系同时起作用的结果。

总的来说,索绪尔对现代语言学的影响可以概括为以下两个方面。

第一,提出了语言学研究的总方向,即研究的任务。

第二,影响了现代语言学研究的具体概念。他提出的很多概念,如语言符号的任意性、语言系统与语言现象的对立、历时研究与共时研究、组合关系与聚合关系等,这些概念成为现代语言学研究的重点内容。

值得注意的一点是,索绪尔把语言视为一种观点的符号系统,同时还运用符号学的原理对语言的社会性质进行确定,这对语言学的发展起到了相当大的推动作用。但是,索绪尔在对语言的社会方面和个人方面进行区分的同时,把语言社会属性的一部分"内化"为一种纯一的社会心理体系,使其成为一个规则系统,另一部分"外化"为一种非语言学的"无机的""混杂的""异质的"大杂烩,从而被排除在语言研究之外,这不利于语言学的全面发展。

二、布拉格学派

布拉格学派对语言学最重要的贡献就是将语言作为一种功能体系来进行研究和分析,尤其是将语音学和音位学区别开来的观点和研究成果最为突出。他们认为,语言学研究的是语音的生理和物理属性,而音位学研究的则是语音在音位体系中的功能。

在布拉格学派的众多观点中,以下三点至关重要。

第一,强调语言的系统性。以孤立的观点来研究语言系统的成分是无法得到正确的分析和评价的。只有明确该语言成分与同一语言中其他共存成分之间的关系,才能做出正确的评价。换言之,语言成分存在的条件就是它们彼此在功能上的对比或对立。

第二,从某种意义上将语言视为一种功能,是由某一语言社团使用的、用以完成一些功能、任务的工具。

第三,注重对语言的共时性研究。对语言进行共时性研究便于从完整、可控的语言材料中选取素材。需要指出的是,他们也并未将共时性研究与历时性研究严格地区别开来。

(一)音位学和音位对立

布拉格学派最突出的贡献就是对其音位学说以及对语音学和音位学加以区分的研究成果。对这一领域贡献最大的是特鲁别茨柯依。他的代表作《音位学原理》是对该领域最完整和最权威的论述。他沿用了索绪尔的理论,提出语音学属于 parole(言语),而音位学

属于 langue（语言）的观点。以此为基础，他还提出了音位的概念，并以之作为语音系统的抽象单位来与实际发出的声音相区别。音位被认为是区别性功能的综合，当一个语音能够区别意义时就算是音位。

特鲁别茨柯依对语音特征的分类提出了三条标准：

第一，它们与整个对立系统的关系。

第二，对立成分之间的关系。

第三，区别力的大小。

这些对立可以被分为以下几种：

第一，双边对立（bilateral opposition）。双边对立是指两个音位共有的语音特征只属于这两个音位，而同时出现在其他音位中。例如，/p/和/b/就具有双边特征。

第二，多边对立（multilateral opposition）。由于多边对立的关系并不是局限在某两个音位之中的，因此其关系较为松散。例如，/a/和/i/由于都是元音，因此具有相似性，而这种相似性在别的元音之间也同样存在。

第三，均衡对立（proportional opposition）。如果某一特征可以区分若干组音位，这种音位对立即为均衡对立。例如，/p/和/b/的对立特征是清与浊，/t/和/d/，/k/和/g/之间的对立特征同样如此。

第四，孤立对立（isolated opposition）。孤立对立是指两个音位的对立关系是独特的，是在其他音位中找不到的。例如，英语中的/v/是唇齿摩擦浊辅音，而/l/则是双边辅音。

第五，否定对立（privative opposition）。否定对立是指两个音位的对立中，一个音位具有某种特征，而另一个音位不具有该特征。例如，/n/是鼻化音，而/b/是非鼻化音，二者即为否定对立。再如，/p/是送气音，而/b/是不送气音等。

第六，分级对立（gradual opposition）。分级对立是指两个音位的对立特征相同而只是程度不同。

第七，等价对立（equipollent opposition）。等价对立是指两个音位可以在逻辑上看成是等价的，既不是否定对立，也不是分级对立。例如，英语中的/t/与/p/，/t/与/k/。

第八，中和对立（neutral opposition）。中和对立是指两个音位在有些位置上是对立的，而在其他位置上时就不再对立。例如，英语中的/p/和/b/。本来存在对立关系，但当/s/出现在/p/之前时，就与/b/的发音一样，失去了对立。

第九，永恒对立（constant opposition）永恒对立是指对立的音位无论出现在任何位置上仍然存在对立关系。例如，在尼日利亚的努皮语中，一般音位结构是一个辅音后面跟一个元音，只有少数例外。/t/与/d/的对立就是一切辅音位置上都不消失的永恒对立。

综上所述，特鲁别茨柯依对音位理论的贡献主要包括四个方面：①提供了音位的精确定义，同时指出了语音的区别性功能；②通过对语音和音位、文体音位学和音位学的区分，界定了音位学的研究范围；③通过对音位组合关系与聚合关系的区分揭示了音位间相互依赖的关系；④提出了一套研究音位的方法，如确定音位的方法、研究音位组合的方法。

（二）句子功能前景

句子功能前景（Functional Sentence Perspective，简称FSP）是一套语言学分析的理论，是用信息论的原理来分析话语或篇章。其基本原则就是一句话中各部分的作用取决于它对全句意义的贡献。

捷克的一些语言学家注重从功能的角度来分析句子。他们认为一个句子包含出发点和话语目标。出发点就是发话人和受话人都知道的信息，叫作"主位"。话语目标就是对受话人意义重大的信息，叫作"述位"。从观念的出发点（主位）到话语的目标（述位）的运动揭示了大脑本身的运动。语言虽然有着不同的句法结构，但它们表达思想的次序却是基本相同的。根据这些论点，语言学家们提出描述信息如何分布于句子之中的"句子功能前景"这一概念。句子功能前景十分关心已知信息和新信息（将要传递给受话人的信息）在句子中的分布效果。

一个句子可以从三个层面上进行分析，即语法句型、语义句型和交际句型。例如，就"John has written a poem."这个句子而言，其语义句型是"施事—动作—目标"，其语法句型是"主语—谓语—宾语"，其交际句型是"主位—过渡—述位"。由此可以看出，句子和话语是存在差别的。

费尔巴斯（Firbas）在研究结构和功能关系的过程中提出了"交际力"（communicative dynamism）的概念。这个概念是建立在语言交际并非静态现象而是动态现象的基础上的。交际力不仅代表了句中某个成分包含的信息量，同时也表明了一个语言成分对于推动语言交际向前发展起到了多大的作用。

例如：

He was cross.

在正常语序里，上面这个句子中各成分的交际力为：he的交际力最小，was的交际力一般，而cross的交际力最大。

语素、词、短语等句子中的任何成分都可以被强调出来，从而形成鲜明的对比。

例如：

John was reading the newspaper.

上句中，我们可以通过重读was来与现在形成对比，表明was是有待传递的信息，而其他信息都是已知的。传送新信息的成分通常要具有明确的语义，因为它无法依赖上下文得出，而传送已知信息的成分的语义则由上下文来决定。显然，通过语境可以判断出语义成分的交际力较小。而对语境的依赖与否取决于交际的目的。

例如：

John has gone up to the window.

上句的交际目的是告诉他人John移动的方向，因此the window很可能就是一个新信息，是无法依赖语境获得的。

再如：

I have read a nice book.

上句中，a nice book的交际力就比have read更大，因为宾语是对动词的扩展，因此也

就更加重要。

一般情况下，如果动词、宾语或状语无法通过语境获得具体含义时，主语所负载的交际力就会比这三个成分更小。因为主语表示的是施动者，无论是已知还是未知，其交际性都不如未知的动作、方向、目标等更重要。

例如：

A man broke in to the house and stole all the money.

上句的交际目的是陈述一个行为（broke into the house）及其目标（stole all the money），因此施动者（a man）并不是本句最重要的信息。然而，当主语是独立于上下文，且其后面的动词表示"存在"或"出现"的含义时，这个主语就具有最大的交际力。因为一个新出场的人物或新发生的事件要比"出现"这一动作以及地点、场合更加重要。

例如：

An old man appeared in the waiting room at five o'clock.

上句中，五点钟出现在候诊室的这个人就是交际的重点，因而其交际力最大。

再如：

The old man was sitting in the waiting room.

上句中，the 的存在暗示了主语 old man 应该是已知信息，而地点状语 in the waiting room 就会显得十分重要。

上述例子表明，交际力程度的大小受语义内容、语义关系的影响，而与成分在线性排列中的位置并无必然联系。但这并不意味着线性排列本身无法影响交际力。

例如：

①He went to Prague to see his friend.

②In order to see his friend, he went to Prague.

上例①句中，不定式即使不依赖语境，其交际力也较小。而在②句中，不依赖语境的不定式的交际力较大。同样，不依赖语境的直接宾语或间接宾语在线性排列中，位置靠后的话，交际力就会比较大。

例如：

①He give a boy an apple.

②He gave an apple to a boy.

上例①句中 an apple 的交际较大，而在②句中，a boy 的交际力较大。

费尔巴斯将句子功能前景定义为"不同程度的交际力的分布"，并将其解释为序列中的第一个成分负载的交际力最低，然后逐渐增强，直到交际力最大的成分。"然而，主位在前，过渡居中，述位在后的规则也并非适用于所有句子，也会有例外情况。另外，有时整个分布场都不受语境的制约（如"A girl broke a vase."）。因此，主位并非一定受语境制约，但受语境制约的成分总是主位。非主位的成分虽然总是独立于语境，但并非所有独立于语境的成分都是非主位的。

三、哥本哈根学派

哥本哈根学派，又称为"丹麦学派""语符学派"，前身是丹麦青年学者成立的"音

位学研究小组"和"语法研究小组"。1931 年，哥本哈根语言学学会的成立标志着哥本哈根学派的创立。这一学派的主要代表人物有路易斯·叶姆斯列夫（Louis Hjelmslev）和乌尔达尔（Uldall）等。其中，路易斯·叶姆斯列夫被看作是哥本哈根学派的主要创立者和举旗开道的人物。

哥本哈根学派强调，其语言理论主要立足于解决以下两方面的问题。

（一）语言学的对象问题

以往的语言学以语言物理的、心理的、逻辑的方面，或者社会的和历史的方面作为主要研究对象，与之不同，哥本哈根学派主要以语言单位之间的相互关系为研究对象，也就是研究语言形式。

（二）语言研究的精确化问题

在对语言所做的形式化描写过程中，把语言的可计算性和可度量性作为关注的焦点；在追求语言描写的形式化过程中，把语言学和数理逻辑相结合，由此形成了一种纯理语言学。

概括起来，哥本哈根学派的观点主要包括以下几个方面。

1. 赞同索绪尔的观点

认为语言是一种形式，而非实体。音素与意义是独立于语言而普遍存在的，其本身是没有结构的，特定的语言会用特定的结构将二者结合起来。因此，对语言的描写就是对其结构关系的描写。

2. 语言学的研究对象是语言成分之间的关系

是语言的内部体系，而非语言的外部体系。因此，哥本哈根学派试图建立一门新型的语言学——语符学。

哥本哈根学派对符号的兴趣不仅表现在语言符号上，还体现在交通信号、电报代码等其他符号上。因为他们认为语言形式与实体没有必然关系，语音实体也可以用其他任何符号体系来代替。他们还认为，自然语言并非其他语言符号的基础，并尝试用形式语言来代替自然语言。尽管这种观点并未取得其他语言学家的一致认可，但却对人工语言的建立起到了促进作用。

3. 认为语言是有层次的

叶姆斯列夫在《语言理论导论》一书中指出，语言的区别有两种：一、形式与实体的区别；二、内容和表达的区别。将这两个区别进行不同组合就产生了四个层次：表达形式、表达实体、内容形式、内容实体。

其中，表达形式和内容形式属于语言内部体系，而表达实体和内容实体则属于语言的外部体系。语言的任务就在于沟通和联系内容实体和表达实体。

4. 认为语言关系主要有以下三种

（1）并列关系

即语言成分之间既不相互规定，也不相互排斥。

（2）决定关系

即一种语言成分可以规定另一种语言成分，但这种决定关系不能反向。

（3）相互依赖

即两个语言成分相互依赖、相互规定。

5. 强调语言结构关系研究的数学性质

认为语言学与艺术、文学、历史等人文科学不同，语言学家需要从中找到一个常量，也就是说要确定对所有的语言来说是稳定的、共同的部分。这种常量对语言的本质具有决定性的作用，它使一切实体与其变体基本一致。找到这种常量后，并对其加以描写，就可将它投射到某种现实之上。他们认为理论要受实验数据检验，遵循经验主义原则；传统的归纳、概括的方法不能帮助找到预想中的常数，也不能建立语言理论，真正的语言学必须是演绎性的。

四、英国语言学派

（一）马林诺夫斯基的理论

在马林诺夫斯基（Malinowski）的理论中，有关语言功能的理论最为重要。马林诺夫斯基认为，将语言视为"将思想从说话人的大脑传递给听话人的大脑的手段"的观点是个错误。他曾指出，语言不是与思维相对应的东西，而是一种行为模式。按照他的观点，话语的意义并不取决于构成话语的词语意义，而取决于话语所在的上下文之间的关系。

马林诺夫斯基的上述观点是建立在以下两种判断的基础上的。

第一，原始社会由于没有书面文字，因而语言只有一种用途。

第二，一切社会中的儿童都是在无文字的情况下习得语言的。儿童往往是凭借声音而行动，周围的人对某些声音做出某些反应，儿童接受到这些信息之后就会将这些声音的意义与外界的反应（即人的活动）联系起来。

马林诺夫斯基认为，话语与环境有着紧密的联系。因为环境对于话语（尤其是口语）的理解是至关重要且必不可少的。只靠语言的内部因素来分辨话语意义是不可能的。

另外，他还区分了如下三种语言环境。

第一，言语仅被用来填补言语空白的环境，如寒暄交谈。这是一种无目的的、自由的社会交谈。这种环境下的语言使用与人类活动的联系程度最低，因此语言的意义也并不取决于语言使用的环境，而取决于社交氛围以及交际者们的私人交流。例如，客气话的实际意义和功能与其字面含义往往并无关系，而只是一种表示礼貌的寒暄语。

第二，言语与当时的身体活动有直接关系的环境。在这种环境中，一个词的意义并非取决于其所指的自然属性，而是取决于其功能。例如，原始人要想掌握一个词的意义通常无需他人解释这个词，而是自己使用这个词。同样，掌握一个表示行为动作的词语的最好办法就是实施这个动作、参与这个行为。此外，马林诺夫斯基还对其做了进一步的区分，叙述涉及或所指向的环境和叙述本身所处的当时当地的环境。其中，后者由当时在场者各自的社会态度、智力水平和感情变化等因素组成。

第三，叙述环境。在这种环境中，语言的意义通常由语言的所指来获得。马林诺夫斯

基认为，虽然叙述的意义受语言环境的影响不大，但叙述的内容却可以改变受话人的思想感情、社会态度等。

马林诺夫斯基在其《珊瑚园及其魔力》一书中，不仅进一步发展了他的语义学理论，还提出了如下两个新的观点。

第一，规定了语言学的研究素材，并指出孤立的词是想象出来的语言事实，是高级语言分析程序的产物。而在实际的语言环境中使用的完整话语才是真正的语言事实。

第二，一个语音即使能够用于两种不同的语境，也不能算是一个词，而应算是同音词或两个具有相同发音的词语。他还指出，语音的意义并非存在于语音本身，而是与其使用的环境有着很大的关系。

（二）弗斯的理论

弗斯在吸收索绪尔和马林诺夫斯基某些观点的基础上发展了他们的理论，同时还提出了自己的见解。受马林诺夫斯基的影响，弗斯将语言视为人类社会生活的一种方式，而并非是一套简单的符号。弗斯还认为，人们为了生存会不断地学习，而语言学习就是人们做事情、使他人做事情以及实施行为、参与社会生活的一种手段。

弗斯认为语言既不是完全天生的，也不是完全后天获得的，而是同时兼备先天和后天两种成分。因此，他认为语言学应该以实际使用中的语言为研究对象，以分析语言中有意义的成分，从而将语言因素与非语言因素对应起来为研究目的。他同时还提出了研究语言的方法：首先要确定语言活动的组成部分，说明它们在各层次上的关系以及它们之间的关系，然后指出这些成分与处在其中的人类活动的内在联系。由此可以看出，弗斯试图将语言研究与社会研究结合起来。语言作为人类交流的工具以及文化的一个重要组成部分，对语言的研究必定有助于揭示人的社会本质。

另外，弗斯对意义也有一定的研究。他将意义定义为不同层次上的成分和该层次上此成分的情境之间的关系，并指出任何句子的意义都包含如下五个部分。

①音素与其语音环境的关系。

②词项和句中其他词项的关系。

③每个词的形态关系。

④该句子所代表的句子类型。

⑤句子与上文的关系。

和马林诺夫斯基一样，弗斯也将语言环境当作研究的重点。他认为，语言环境不仅涉及语言出现的环境中人们的活动，还涉及个人历史以及整个言语的文化背景。弗斯发现，句子的变化是无穷无尽的，因而提出了"典型语言环境"的概念。对此，弗斯解释到，社会环境决定了人们在社会中所要扮演的角色，这些角色是有限的，因此典型的语言环境也是有限的。人们实际的交往活动基本上都可以被归类为多个不同的典型的语言环境。这表现在当有人对你说话时，你基本上处于一种规定好了的环境，对于什么样的话语大概会有什么样的回答，而不是随心所欲地回答。

对于典型的语言环境，弗斯还采用了社会学的方法对其进行了以下四个层次上的研究。

第一，语音层。这一层的研究是通过对语音位置以及语音与可以在同一位置上出现的其他语音的对立进行分析来发现语音的功能。

第二，词汇和语义层。这一层的研究不仅要分析词的所指意义，还要分析词的搭配意义。因为，词语的意义经常受到搭配对象的影响。例如，night 其中的一个意思就是和 dark 搭配后产生的，而 dark 其中的一个意思也是和 night 搭配构成的。

第三，语法层次。语法层次的研究又包括形态学层次和句法层次。形态学层次的研究关注的是词形的变化，而句法层次的研究关注的是语法范畴的组合关系。这种关系是靠语言的组成成分实现的。

第四，语言环境层次。这一层次的研究主要集中在非语言性的事物、行为以及语言行为的效果上。弗斯指出，这一层次的研究不区别词汇和思想，目的在于使我们明白在某种环境下为何使用某种话语。这样看来，"运用"和"意义"之间就是对等关系。弗斯还指出，较小的语言环境存在于一个更大的语言环境之中，那么所有的语言环境也就存在于整个文化环境之中。但弗斯同时也明白一点，要限定环境所有的组成因素是十分困难的。

此外，弗斯还对语境进行了更加具体而详细的分析。他认为，对语言环境的理解还可以从两个角度来进行：篇章角度和语言环境角度。篇章角度涉及篇章的内部关系，包括结构成分之间的组合关系、系统中单位的聚合关系及其价值；语言环境角度涉及语言环境的内部关系，不仅包括非语言成分与篇章成分之间的关系及其总效果，还包括篇章中的"小片段"和"大片段"（如词、短语等）与环境的组成成分（如物体、人物、事件等）之间的分析性关系。

弗斯于 1948 年在伦敦语言学会上提出的韵律分析法（又称"韵律音位学"）是他对语言学的第二大贡献。人类的话语是一个连续的语流，至少包括一个音节，无法被切分成若干单独的单位。仅靠语音描写或音位描写是无法分析语流中语言各个层次的功能的。这是因为，音位描写只探讨了聚合关系，并未涉及组合关系。而弗斯认为，在实际的话语中构成聚合关系的并非音位，而是准音位单位。准音位单位的特征比音位少，原因是有些特征是音节、短语或句子中的音位共有的。这些共有特征归到组合关系中以后，被统称为"韵律成分"。

尽管弗斯并未对韵律成分下定义，但他在论证中指出了韵律成分包括这几个方面：重读、音长、鼻化、硬腭化和送气等特征。而这些特征并不单独存在于某一个准韵律单位中。

弗斯在强调"多系统"分析的同时也十分重视组合关系和对结构的分析。他认为，分析话语的基本单位不是词语，而是特定环境下的语篇。分析时要把语篇拆成各种层次以便研究。由于每个层次都是从语篇中拆分出来的，因此无论先研究哪一个层次都没有关系，但都需要对语篇的韵律成分进行分析。

无论是韵律分析还是音位分析，都要考虑到基本相同的语音事实。但是，韵律分析在材料归类和揭示材料的相互关系上有着十分明显的优势。这是因为它能从各个层次上发现更多的单位，并能够说明不同层次上的单位之间的联系。

（三）韩礼德的理论

韩礼德（Halliday）继承并发展了弗斯的理论。在弗斯"系统"概念的基础上，他对"系统"的意义进行了重新定义，并创造了一套完整的范畴。韩礼德于1961年正式提出阶和范畴语法理论框架，后来将这个理论模式发展成系统语法，并于1968年在系统语法中增加了功能部分，后人将他的语言理论称为"系统功能语法"。

系统功能语法包括系统语法和功能语法两个组成部分。

第一，系统语法的目标是要说明语言作为系统的内部底层关系，它是与意义相关联的可供人们不断选择的若干子系统组成的系统网络。

第二，功能语法的目标是要说明语言是社会交往的手段，其基础是语言系统及其组成成分又不可避免地由他们所提供的作用和功能所决定。

系统功能语法理论把语言看作是"做事"的一种方式，而不是"知识"方式。它用一系列相互关联的范畴来解释语言材料，并用一套抽象的阶来说明范畴与材料的关系；区分"语言行为潜势"和"实际语言行为"；重视语言在社会学上的特征；着力对个别语言及个别变体的描写；运用连续体概念来解释许多语言事实；强调依靠对语篇的观察和数据统计来验证自己的假设。

系统功能语法理论认为人际关系或社会结构对人类认识世界的方式具有决定作用。在语言与现实的关系问题方面，韩礼德认为语言是文化的一个重要组成部分，而不是乔姆斯基（Chomsky）所假定的那种相对独立的模块系统。他还认为，语言之间的差异以及差异所反映的文化差异对语言学家来说尤为重要，而语言之间的共性并不重要。

第二章　词汇学与句法学

第一节　词汇学

所谓词汇学，就是一门研究词汇的学科。词汇是语言的基本要素，人类思维离不开概念，而概念的语言形式主要表现为词汇。由此可见，词汇学对于语言的发展具有重要的作用因此，下面主要从词汇、构词、新词等方面，对词汇学进行分析探究。

一、词汇学概述

（一）词汇学的定义

词汇学（lexicology）是一门有关词的科学（the science of words）。词汇的积累在英语学习过程中占据着重要地位，因此一直是很多专家学者的重点研究对象。研究词汇学的专家杰克逊和艾姆维拉在他们合著的《词、意义和词汇》一书中说："作为语言学的一个分支，词汇学对词汇进行调查研究、描述并予以理论化。"由此看来，词汇学是有关"词汇的学问"，即有关词汇的系统知识。

再深入一点，"词汇学"是研究词汇背后的规律性和系统性，以及词汇的结构关系和类别的学科。它运用语言学的相关理论，探讨词的意义及语义关系，阐述词汇的发展变化过程，能够了解现代词汇的系统知识，词汇的现状及其历史演变过程，能够对现代词汇发展中出现的种种现象做出分析和解释，从而提高对词语的理解、阐释和综合运用的能力。学好英语词汇学，不仅可以了解现代词汇的普遍规律、分析研究现代英语词汇现象和英语词汇的演变和发展，还有助于掌握英语词汇学习的方法、途径、手段和策略。

词汇的研究范围现在已经变得十分广泛，有的领域已经形成相对独立的学科，例如，相互结合形成交叉学科，包括形态学（morphology）、语义学（semantics）、词汇语义学（lexical semantics）、认知语义学（cognitive semantics）、词源学（etymology）、词典学（lexicography）、认知词典学（cognitive lexicography）等这些相互独立的学科和交叉学科正在把词汇学的研究推向一个新的发展高度，对词汇还可以进行历时和共时的比较研究。

就历时比较而言，各历时时期词汇的比较是其重要的组成部分；就共时比较而言，词汇国别变体的比较正越来越引起人们的注意。这些比较研究对提高外语研究水平和教学水平都起着很重要的作用。语料库语言学的发展是现代词汇学研究的有力支撑，语料选择、数据统计、定量分析等学科方法为研究词汇提供了新的观察视角和操作手段。

　　语料库已经逐渐成为词汇研究和教学的一种新途径，它既可以提供快速的检索工具，又可以有效提高我们语言样本的质量。语料库语言学的学习，既可以强化外语学习者的词汇系统知识，使他们全面了解外语词汇的过去和现状，也有助于他们提高理解和分析语言问题的理论水平，使他们在拥有更多真实语言输入的基础上加强综合运用外语的实际能力。

（二）词汇的特征

　　词汇的特征有很多，下面我们就其中的几个进行简要分析。

1. 普遍性与民族性

　　词汇对现实现象的反映，既有普遍性，义有民族性。所谓普遍性，就是说客观世界中存在的某种形象会被人们赋予某一个概念，并且所有人都会用这个概念来记录它、反映它。对词汇来说，当所有的语言都用某一个概念来称呼它的时候，就证明了它的普遍性。例如，月亮、太阳等是自然界客观存在的事物，无论是英语、日语，还是法语、意大利语等，都会有相应的词语表达这些概念或现象，这就是它们的普遍性。而所谓民族性，就是与普遍性相对的，每个民族都有自己独特的个性特征，不同民族对同一客观现实存在着不同的认识，表现在语言中，就是同汇的民族性。

　　再如，同样反映"古代的一种爬行动物"这个概念的词语，汉语用"龙"，英语中用dragon，词的基本义相同。但是，汉语中的"龙"有"封建帝王、卓越的人"等意义；而英语的"dragon"却有"凶暴、严厉的人"等意义；在这两种语言中，这两个词的基本意义是相同的，都表示的是一种古代的爬行动物。但是，根据它们的派生意义，我们又能看出，不同的民族具有不同的思维特点和文化观念。所以说，词汇的普遍性和民族性是相辅相成的，它们既对立又统一。

2. 任意性与理据性

　　所谓任意性，就是指各种语言符号的音义之间没有必然的联系，对于同一种事物，不同的语言可能有不同的音义表达。但是在同一种语言中，用什么样的声音代表什么意义是一致的，是由说这种语言的全体成员约定俗成的。常见的例如一些拟声词、同源词和复合同就是这样的，下面我们通过举例来一一论证。

　　第一，拟声同指模拟客观对象的声音特征而产生的词有两种：第一种是模拟外界声音用来描绘声音形象的词。例如汉语里的"叮咚""啼嘀"，英语里的"quack"（鸭叫声）"clink"（金属敲击的声音）"bow-wow"（狗吠声）；第二种是源于拟声用于指称的词，如汉语"知了"、英语"cuckoo"（布谷鸟）。这两种词的音和意义之间存在着自然的联系，是可以论证的。

　　第二，所谓同源词，就是指在读音、意义和来源等方面都有相近或相通的地方。汉语文化博大精深，很多复杂的字都是由一些基本的字加上偏旁部首组成的，不同的偏旁部首往往导致字词产生不同的含义，但是因为含有同样的基本字，它们之间往往具有很大的联系。例如，汉语的"张"，本义是"把弓弦安在箭上"，后来通过延伸发展，又产生了很多与其相关的字，如"涨""胀"等。"涨"的含义是水位上升，常见词语有"水涨船高"等；"胀"本义指体积增大，常见词语有"热胀冷缩"等。这些字都是由"张"延伸

出来的，其含义也与"张"的派生义——"施放、拉开、展开、使增大"等有着某种语义上的联系，这些都是可以论证的。

第三，复合词的构成词素一般是两个或两个以上，经过相互组合，构成相应的词语。并不是任意两个词素放到一起都可以构成意义明确的词语的，所以，这样的复合词是有一定的理据可寻的。例如汉语的"雨衣"就是"下雨时穿的衣服"的意思，这是可以论证的。其他语言中这种例子也很多，例如英语的"sunflower"（向日葵）就是"朝着太阳开的花"的意思，也是可以论证的。由此可见，词汇的音义关系既有任意性又有理据性。

（三）词汇学的分类

1. 根据研究对象划分

根据研究对象的不同，词汇学可分为普通同汇学和个别词汇学，也可以叫作一般词汇学和具体词汇学，两者之间是相互依存、彼此促进的关系。之所以这样说，是因为普通词汇学的形成和发展是建立在个别词汇学的基础上的；而普通词汇学建立之后，又不断指导个别词汇学，使之得到充实和发展。普通词汇学的主要研究内容是世界上所有语言词汇之间的共同规律，因此，它是关于词和词汇的一门研究学科，是普通语言学的重要组成部分。个别词汇学相对于普通词汇学来说，它的研究范围相对集中，主要是某一种具体语言的词和词汇，如专门研究汉语词汇或英语词汇、俄语词汇等。

2. 根据研究范围划分

根据词汇研究范围大小的不同、可以将词汇学分为广义词汇学和狭义词汇学。广义词汇学，包括语义学的内容，还包括词源学和词典学等。狭义词汇学主要研究词和词汇的构成、分类和发展规律等。

3. 根据研究方法划分

根据研究方法的不同，词汇学可分为共时词汇学和历时词汇学，也叫作静态词汇学和历史词汇学。共时词汇学指的是对某个时期的词汇体系进行静态和描写式研究的一种形式，它强调的是某一个发展阶段。而历时词汇学则与之不同，它的研究是动态的，研究内容主要是词汇的起源和发展的历史过程。共时词汇学和历时词汇学代表的是截然不同的两种研究形式，但是它们之间却相互影响，紧密联系。词汇的静态描写，有助于历时词汇学的研究，而了解词汇的历史发展，有利于对词汇现状的深刻理解。

（四）词汇学研究的意义

从小到大的影响程度来看，词汇学研究的意义可以从以下三个角度来论述。

1. 对语言学科的影响

本体研究方面，词汇研究有助于准确掌握词语的含义、结构和用法，有益于语法、修辞等相关语言学科的发展。语法包括词法和句法，词法分析与词义研究密不可分，现代语法也非常注重句法结构形式分析和语义研究的结合。修辞的一个重要目的是使语言表达更准确、生动，以达到预期的表达效果。修辞的运用在很多方面与词汇有关。

现代语法也非常注重句法结构形式分析和语义研究的结合。修辞的一个重要目的是使语言表达更准确、生动，以达到预期的表达效果。修辞的运用在很多方面与词汇相关。例

如修辞里"对偶"辞格，要求结构相同或基本相同、字数相等、意义上密切联系的两个词组或句子对称排列，这与词语的词性、词义内容有关。又如"谐音双关"，实际就是同音词的运用。

在语言的应用研究领域，如语言规范、语言教学、语言翻译，词汇都是其中重要的部分。尤其在第二语言教学中，相信很多人都对其深有体会。就拿中国学生学英语来说，我们都知道，掌握一定量的词汇是学好英语的第一步。其实，无论学习哪种语言，掌握大量词汇是最基础的。对于外语初学者来说，日常交际中掌握一定的词汇量要比掌握正确语法更重要。

2. 对文学创作与鉴赏的影响

文学研究其实就是对现实生活的一种反映，语言是重要的媒介，也是文学艺术创作必不可少的条件。因此，作家只有熟练地掌握语言，才能够将其想要表达的思想和题材完美地展现出来，才能让读者产生共鸣，从而更加欣赏和喜欢文学作品。而在语言表达中，词汇是最基本也是最不可缺少的材料，从作品中使用的词汇我们就能够看出该作家的语言风格及其想要表达的内容。

3. 对社会文化历史研究的影响

语言是一种符号系统，它是文化的一个重要组成部分，在文化发展中发挥着不可忽视的作用。文化是社会发展变化的积累，而语言又可以直接反映社会的变化，尤其是语言中的词汇能最优先地反映社会的变化历史轨迹，是人们研究历史的重要依据。另外，对词义的研究，也可以反映出人们观念的差异和转变。

二、词的结构

每一种语言都拥有丰富的词汇，而且，这些词汇不是孤零零地存在，而是彼此之间有着各种各样的联系的。从某种意义上说，语言中的词汇就像世界上的人，每个人虽然都是一个独立的个体，但是身处社会之中，就不免会与社会群体中的其他人群存在着各种联系。比如，每个人都有亲属、朋友、同事、同学等，每个人生活的圈子也不一样，在不同的圈子中，扮演着不同的角色，承担着不同的责任。词汇也一样，一个词可能属于名词，在某个句子中充当主语；从结构上来分析，这个词可能由另外一个词添加一个后缀构成。下面我们列举一组词汇，分析它们之间的联系：

move	unmoved	remove
movable	unmoving	removed
moveless	unmovingly	removable
mover	movement	moving

通过分析，我们很容易发现，上面列举的这些词，在发音、结构和意义上都有关联。在发音上，它们都包含/muːv/这个音节；在结构上，它们都包含 move 这个词根（比如，movable = move + able，remove = re + move，unmovingly-un + move + ing + ly）；在意义上，它们都与 move 有联系（比如，movable 的意思是 able to be moved from one place or position to another，remove 的意思是 take something away from the place where it was，等等）。有意思的

是，对 move 这个词本身，我们无法再分出更小的有意义的单位，mo 没有意义，mov，ve 或者 ove 也都没有意义。

下面我们再列举一组词汇，共同来分析一下它们之间的关系：

write	writer
sing	singer
dance	dancer
work	worker
compose	composer
teach	teacher

通过前后两组词汇的对比，我们很容易就能看出，后面一组词是在前面这组词的基础上添加词缀 -er 而形成的（本身以 e 结尾的单词则只加 r）。-er 表达的意思是 "a person who VERBs"。但是，前面这组词汇都是具体的、有意义的词，一旦进行分割就不具备任何意义了，因此，它们无法再切分。

通过上述分析以及得出的结论，我们可以引入语言学中的两个重要术语，分别是词素（morpheme）和词法学（morphology）。词素是语言中最小的有意义的单位，词法学是研究词的内部结构和构词法的学问。

接下来，我们就要重点讲述"词素"这一概念。其实，在日常交际过程中，普通语言使用者在潜意识里都能感受到词素的存在，有时甚至会运用潜藏的关于词素和构词法的知识来随意构成新词，以制造特殊的交际效果。这就说明，词素其实并不是语言学家为了方便语言的研究和描述而杜撰出来的一个概念，它真实地存在于语言的学习中。词素根据它的使用特性又可以分为两种，分别是自由词素和粘附词素，接下来我们分别对其进行分析探讨。

（一）自由词素

所谓自由词素，指的是能够单独构成单词的词素，如 gril，boy，cock、dog，等等。这些词被称为单语素词语。所以，所有的单语素词语都是自由词素。

（二）粘附词素

所谓粘附词素，指的是不能单独构成单词，必须依赖于自由词素才能起作用的词汇。粘附词素根据不同的标准可以划分为不同的种类。

1. 根据位置划分

根据位置划分，粘附词素可以分为前缀和后缀。所谓前缀，就是位于其他词素前面的词，如 anti-，re-，un-，pre-，dis-，等等。所谓后缀，与前缀相反，就是位于其他词素后面的词，如 -tion，-ism，-er，-ish，-able，-ness，-ly，等等。

英语中主要就是前缀和后缀两种，但是在其他语言中，还有第三种粘附词素存在，也就是中缀。所谓中缀，就是嵌入其他词素中间的词素。例如，菲律宾的 Bontoe 就是其中一种语言。在这种语言中，将中缀 "-um-" 嵌入名词或形容词的第一个辅音之后就可以派生出一个动词，意思是 "to be the noun/adjective"。

2. 根据功能划分

根据功能划分，粘附词素可以分为屈折词素和派生词素。

（1）屈折词素

屈折词素的添加并不产生新词，只是表达同根的某种特别的语法功能。比如，英语的屈折词素-s 添加在名词后就构成该名词的复数形式，而添加在动词后就构成该动词第三人称单数情况下的一般现在时形式；另一个屈折词素-ed 添加在动词后就构成该动词的一般过去时形式；而-er 和-est 添加在单音节和部分双音节形容词后就构成该形容词的比较级和最高级等等。

英语中的屈折词素一共有八个，分别是添加在名词后的-'s（possessive）和-s（plural），添加在动词后的-s（third person present singular），-ing（present participle），-ed（past tense）和-en（past participle），以及添加在形容词后的-est（superlative）和-er（comparative）。我们发现，英语的这八个屈折词素都是后缀。

（2）派生词素

将派生词素添加于其他的词素或单词之中，可以构成新的词。这个派生出来的新词与原来的旧词有可能分属不同的词性；而将后缀-ize 添加于形容词后，得到的是动词。

针对上述屈折词素和派生词素，有两点需要强调。

第一，在讨论派生词素时，我们已经指出，有些派生词素会改变词根的词性，而有些派生词素则保留词根的词性，但是屈折词素则全部保留词根的词性。比如，quick 和 quicker 都是形容词，quicker 里面的-er 只不过起了标示比较级的作用；但是 sing 和 singer 就不一样了，前者是动词，后者是名词，因此 singer 里面的-er 和 quicker 里面的-er 有本质的不同，一个是派生词素，一个是屈折词素。

第二，在英语中，如果要给一个词根同时添加派生词素和屈折词素，那么派生词素总是出现在屈折词素之前，比如在 singers 这个词中，派生词素-er 出现在屈折词素-s 之前，而不是相反。

三、英语构词法

（一）复合词

复合词（compound）就是将两个词放在一起构成的新词。在英语、德语中都存在大量复合词，法语和西班牙语则相对少得多。这里我们探讨的主要是英语中的复合词。比如，英语中的 bookshelf，footprint，sunlight，coursebook，dustbin，waterproof 等都是复合词。

有些复合词的意思显而易见，如 bittersweet 的意思是又苦又甜，sleepwalk 的意思是梦游；有些复合词的意思则不那么明显，如 daredevil，指胆大妄为的人；sawbones，乍一看是指锯骨头，实际指的是外科医生。还有一些复合词的意思跟它们的构成成分几乎没有什么关系。

（二）合成词

合成词（blend）也是将两个独立的单词合并在一起构成一个新词。与复合词不同的

是，合成词通常会将一个单词"去尾"，再将另一个单词"掐头"，所以有一种说法是：Blends are compounds that are 'less than' compounds.

（三）缩略词

缩略词（acronym）是指由一个词组中各主要词的第一个或头几个字母缩合而成的新词。英语中有些缩略词一直保持其"缩略性"（alphabelisms），在念的时候要把每一个字母都念出来，如 PPT（poweqjoint），CD（compact disk），DVD（digital video disk）等。还有一些缩略词表现得更像普通单词，可以整体拼读出来，如 SARS（Severe Acute Respiratory Syndrome）和 AIDS（Acquired Immune Deficiency Syndrome）。

（四）省略词

从一个多音节词中删去几个音节，由此构成的词被称为省略词（clip）。比如，gas 为 gasoline 的省略，ad 为 advertisement 的省略。省略词在口语中用得比较多，下面我们列举了常见的一些省略词。

gas	gasoline
fax	facsimile
flu	influenza
phone	telephone
plane	aeroplane
pub	public house
bike	bicycle
lab	laboratory
math	mathematics
exam	examination
bus	omnibus
gym	gymnasium

（五）外来词

所谓外来词，就是从其他语言中借用一些词语来填补本族语汇中的空白或表达新生的概念。外来词（loan-word）在英语中所占比例很大，英语曾从拉丁语、希腊语、法语等借入大量词语。当然，英语也在不断向其他语言出借词语。

有些外来词在出借过程中被数度易手，多次转借，以至于现在很难知道它们最早究竟是哪种语言。

英语除了从其他语言中拿来现成词语为己所用之外，也经常会向其他语言慷慨出借词语。例如，汉语中的"幽默""模特"和"浪漫"，实际上都来自英语的"humour""model"和"romance"。

外来词中有一部分不是借用外语词的发音，而是对外语词进行字面直译，这样的外来词被称为直译词（loan-translation 或者 caique），比如，英语的 skyscraper 在法语中被直译为 gratte-ciel（scrape-sky），在德语中被直译为 wolkenkratzer（cloud scraper），在汉语中被

直译为"摩天大楼"。甚至汉语的"男朋友"和"女朋友"也很可能是对英语的 boyfriend 和 girlfriend 的直译。

（六）逆成词

逆成词（backformation）的构成遵循减法原则，即从一个现有的词（通常是名词）中挪掉看似后缀的部分，得出一个新词（通常是动词）。为什么要强调"看似后缀"呢？因为其实那些被想当然地删去的部分并不是后缀—这倒是进一步证明了普通语言使用者的头脑中的确潜藏着关于词素和构词法的知识，尽管这些知识有时可能是错误的。比如，动词 televise 就是从名词 television 逆构出来的。-ion 是英语中一个常用的派生后缀，添加在某些动词后便可以构成名同，如：revise→revision，subtract→subtraction，等等。于是有些人想当然地以为 television 也是这样从 televise 派生出来的，并据此逆构出 televise 一词。常见的逆成词还有：donation→donate，enthusiasm→enthuse，option→opt，emotion→remote，liaison→liaise。

此外，位于英语名词末的-er（或者-or，-ar）也经常被当作动作主体后缀而从名词中去掉。请看下面的例子：

babysitter→babysit

burglar→btirgle

edito→edit

hawker→hawk

peddler→peddle

Yule 注意到澳大利亚人和英国人喜欢用逆构方式来构成人或物的名字或昵称。通常分两步走：第一步将一个比较长的名字缩短为一个音节，第二步在该音节后添加-y 或-ie。由此得出来的昵称包括 moving picture→movie，television→telly，Australia→Aussie，bookmaker→bookie，breakfast — brekky 和 handkerchief→hankie，等等。

四、英语新词的产生

（一）新词的定义

"新词"（neologism 或 vogue words）指的是某一段时期内或自某一时间点以来首次出现的词，往往是出于对新事物进行描写的需要而出现的词，也指词典上还没有收录的词语，如很多词典后面增补的词语就是新词。

英语的发展总是和社会历史的进程融合在一起的，英语词汇的扩展是对新的历史条件和社会发展要求的反映。我们也看到，任何一个英语变体的形成．都伴随着大量英语新词的出现，新词构成了英语词汇发展中一道生动而亮丽的风景线。

（二）英语新词产生的原因

1. 文教体育的发展

文教体育的发展带来各种新词汇，主要表现为以下几个方面。

第一，在教育和语言研究方面，因教学方法和教学用具的改革而出现了一系列新词。

第二，和教育有关的现象带来了一系列新词。

第三，电台和电视娱乐亦是较大的新词供应者。它们都很注重 audience rating（视听率）和开发 hot line（热线），注意节目类型的多元化，比如 call-in（听众通过电话与主持人通话的节目）、talk show（脱口秀）、sitcom（情景喜剧）、soap opera（肥皂剧）、prime time（黄金时间）、instant replay（即时重播）、VTR（磁带录像机）、VCR（盒式录像机）等都是人所共知的用语。

第四，多姿多彩的新体育运动也丰富了英语的词汇。如 yoga（瑜伽）、tae kwon do（跆拳道）、skateboarding（滑板运动）、sand yacht（沙滩艇）等。

2. 新型文化的出现

第一，人口的变化和发展为人口统计学提供了不断更新的数据和新名词。例如，美国人给一代代年轻人贴上了不同的标签，渐渐成为人们心中的时代代表名词，包括 20 世纪 60 年代的 hippies（嬉皮士）、70 年代的 yippies（易比士）和 80 年代的 yuppies（雅皮士），而以前的 baby boomers 到如今成了 YAPS（或 Yappies 即 Youthful，Active，Pre-Seniors），甚至 grand boomers。

第二，社会流行文化语促进了新词的产生。随着社会的进步和网络的迅速发展，不知不觉我们的生活中就多了很多的流行性新词，并且被人们广泛地应用：例如，近些年来流行用一些缩略词来表达一种特定的含义，如 PK、CEO，WC 等。对于"WC"我想大家已经很熟悉了。其实，在地道的英语中，对卫生间的正确表述应该是"toilet"或"the rest room"。但是现在很多人都会将卫生间简化为"WC"，大家也都明白其含义，随之也流行起来，很多不会说英语的人也应该知道它的意思了。

第三，随着音乐制作方法的不断更新和改进，音乐领域也出现了很多新词语。随着时代的演进，electrophonic music（电子音乐）成为音乐家们制作音乐的一种重要方式，其中非常具有代表性的 Metal Music（金属音乐）就可以分为很多种类，有节奏和速度较慢的 Doom（毁灭金属），也有以夸张的舞台表演方式或浓妆艳抹的外在形象吸引乐迷的 Glam Metal（华丽金属）。其他还有 Industrial Metal（工业金属），Neo-Classical（新古典金属），Pop Metal（流行金属），Progressive Metal（前卫金属），Speed Metal（速度金属）等。

3. 科学技术的进步

现代科学和技术的进步是英语新词发展的最主要原因。为了描写新的发明和发现，各行各业的新词不断产生，比如已经发现的 black hole（黑洞）、neutrino（中微子）、nanometer（纳米）、quark（夸克）、quasar（类星体），已经发明的 radar（雷达）、laser（激光）、hovercraft（气垫船）、bullet train（高速火车）、containership（集装箱船）等。这种新词的产生总是伴随着所在领域的发展，其中很多已经走出那个专业领域而被大众所接受和使用。

21 世纪，电子技术和信息技术的迅速发展，为很多新领域的开拓提供了技术支持，人们结合计算机信息产业发展了生物信息学、心理学、军事、物理学等领域，开始了新的探索和追求。

4. 电脑网络的革新

（1）电脑技术的迅猛发展带来很多的新词语

电脑从 desktop（台式）发展到 laptop（便携式），又发展到 palmtop（掌上）。电脑技

术的迅猛发展带来的新词比比皆是，如 computer system（计算机系统）、hardware（硬件）、software（软件）、Mouse（鼠标）、monitor（监视器）、keyboard（键盘）、CPU（Central Processing Unit，中央处理器）等。此外，hardware 和 software 还衍生出如 courseware（课件）、groupware（群组软件）、freeware（免费软件）、shareware（共享软件）等相关新词。

（2）Internet 的蓬勃发展促使很多新词语相继出现

Internet（互联网）的蓬勃发展早已让 WWW（World Wide Web，万维网）、Web page（网页）、Web site（或 Website，网站）、Web browser（万维网浏览器）、Web phone（网络电话）、Web server（万维网服务器）等广为流行。越来越多的家庭有了 broadband access（宽带接入）、broadband networks（宽带网）或 Intranet（内联网），网上聊天的工具也越来越多。网络给人们的生活带来了极大的便利。但是同时，网络也存在一定的威胁，例如病毒、黑客等都在影响人们的上网环境。

（3）blog 的迅速发展对新词汇的出现也产生了很大的影响

网民不仅仅被动地享用他人提供的信息，也可以把自己的信息供他人分享。blog（网络日志）的迅速发展使得人们传递的信息带来越来越重大的影响。博客又分不同的类型，比如 journal blog 和 diary blog（日记博客）、news blog（新闻博客）、pundit blog（专家博客）、tech biog（技术博客）、group blog（群体博客）、vide oblcg（视频博客）等。

第二节　句法学

下面主要围绕句法学的概念，生成句法理论对现代语言理论的贡献及其发展方向，句法关系及功能等内容，进行具体的阐述。

一、句法学概述

（一）句法学的概念

句法学研究的是单词组成句子的方法，以及支配句子结构的原则。不同语言的句子顺序都不相同，如英语是"主语 + 动词谓语 + 宾语"，日语是"主语 + 宾语 + 动词谓语"等。显而易见，研究句子结构能够让我们更好地理解句子含义。

传统句法强调数、性、格。一般情况下，数分为两种，即单数与复数。性分为阴性与阳性，有些语言还有中性。格是针对名词和代词的，有主格、宾格、所有格。动词则有时态和体。句子的不同成分中存在以下两种关系。

第一，一致关系。这种关系是指句子中两个或两个以上的成分要在某些范畴上相互保持一致。例如，限定词与名词要在数上保持一致，如 these apples。

第二，支配关系。这种关系是指句子中某一成分控制了另一成分。例如，英语中的动词支配了它后面代词的形式，如 She found him。

任何语言都有很多词类，能在句子中起相同作用的词构成了相同的句法范畴。如英语中句法范畴大致有以下五种。

1. 动词短语

如 wants to leave，is wearing a blue jacket，is kind。

2. 名词短语

如 most Chinese，a big house，Kate and her friend，the students that I have taught。

3. 形容词短语

如 as busy as a bee，very thin，most respectable。

4. 副词短语

如 happily married，as soon as possible，more quickly，more carelessly。

5. 介词短语

如 in the air，with his parents，from the countryside，near the school 等。

（二）生成句法

我们都知道，语言学有许多流派，这些流派都有自己的一套句法理论，如结构主义有结构主义语法、功能主义有系统功能语法等。而生成语法的句法理论对现代的影响较大，下面我们主要围绕该理论进行探讨。

生成语法是美国语言学家乔姆斯基于 1957 年创立的语言学理论。在他提出的片语结构语法中，句子的组成成分结构是有层次的。如果我们借助下面的符号：

Noun Phrase——NP

Verb Phrase——VP

Prepositional Phrase——PP

Adjective Phrase——AP

Adverbial Phrase——ADP

Sentence——S

1965 年，生成语法进入标准理论时期，乔氏提出：句法的基础部分包括了改写规则和词汇库，改写规则生成深层结构，再通过转换规则将深层结构变成表层结构。深层结构是句子结构中的不同成分的内在层面，它决定了语义。表层结构是指句法派生过程的最后阶段显示出的句子形式，如 What has Mary borrowed? 通过改变规则，可以得到该句的深层结构 Mary has borrowed what?

后来乔氏对学说进行了修正，采用了语迹理论。意思是在句子中，一个成分从某个位置移动到另外一个位置后会留下痕迹，这个痕迹就叫作语迹。例如：The letter was written by Tom. 其深层结构应是：Toni wrote the letter. 如果在被动句中加上语迹：The letter was written（trace）by Tom. 那么深层结构的信息，即 letter 本是 write 的宾语，也能在表层结构上一目了然。所以在语迹理论中，语义解释的必要信息也可以来自表层结构。

1980 年，乔氏的理论进入原则和参数方法时期。他提出了管辖与约束理论，并开始使用 D-structure 和 S-structure 的概念。D-structure 是句子中的一个抽象层次。在这一层次里句子被授予施事者和受事者的语义角色。S-structure 则是另一个层次，在这个层次中，句子被授予句法中的格形式。从 1993 年到现在，乔氏的理论进入最简方案时期，他这时的目标是消除生成语法中的冗余部分，达到模式最简化的水平。

　　乔姆斯基的句法理论过于抽象，对语言中很多问题仍无法做出明确解释，但是乔氏通过不断修正自己的理论，对句法研究做出了贡献。他的理论的某些方面已被运用到第一语言和第二语言习得的研究之中。句法是语法研究的核心，所以研究句法对于现代英语语言学来说具有十分重要的意义。

　　1. 生成句法对现代语言学理论的贡献

　　毋庸置疑，生成句法为现代语言学理论的发展做出了巨大贡献。经过多年的研究，生成句法学家发现，一个人的句法能力的复杂性远远超出任何句法学家所能想象到的。举个简单的例子，一个电脑系统经过一定的训练可以打败世界上水平最高的模手，然而它却无法与一个五岁孩子的句法能力相比较，后者能够充分准确地判断、生成、解释其母语中的所有句子。生成句法学家还发现，语言的限制规则是句法核心之核心。生成句法学家还有一个重要的发现，即人类六七千种语言，不管是否来自同一语族或是否保持沟通往来，相互之间有着许多惊人的相似之处。有趣的是，以英语为母语者开始学习汉语时，发现学习汉语非常难，因为他们首先看到的是与英语所不同的四声和方块字。同样，以汉语为母语者学习西班牙语或法语时，首先会对这两种语言中复杂的动词变位形式感到困惑。然而对于生成句法学者来说，面对不同的语言，他们首先看到是语言之间所拥有的共性，而且随着研究的深入，他们在不同语言中发现了越来越多的共同规律。由于篇幅的限制，我们主要介绍生成句法在英语、汉语及日语上做出的贡献（语序与特殊疑问句方面）。

　　（1）英语

　　一般来讲，句法学家认为英语的语序是 SVO，即主语出现在动词之前，宾语出现在动词之后。除了主语、宾语与动词有着这么一个固定的关系以外，在英语里，介词也像动词一样出现在名词前面以构成介词短语，介词短语必须出现在动词短语后面。

　　构成英语的特殊疑问句有以下两个步骤：

　　第一，将特殊疑问词移到句首。

　　第二，将助动词移到主语之前。

　　这两个步骤体现在以下两个转换规则上：

　　第一，用疑问词替换所要询问的表示人物、事件或物体的词，然后将其移到句首。

　　第二，将助动词移到主语前面。

　　如果疑问词不前置，构成的疑问句则听起来不妥；如果助动词不移到主语之前，其结果也不好。如例 1 所示。

　　例 1：

　　①What will you like?

　　②Will you like what?（错句）

　　③What you will like?（错句）

　　（2）汉语

　　例 2：

　　①我吃了饭。

　　②我在家吃了饭。

③我把饭都吃了。

④我吃了妈妈做的饭。

⑤我饭早就吃了。

⑥饭，我早吃了。

例 2 的①表明，汉语像英语那样遵循 SVO 语序，因为主语"我"在动词"吃"之前，宾语"饭"在动词之后。在②中，介词"在"出现在介词短语"在家"的前面，这也符合 SVO 这种语序的规律。然而，介词短语"在家"出现在动词短语之前而不是之后。同样，③中的介词短语"把饭"也出现在动词短语之前。另外，在④中，定语从句的中心词"饭"出现在定语从句之后。在⑤中，宾语"饭"出现在动词之前。所有这些现象表明，汉语不完全像英语那样严格遵循 SVO 语序，却有着 SOV 语序。可是当我们发现，以汉语为母语的本族语者还可以说像⑥那样的句子时，我们不得不承认汉语语序的复杂性。除了 SVO 和 SOV 这两大结构以外，汉语还允许 OSV 这样一个语序结构。

汉语的语序历来是语言学家重点关注的问题。汉语语序演变假设（Chinese word order drift hypothesis），即在过去两千年里汉语的语序逐渐从上古时期的 SVO 朝 SOV 发展，到了近代汉语时期，语序已经基本固定为 SOV 结构。从一定意义上来讲，持这种观点的历史语言学者主要受以下两个语言事实的影响：

第一，到上古汉语时期，代词宾语和疑问句宾语已逐渐从否定动词后的位置移至动词之前。

第二，表示方位和工具的介词短语从动词之后移至动词之前。

对于这一语序演变假设，Norman 于 1988 年指出了其中的一个问题。那就是，在上古汉语时期，许多介词短语已经出现在动词前面，如表示工具的介词短语可以前置。他认为，这种语言现象只能看作对当时那种语言句型的扩充表现。如果说汉语经历了从 SVO 到 SOV 这种语序的重大变化，那么如何解释近代汉语里除了很多介词短语可以出现在动词之前以外，也还有不少介词短语可以跟在动词后面这个现象？1996 年，Sun 通过详细分析古代汉语中介词短语的句法结构发现，前置的介词短语在古代汉语时期是十分普遍的。介词短语从出现的频率来看，几乎一半出现在动词之前，另外一半出现在动词之后。不能用介词短语的位置作为 SVO 到 SOV 语序演变的证据。

对于汉语语序究竟是 SVO 还是 SOV 这个争论已久的历史问题。在深层层面上汉语的语序为 SOV，介词短语出现在动词之后，名词出现在名词短语之后。在表层层面上，汉语的语序是 SVO，介词短语出现在动词之前，名词出现在名词短语之后。动词之所以要在表层层面上移到宾语之前是为了满足动词赋格的要求，即在表层层面上动词必须为紧跟在动词后面的宾语赋格。

SVO 是汉语的基本语序，而另外两种则是变体，这是因为后面两种变异的语序结构有不同于基本语序结构之处，主要表现在以下两个方面。

第一，在变异的语序结构中，其宾语必须是特指或有定语的名词，而在基本语序结构中的宾语没有这种限制。

第二，在基本语序结构中，否定词"没"可以与"什么""任何"等负极词合用，而

这种组合却不能出现在变异的语序结构中。

虽然两种变异的语序结构在以上两个方面有别于基本的语序结构，但是，这并不意味着这两者是相等的。比如，在 SOV 结构中的宾语具有对比或强调的意义，而在 OSV 结构中的宾语没有这种特殊语义。

如果把汉语的语序看作如同英语的语序——SVO，那么汉语在构成特殊疑问句时是否跟英语一样需要移动其特殊疑问词呢？如例 3 的②、④所示，是汉语特殊疑问句的两个例子。

例 3：

①张三看见了李四。

②张三看见了谁？

③张三喜欢电影。

④张三喜欢什么？

通过分析例 3 的③和④，我们不难看出，汉语里的特殊疑问词"谁"和"什么"不必移至句首。因此，汉语的特殊疑问句和英语有着十分明显的差异，即汉语的疑问词保留在原位，英语的疑问词需要移到句首，而且英语的助动词需要移到主语的前面。生成句法学家 Huang 在研究中透过这些表面差异，发现英语和汉语在特殊疑问句的结构上有着许多相似之处。比如，例 4 中的三个句子分别有着不同的意义。其中，①是一个直接问句，需要对问题给出答案。②是一个陈述句，并带有一个间接问句。③既可以作问句，也可以作陈述句，具有不同的意思。

例 4：

①张三以为李四买了什么？

②张三想知道李四买了什么。

③张三记得李四买了什么？

与汉语相对应的英语句子也有三种不同的情形（例 5）。例 5 的①和②形成一个对比。两者的动词都是"think"。③是针对"Mary"所买的东西提出"John"会想些什么这么一个问题，这个问句符合英语语法。但是②就不合语法，因为动词"think"不能选择间接问句当作其宾语。③和④中的动词是"wonder"，该动词只能选择间接问句作为其宾语，不能就宾语成分直接提问，所以③不合语法，而④符合语法。⑤和⑥中的动词"remember"可以选择直接和间接问句，所以两者都符合英语语法。

例 5：

①What does John think Mary bought?

②John thinks what Mary bought.

③What does John wonder Mary bought?

④John wonders what Mary bought?

⑤What does John remember Mary bought?

⑥John remembers what Mary bought.

为什么汉语中的三个句子有着三种不同的含义，而相对应的英语句子有着三种不同的

语法差异？为了解释例 4 中各句的语意和例 5 中英文句子的语法现象，为了解释英语和汉语在特殊疑问句上的相似点和不同点，Huang 提出了汉语特殊疑问词移动假设。即汉语跟英语一样，特殊疑问词需要移至句首。不同的是，在英语里，特殊疑问词的移动发生在表层层面（S-structure），所以这种移动是有形可见的。而在汉语里，特殊疑问词的移动发生在逻辑层面，因此这种移动是无形的。此外，这两种语言除了在移动层面上有所不同，移动的原因也有所不同。在英语里，移动疑问词是为了构成符合语法的疑问句。而在汉语里，移动疑问词是为了解释不同语义的句子。

既然汉语和英语都需要移动特殊疑问词以构成特殊疑问句，我们可以推测，二者的移动都必须受到一定的制约（例 6、例 7），例 6 中的三个英语句子，当疑问词"how"从三个受到限制的句法结构中提取移至句首时，其结果不合英语语法。例 7 是三个汉语疑问句，同样也是不符合汉语语法的。

例 6：

①How do you like ［the man who fixed the car］?

②How did you feel satisfied ［after he fixed the car］?

③How would ［for him to fix the car］ be nice?

例 7：

①你最喜欢为什么买书的人？

②他在李四为什么买书以后生气了？

③我为什么买书最好？

由此可知，以上两个例子不符合语法的主要原因是英语和汉语句中的疑问词移动违反了空范畴原则（empty category principle，简称 ECP）。所谓空范畴原则，要求非代词性的空语类（trace）必须受到恰当的管辖。换句话说，空范畴原则要求移动某个成分时不能跨越句法孤岛，否则空语类得不到管辖。由此可知，以上两例中的疑问词都跨越了各自的句法孤岛，所以都不符合语法。

以上两例中的特殊疑问词分别是"how"和"为什么"，在从句中充当状语。如果疑问词是"what"和"什么"并在从句中充当宾语，那情形又会如何呢？例 8、例 9 分别是英语和汉语的例句，当疑问词"what"和"什么"在从句中充当宾语时，我们发现，从句法孤岛中提取名词并将其移至句首所构成的英语句子仍然不符合英语语法，然而相对应的汉语句子却可以接受。

例 8：

（1） What do you like ［the man who fixed］?

（2） What did you feel satisfied ［after he fixed］?

（3） What would ［for him to fix］ be nice?

例 9：

①你最喜欢买什么的人？

②他在李四买什么以后生气了？

③我买什么最好？

综上所述，当疑问词在句中的功能是修饰语（adjunct）时，汉语和英语的疑问词移动都受制于ECP。当疑问词在句中充当主词（argument）时，英语的疑问词受制于CED（The Condition On Extraction Domains，即Huang提出的限定条件，规定了什么形式结构中的名词可以被提取出去，A phrase X can move out of a phrase Y only if Y is immediately contained in a verb phrase），而汉语不受任何限制。对于英语和汉语在这个方面的差异，Huang提出了以下解释：ECP的约束限制在逻辑层面和表层层面上起作用，而CED的约束限制只能在表层层面工作。这样在逻辑层面上移动的汉语疑问词"为什么"只受制于ECP，在逻辑层面上移动的汉语疑问词"什么"就不受CEI）的限制。而在表层层面上移动的英语疑问词"what"必须同时受制于ECP和CED。解释汉语的特殊疑问句，除了以上这种特殊疑问词移动假设以外，另外，有学者提出特殊疑问词不移动理论，感兴趣的读者可查阅相关文献。

（3）日语

例9：

Tara-ga Helen-ga Hannah-ni zibun-no syasin-o miseta to omotte iru.

Tara Helen Hannah-to self-of picture showed that thinking is

"Taro thinks that Helen showed a picture of herself to Hannah."

其实，我们不难看出，日语的语序与英语的语序全然不同，然而这些差异并非毫无章法。在日语中，所有短语的中心词都出现在短语后面。比如，例9中动词"omotte iru"在其宾语从句后面，介词"ni"和no分别出现在介词宾语uHannah"和"zibun"之后，名词"syasin"在名词短语"zibun-n。"的后面。这能够充分体现出日语短语的特点与英语相反。在英语中，动词出现在宾语之前，介词在介词宾语之前，形容词在形容词短语之前（名词却在名词短语之后，这是一个例外）。显然这两类语言在语序上的差别既有规律，又有系统。

日语的特殊疑问句如何构成？是否需要将疑问词移至句首？就这点而言，日语与英语不同。通过分析例10，我们能够发现，疑问词"dare"仍然占据原宾语的位置。

例10：

John-ga dare-obutta ka?

John-NOM who-ACC hit Q

"Who did John hit?"

由于日语的特殊疑问句不必移动疑问词，我们推测日语不受CED的约束限制。那就是，日语中的名词不管内嵌于充当主语的短语结构还是内嵌于充当宾语的短语结构，都可以从中移出。如例11的①是就主语中的名词提问，而例11的②是就宾语中的名词提问，两个疑问句都符合以日语为母语的本族语者的语感。

例11：

①Hannah ga Taro no syasin o suki deshita

②Hannha wa dare no syashin o suki deshita ka?

"Hannha liked whose picture?"

③Taro no syashin ga Hannah ni yakkai deshi ta.

④Dare no syashin ga Hannah ni yakkai deshita ka?

"Whose picture bothered Hannah?"

2. 发展方向

从 20 世纪 90 年代中期开始，乔姆斯基及其同事在原则参数模型理论的基础上创建了最简方案理论。最简方案的最大特点就是对普遍语法中的理论和原则进行大量的精简。比如，最简方案已将语言形式结构中的四个层面（深层结构、表层结构、语音结构、逻辑结构）减少到语音结构和逻辑结构两个层面。同时，最简方案合并（merge）和包含条件（inclusiveness condition）这两条原则取代了短语结构规则。所谓合并是指两个句法单位可以结合在一起构成一个大的句法单位。包含条件是指句法结构的特点必须来自其组成成员的词汇特点。最简方案的核心是在最大程度上用最简单的手段解释最复杂的语言现象。从语言进化角度讲，人类语言的进化速度可以用"迅猛"来形容，要想完整解释人类语言的快速进化，很难假设语言的先天机制如同原则参数模型理论那样含有众多复杂的原则。从哲学角度讲，乔姆斯基希望走出"解释充分性"这一阶段以达到更高的境界。从"观察充分性"（observational adequacy）到"描述充分性"（descriptive adequacy）再到"解释充分性"（explanatory adequacy）是生成语言学对传统语言学的一大"革命"。

形式生成类型学是将乔姆斯基的普遍语法和 Greenberg 的类型学理论合二为一，这种结合是将两者的精髓有机地融为一体。形式生成类型学，一方面采用生成语法的抽象、形式的手段对语言进行深入、透彻的分析；另一方面运用类型学的方法，分析、比较多种属于不同语族的语言，从而在世界各地众多的语言中寻找出人类语言的共同点。形式生成类型学倡导的研究策略为中间法（the middle way），即对一定数量的语言进行一定深度的语言分析，Baker 将语言分析的最佳数量定在 10~20 种之间。采用中间法的结果，既能避免生成句法的弊端一只关注某一个别语言或同属某一语族的几种语言，又能避免类型学的传统——只注重显而易见的表面现象，缺少对抽象特征的深层研究。形式生成类型学着重探讨以下三大问题：

第一，自然语言中哪些特点属于人类所共有的普遍东西？

第二，自然语言中哪些特点属于某一特殊语言？

第三，哪些语言差异是系统的、有规律的，因而属于语法的范畴；而哪些差异是随机的、无规律的，因而属于词汇的范畴。

鉴于语言直接体现人脑的认知，研究语言势必需要解答人脑的认知本质是什么这一根本问题。因此，以上三个问题的答案对人脑的本质和起源将有哪些启示，也是形式生成类型学关心的另一问题，虽然它不是句法学家所面临的直接的问题。

与乔姆斯基所提出的三大基本问题（即什么是人类的语言知识？儿童是如何习得母语的？人们是如何使用语言的？）相比较，可以发现，形式生成类型学的三大课题是对乔姆斯基的三大经典问题的进一步诠释，其目标仍是探究语言的共性。毫无疑问，生成语法是形式生成类型学的坚实根基，因为在语言是什么这一基本问题上，形式生成类型学完全认同了乔姆斯基的观点，也就是说，研究人类语言的根本目的是为了研究人脑的本质。另

外，形式生成类型学继承并强调生成语法所坚持的抽象的研究手段，因为许多跨语言的比较分析研究必须透过语言的表面现象，通过抽象的假设、检验才能得出有实质意义的结论。

在这里，需要强调的是，形式生成类型学与乔姆斯基的最简方案理论没有根本的冲突，因为两者都希冀在最大程度上解释语言现象，只是两者所采用的研究策略不同。生成类型学因为注重横向的、跨语言的研究，所以它在尽量将语言理论原则保持为常量的基础上，力求通过增加可研究的语言素材来提高其解释能力。而最简方案理论因为重视纵向的、个别语言的研究，其做法是通过减少语言原则来提高描写、解释语言现象的能力。如果说生成类型学与生成语法有什么不同，最大的差异在于生成类型学增加了跨语言的素材，引进了对比分析的手段，并将重点放在收集、分析不同语族的语言，意在从中找出人类语言共享的普遍规律。

二、句法关系

一般情况下，句法关系可以分为三种，即位置关系、替换关系及同现关系。下面，我们主要围绕这三种句法关系进行具体的阐述。

（一）位置关系

语言要完成其交际功能，就必须设法标记出分句中各短语的语法作用。例如，在"The boy kicked the ball"中，就需用一种方法来标明第一个名词短语做主语，第二个名词短语做间接宾语（indirect object）。人类语言中两种最常用的传达这种信息的方法是位置关系（或词序）和缀合法（affixation）。

位置关系（positional relation），又称词序（word order），指的是语言中词汇的排列顺序（sequential arrangement of words）。显而易见，句子中的词语只有按照语言的规约进行排列，才能产生符合语法的言语。如例 12 所示。

例 12：

①The boy kicked the hall.

②Boy the ball kicked the.（错句）

③The ball kicked the boy.（错句）

在其他情形中，如例 13 引用的两个句子词数相当、词形相同，且均符合语法规范，但意义却截然不同。

例 13：

①The teacher saw the students.

②The students saw the teacher.

位置关系是"组合关系（syntagmatic relations）"一个方面的表现，后者是由弗迪南德·索绪尔发现的。其实，词序是将世界上各种语言分类的三种基本方法（词序、起源性、区域分类）之一。按照这种分类法，世界上总共有六种可能的语言类型，即 SVO，VOS，SOV，OVS，OSV 和 VSO。英语就属于 SVO 型语言，尽管这并不意味着 SVO 是英语中唯一可能的词序排列。

（二）替换关系

首先，替换关系（relation of substitutability）是指语法上可以在相同结构句子中相互替换的词类或词语的集合。如例 14 所示。

例 14：

The _____ smiles.

man

boy

girl

其次，替换关系是指在语法上可以共同替代某一集合中一个词语的含有一个以上词语的集合。

（三）同现关系

同现关系（relation of cooccurrence）的意思是，不同组分句中的词语可允许或要求与另一个集合或词类中的词语同现来构成句子或句子的某个部分。

同现关系可分为两个部分，这主要是因为它的一部分属于组合关系，另一部分属于聚合关系。

三、短语与句子

（一）短语

短语（phrase）是含有一个以上词语的单一结构要素。一般情况下，短语首先应是构成一个成分的一组词语。其次短语在语法层级上要低于分句。更精确地说，简单分句可以包含短语，但是简单短语（一般）不包含分句。如例 15 所示。

例 15：

the three tallest girls（名词短语）（nominal phrase）

has been doing（动词短语）（verbal phrase）

extremely difficult（形容词短语）（adjectival phrase）

to the door（介词短语）（prepositional phrase）

very fast（副词短语）（adverbial phrase）

然而，有一种情况要区分词组（word group）和短语。词组是通过对某词类的词语进行修饰所做的扩展，而该词语所属词类的主要特征没有发生变化，因此我们就有了名词词组、动词词组、副词词组、连接词词组及介词词组（如 right behind, all along）。上例中的"to the door"仍被视为介词短语，由一个介词和一个名词词组构成，故不再是介词。

（二）分句

一个成分具有自己的主语和谓语，若其还被一个更大的句子所囊括，则该成分可称为分句（clause）。

分句分为两大类，即限定性（finite）分句和非限定性（non-finite）分句。非限定性分句包括传统的不定式短语（infinitive phrase）、分词式短语（participial phrase）和动名词式

短语（gerundial phrase）。如例 16 所示。

例 16：

①The best thing would be to <u>leave early.</u>

②It's great for a man <u>to be free.</u>

③<u>Having finished their task</u>，they came to help us.

④<u>Xiao Li being away</u>，Xiao Wang had to do the work.

⑤<u>Filled with shame</u>，he left the house.

⑥<u>All our savings gone</u>，we started looking for jobs.

⑦It's no use <u>crying over spill milk.</u>

⑧Do you mind my <u>opening the window</u>?

（三）句子

从传统的语言观角度来看，句子（sentence）是能够表达思想的最小单位。在无论多大的语言形式中，不被任何语法结构所包含的结构。句子可根据结构和功能两个层面进行分类。

从目前来看，相关专家与学者对语言的交际功能产生了兴趣，并对其做出了研究，主要把语言的交际功能总结为"陈述""疑问""命令"等。

1969 年，鲍林格（Bolinger）根据词类描述了五种基本句型（例 17）。

例 17：

①Mother fell.（Nominal + intransitive verbal）

②Mother is young.（Nominal + copula + complement）

③Mother loves Dad.（Nominal 4-transitive verbal + nominal）

④Mother fed Dad breakfast.（Nominal + transitive verbal + nominal + nomimal）

⑤There is time.（There + existential + nominal）

20 世纪 70 年代初期，夸克（Quirk）等语言学家经过长期的分析与研究，根据句子各组成成分的语法功能，提出了七种句子类型。为了使读者对这七种句子类型有进一步的认识，我们将其列举如下（例 18）。

例 18：

①Type SVC Mary is kind.

a nurse.

②Type SVA Mary is here.

in the house.

③Type SV The child is laughing.

④Type SVO Somebody caught the ball.

⑤Type SVOC We have proved him wrong.

a fool.

⑥Type SVGA 1 put the plate on the table.

⑦Type SVOO She gave me expensive presents.

四、句法的功能

句法功能（syntactic function）体现了语言形式和语言模式其他部分之间的关系，语言形式是在语言模式中运用的。

句法功能的名称可以表达为主语（subject）、谓语（动）词（predicate）、宾语（object）等。

（一）主语

在一些语言里，主语是指一个主格名词。典型的例子出现在拉丁语中，主语总是主格，如例 19 中的 peter 和 filius。

例 19：

①Peter fulium amat. （The father loves the son. ）

②Patrem filius arnat. （The son loves the father. ）

在英语中，句子的主语通常被说成是动作的实施者，而宾语则是动作实施者施加动作的人或物。这种定义对例 20 的①与②来说是合适的，但对③与④来说就不合适了。

例 20：

①Mary slapped John.

②A dog bit John.

③John was bitten by a dog.

④John underwent major heart surgery.

"动作的实施者"（the doer of the action）或"承受动作的人或物"（person or thing acted upon）通常与具体的语义角色相一致，也就是施事者（agent）与受事者（patient）。但正如我们在例 20 中所见，主语与宾语不一定一直分别扮演实施者与受事者的角色。在这四个句子中，John 都承受了动作，但 John 一词在①和②中是宾语，在③和④中是主语。

为了说明主语在被动句，如例 20 的③句中的格，我们还有另外两个术语，即"语法主语"与"逻辑主语"。由于被动语态中核心宾语名词（John）占据了动词前面的空格，所以我们应称之为语法主语。由于原来作宾语的名词短语处于动词前通常由主语占据的位置，现在作介词宾语（by a dog）的核心主语（A dog），则被称为逻辑主语。之所以这样，主要是因为在语义上，核心主语仍然承担实施动作这一主语的一般职能。

除此之外，还需要注意的一点是，"话题"（句子所谈论的内容）是主语的另外一个定义。从表面上来看，这个定义适用于许多句子。但是，例 21 却是一个反例。

例 21：

①Bill is a very crafty fellow.

②（Jack is pretty reliable, but）Bill I don't trust.

③As for Bill, I wouldn't take his promises very seriously.

也就是说，虽然这三句话的主题都是 Bill，但是①句的 Bill 是主语，②句的 Bill 是宾语，③句的 Bill 既不是主语又不是宾语。可此可见，这三个句子能够充分证明一个观点，即话题不总是语法主语。

看起来将句子主语与实施者或话题等同起来并不可靠，我们反而要用语法标准去建立一个可行的概念。英语主语有许多特征，主要表现为以下五个方面。

1. 词序

一般情况下，主语在陈述句中出现在动词前面。如例 22 所示。

例 22：

①Sally collects stamps.

②Collects Sally stamps. （错句）

2. 替代形式

当主语是代词时，英语中的第一人称代词和第三人称代词将以特殊形式出现：如例 23 所示。但要注意的是，当代词出现在其他位置时，使用这种形式就不合适了。

例 23：

①He loves me.

②I love him.

③We threw stones at them.

④They threw stones at us.

3. 与动词的一致关系

在一般现在时中，当第三人称主语是单数时，动词后要加-s。在这里，需要特别指出的一点是，宾语或句中其他成分的数与人称不会对动词形式造成影响。如例 24 所示。

例 24：

①She angers him.

②They anger him.

③She angers them.

4. 对内容提问

如果主语被疑问词（who 或 what）替换，句子的其余部分仍保持不变，如例 25 的②。如果句子的其他成分被疑问词替换，那么主语前面必须要出现情态动词。如果基本句不含情态动词，那么应紧靠疑问词后插入 did 或 do。

例 25：

①John stole/would steal Mrs. Thatcher's picture from the British Council.

②Who steal/would steal Mrs. Thatcher's picture from the British Council?

③What would John steal, if he had chance?

④What did John steal from the British Council?

⑤Where did John steal Mrs. Thatcher's picture from?

5. 附加疑问句

为一项陈述寻求认证，是附加疑问句的主要功能。通常情况下，附加疑问句含有一个回指主语，而不是其他任何成分的代词。如例 26 所示。

例 26：

①John loves Mary, doesn't he?

②Mary loves John，doesn't she?

③John loves Mary，doesn't she? （错句）

（二）谓语

谓语是两分法中句子结构的重要成分之一。两分法认为，主语以外的所有必须具备的成分是一个整体，而这个整体就是谓语。谓语往往表达与主语有关的动作、过程和状态。如例 27 所示。

例 27：

①The boy is running.

②Peter broke the glass.

③Jane must be mad!

由于谓语包括了动词、宾语、补语等成分，人们觉得在以功能为本的语法分析中使用像动词这样的同类名称不符合逻辑。

（三）宾语

我们在上文中提到，从传统意义上来讲，主语就是动作的实施者，那么宾语则是动作的接受者。一般情况下，宾语分为两大类，即直接宾语与间接宾语。如例 28 所示。

例 28：

①Mother bought a doll. （间接宾语）

②Mother gave my sister a doll. （直接宾语）

在一些屈折语言中，宾语具有格标记，即宾语与格分别对应直接宾语和间接宾语。

在英语中，"宾语"的确认往往通过两个途径，即追踪其与词序的关系（动词和介词后）以及（代词的）屈折形式。如例 29 所示。

例 29：

①Mother gave a doll to my sister.

②John kicked me.

韩礼德、乔姆斯基等现代语言学家认为，宾语是指在被动转换中称为主语的成分。如例 30 所示。

例 30：

①John broke the glass. （The glass was broken by John.）

②Peter saw Jane. （Jane was seen by Peter.）

例 31：

①He died last week.

②The match lasted three hours.

③He changed trains at Fengtai. （错句：Trains wee changed by him at Fengtai.）

通过分析例 31，我们不难看出，虽然这三句话中均有名词性短语，但它们都不是宾语，这主要是因为它们不能被转换为被动式。

（四）词类与功能的关系

我们或多或少地了解到，词类和功能是相互决定的，但这并非是任何一对一的方式。

　　显然，一个词类可具备多种功能。如例 32 所示，名词或名词性短语可以做句子的主语、宾语、修饰语、状语和补语。

　　例 32：

　　①The boys are playing football. （Subj. and Obj. ）

　　②He came here last month，（Adverbial）

　　③He changed trains at Fengtai. （Comp. ）

　　④the Summer Palace（Modifier）

　　另外，一种功能可用几种词类来完成。如例 33 所示，句子的主语可由名词、代词、数词、不定式等来充当。

　　例 33：

　　①The dog is barking. （Nominal）

　　②To run fast can be dangerous. （Verbal）

　　③Only two-thirds of the population here are workers. （Numeral）

　　④We will stay here. （Pronoun）

第三章　语义学与语用学

第一节　语义学

语义学是英语语言学的一个重要分支。简单地讲，语义学是一门研究语言意义的学科，也就是主要研究词语和句子意义。了解和研究语义学对于更好、更深入地理解和学习语言十分有利，而且对于提高英语教学效率也有很大帮助。下面将对语义学定义、语义学的基础理论研究和语义学在英语教学中的应用进行详细探究。

一、语义学的含义

语义就是语言的意义，但究竟什么是语言的意义，这个问题一直都是语言学界关注和研究的焦点，而且也是颇具争议的问题。但有一点可以明确，语义是语言中的重要内容。

（一）意义

既然语义是语言的意义，那么这里首先来探讨一下什么是意义。实际上，回答这一问题是非常困难的，因为"意义"这个词本身就有多种意义，人们可以用这个词表达不同的意思。例如，"节日里，年轻的志愿者们经常组织一些有意义的活动。"在这一句子中，"意义"可以指"价值"（value）、"目的"（purpose）以及"重要性"（importance）等。在"What is the meaning of this word?"（这个词的意义是什么?）这句话中，meaning 指的是"含义或意思"。此外，在日常生活中，"意义"的解释也是多种多样。

为了更好地解释什么是意义，语言学家们从哲学、心理学、逻辑语言学等不同角度进行了探究。

古希腊哲学家柏拉图（Plato）曾从命名事物行为和属性的角度出发，对人类的语言意义单位（词语）进行了界定，他认为词义就是对事物、行为和属性的命名。19 世纪初，欧洲学者洪堡特（Wilhelm von Humboldt）认为词语是单个概念的符号，词始终针对概念。后来弗斯（John Rupert Firth）提出了词语或语言在具体语境中的词语意义的行为学说。人们通过传递与理解话语所含的意义来认识世界、交流思想。1923 年，奥格登和理查兹（C. K. Ogden & L. A. Richards）等人出版了成为语义学经典著作之一的《意义的意义》（The Meaning of Meaning）一书。他们在该书中区分了 mean/meaning（有意义/意义）的多种不同的意义，以下简单列举几条。

John means to write. （约翰想写。）——intends（意图）

A green light means go. （绿灯行。）——indicates（表述）

What is the meaning of life? （生活的意义是什么?）——point，purpose（观点、意图）

His look was full of meaning. （他的目光中含义深沉。）——special importance（特别强调）

通过上述列出的 mean/meaning（有意义/意义）的几种最基本用法和意思，可以看出"意义"含义的复杂性。

总而言之，意义是人对事物赋予的含义，是人类以符号形式传递和交流的精神内容，意图、意象、价值等都包含在意义范畴之中。

（二）语义与语义学

语义和形式这两大要素构成了语言。就语义而言，广义上，语义体现人类的思想和思维，如果没有语义，人们也就无法相互沟通、理解和交往。狭义上，语义可指词（或词组）和句子所表示的语言本身的意义，即词义和句义。

词本质上是一种符号，只有"有所指"之后才有词义。所指（reference）关系是语言与周围世界的关系。通过所指谈话者可以表明他在谈论世界上哪些事情（包括人）。也就是说，只有语言符号与所指事物建立起某种联系后，符号才有意义。一个表达形式（如词、词语、句子等）的语义就是这一表达形式与该种语言的其他表达形式在系统语义关系中的位置，这与"所指"不同。因为一个表达形式的语义并不是一个事物，所以这种语义的真实含义并非像"所指"那样容易理解。语义是一种抽象的事物，每个有词义的词都有语义，但并不是每个词都有所指称的事物。

根据概念说（the conceptualist view），词义所对应的是人们主观意识中的概念，每一个词在人的头脑里存在着一个与之相联系的概念，并通过人的思维建立起词与意义的联系，用词语的概念意义联系起现实世界中并不存在、却能够在抽象世界中加以描述的被指物。它可以解释那些无法命名或难以做出恰当指称的一类词。

当语言环境相同时，人们可以理解所听到或读到的由表达意义的词所组成的句子，也能说出或写出由表达意义的词或词组所组成的句子。人们掌握一门语言必须懂得它的每一串词连贯的"约定俗成的"意义，并知道如何把这些有意义的单位组合成更大的"意义"单位。

语义学（semantics 或 semasiology）就是研究意义特别是研究语言意义的学科，语义学研究某种语言意义的构建方式并区分不同种类的意义，也研究单个词的词义或句子中的词际意义等。由上文可知，早在几千年前，人们开始对语言的意义着手进行研究，但是语义学作为一门独立的学科出现仅仅才一百年的时间。法国语言学家布雷亚尔在 1894 年首次使用 semantics 一词，并提出语义学是一门研究意义的学科，语义学由此产生。实际上，语义学不仅仅是语言学的分支，还是逻辑学、心理学、符号学等其他学科的话题。并且，这些分支学科对于语义学理论的发展有着重要意义，因此语义学研究当前已经成为一门跨学科的研究。

二、语义学的基础理论研究

作为一门研究语言意义的学科，语义学涉及的内容十分广泛，下面将对语义学研究的重要理论内容进行探讨。

（一）语义的分类

针对语义的分类，不同的学者从不同的角度进行了研究。其中，语言学家格赖斯（Grice）根据语言的实际运用，将语义分为了四种，即固定意义（timeless meaning）、应用固定意义（applied timeless meaning）、语义情境意义（occasion meaning）和说话者的情境意义（utterer's occasion meaning）。语言学家利奇（Leech）则将语义分为了七种类型。下面就对利奇的分析进行具体说明。

1. 概念意义

概念意义（conceptual meaning）指的是与外部现实或虚拟世界相联系的意义。概念意义的意思比较稳定，是语言交际的核心因素。在整个语义中，概念意义占据着核心地位，是词语在语言交际中的最基本含义，并且具有以下特征。

（1）具有可变化

一般而言，词的概念意义是比较稳定的，但有时也会发生变化。随着社会的快速发展以及新事物的不断出现，词的概念意义也会随之改变。例如，hospital 的基本概念意义是"供游客休息和娱乐的场所"，后来随着社会的快速发展和医学的进步，hospital 的意义开始有所转变，变成了"伤病人员获得医疗救治的场所"，也就是现在的医院。

（2）受语境影响

语义深受语境的影响，语境不同时，词的概念意义也会有所不同。例如：

①He hurt his foot yesterday.

②My house is at the foot of the hill.

③Marshall Ericson is five foot two.

通过阅读可以发现，foot 一词在上述三个不同的句子中有着不同的含义。在句①中，foot 指人躯体的一部分，即脚。在句②中，foot 指物体的底部。在句（3）中，foot 指的是度量衡的一个单位。因此，词的概念意义深受语境的影响。

2. 内涵意义

内涵意义（connotative meaning）是概念意义的补充，有着概念意义并同时超出概念意义的交际价值。作为概念意义的附加部分，内涵意义反映了人们对词语所指对象的态度和情感。

内涵意义具有两个方面的特征：一是因人而异，二是具有民族特征。因人而异是指不同的人在看到或听到某个词语时，会产生不同的联想，从而赋予词语不同的内涵意义。具有民族性特征是指在不同的文化背景下，不同民族的人有着不同的思维方式，他们对同一事物有着不同的看法和认识，所以词的内涵意义也就呈现出一定的民族性特征。

3. 联想意义

联想意义（reflective meaning）是人们由词语联想到的意义。例如，在语言交际过程

中，人们通常避免使用一些容易引起负面联想的禁忌词（taboo words），为了避开这些词语，同时确保信息的传递，人们常会使用委婉语，这就与词的"联想意义"有关。

4. 情感意义

情感意义（affective meaning）是指说话人使用词语所反映的情感态度。情感意义具有依附性，它需要通过概念意义、内涵意义等手段得以表现。

5. 搭配意义

搭配意义（collocative meaning）是指词与词的搭配习惯或词在固定的组合中所具有的意思。有些词语虽然有着相同的概念意义，但与不同的词语搭配时就会表示不同的意义。例如，pretty 和 handsome 都有"漂亮、好看"的意思，但是它们所修饰的对象各有不同。pretty 通常与 girl，garden，flower 等搭配，handsome 通常与 boy，man，vessel 等搭配。

6. 社会意义

社会意义（social meaning）指的是词语所表达的社会环境意义。因此，人们可以通过某个词的使用了解说话人所处的社会环境以及交际双方的社会关系等。

7. 主题意义

主题意义（thematic meaning）是说话者或作者通过信息的组织方式来传递的意义。例如：

Mrs. Smith donated the first prize.

The first prize was donated by Mrs. Smith.

上述两个句子语义相同，但主题意义不同。第一个句子采用的是主动结构，强调的是史密斯夫人捐了什么东西。第二个句子采用的是被动结构，强调的是谁捐了头奖。

（二）义素分析

义素分析就是对词语的义项进行分析的过程，即将其分成几个或若干个义素。义素分析是一种创新性的语义分析方法，所以是语义学的重要研究内容，受到了语义学的普遍认可。这种分析法不仅可以用于分析词语的概念意义，还可以用于分析词语的附加意义。但通过比较，其在概念意义的分析上运用得更为纯熟，因此这里主要谈论的是概念意义。

1. 义素分析的原则

义素分析有其自身的原则，具体包括系统性原则、对等性原则和简明性原则。

（1）系统性原则

义素分析的进行必须置身于一定的语义系统中。例如，aunt（阿姨）有两个义项：一种是表达两人之间的亲属关系，另一种是表达社交称呼。在对第一种义项进行分析时，就要将其置于亲属称谓系统中，与 mother（母亲），sister（姐妹）等相比较；在对第二种义项进行分析时，就要将其置于社交称谓系统中，跟 miss（女士），comrade（同志），master（师傅）等相比较。这样义素分析才会更加准确。

（2）对等性原则

遵循对等性原则是指义素分析的结果要与义项的意义相等，所指范围要相对应。例如，"女孩"这个词语，如果将其分析成［女性］、［人］，所指范围就过宽，不能区别于"男孩"。

（3）简明性原则

简明性原则要求义素分析在明确的前提下，应尽可能少地使用义素来揭示词语的语义特征。例如，将"男孩"分析为［男性］、［未成年的］、［人］，就能简明地揭示"男孩"的语义特征。如果将"男孩"分析为［男性］、［未成年的］、［动物］，其中的［动物］又可以往下细分为多个义项，这就不符合简明性原则。

2. 义素分析的方法

义素分析有一套完整的方法，最基本主要包含以下三种，即确定范围、比较异同以及简化义素。

（1）确定范围

在进行义素分析时，首先要确定范围，也就是找出一组相关的词语。比较范围要适当，不能太宽，也不能太窄，可以采用从小到大逐步扩大方位的方法进行。也就是说，先找关系最为紧密的词语进行比较，然后再逐步扩大范围，直到找出最能揭示各个词语相互区别的语义位置。例如，在分析 father（父亲）的义素时，可以先找出 mother（母亲）来比较，得出［男性］与［女性］的区别，再找出 son（儿子），daughter（女儿）来比较，得出［上一辈］和［下一辈］的区别。

（2）比较异同

通过比较异同来进行义素分析，可以有效区别相比较词语特征的异同。比较异同可以通过列表比较的方式进行，也就是将各个词语竖向排列，将相互之间的异同横向排列。

（3）简化义素

简化义素就是系统而简明地揭示词语之间的异同。简化义素可从以下两个层面着手。

①用某些符号来表示彼此间的异同

可以用" + "" – "号表示两项对立的性质，还可以使用表示两项或三项关系对立。还可以使用"→""←""←→"

例如：←→

｛父亲｝ = ［ + 男性→生育关系   + 亲属］

｛母亲｝ = ［ – 男性→生育关系   + 亲属］

｛丈夫｝ = ［ + 男性←→婚姻关系   + 亲属］

｛妻子｝ = ［ – 男性←→婚姻关系   + 亲属］

②略去冗余义素

如果一个义素可以从另一个义素推知，就是冗余义素，可以删除。

（三）语义的关系

词汇与词汇之间的意义是相互联系的，所以词汇的语义关系十分复杂，而且形式多样。研究语义的关系有利于进一步深化对词汇的研究和理解，同时对词汇习得、交际过程中词义的把握甚至在交际过程中的信息获取都非常有帮助。以下对常见的词义关系进行具体说明。

1. 多义关系

多义关系指的是一个词具有多种意义，并且意义间存在着密切的联系，存在多义关系

的词叫多义词（polyseme）。词汇的多义关系的成因其实是人类经验和认知过程在随着社会经济发展不断丰富和复杂而导致的。相应的，词的意思和概念也在不断地扩充，甚至还会发散或抽象化。英语中的大部分单词都具有多个含义，只有一个意义的单词极少。一般而言，使用频率越高的单词，其词义也越多。例如，英语介词 on 是一个表示空间关系的介词。

语义的多义关系主要包括以下几种情况：原始意义与派生意义、字面意义与比喻意义、普遍意义与特殊意义、抽象意义与具体意义等。

词的原始意义是指词在产生时候的意义，即词的本义。词的派生意义是词在语言不断发展的过程中形成的意义，即词的转义。随着社会的不断发展，词义也会产生分化。词义的分化具有两个表现：一是词的原始意义完全消失，被派生意义所替代；二是词的原始意义与派生意义在现代英语中都被保留下来，但是原始意义在固定词组或成语中使用较多，而派生意义的使用较为灵活且广泛。

词都有本身的字面意义，但随着语言的长期发展和使用，有些单词会从本身的字面意义中引申出比喻意义，从而使表达更加生动、形象。例如：

Blanket 给……盖羊毛毯→掩盖

lion 狮子→勇猛的人

web 网→周密的布置

词的普遍意义与特殊意义也是由于词义范围发生变化而产生的。在英语中，有些词不仅可以指一类事物，还可以指这类事物中的某一个或某一种。例如：

artist 艺术家→美术家

gas 气体→煤气

词的抽象意义与具体意义是通过词义范围变化而产生的。英语中很多名词都具有抽象意义和具体意义。例如：

beauty 美貌→美人

stage 舞台→戏剧

picture 美景→图画

edge 边缘→刀刃

2. 同形异义关系

同形异义词（homonym）是指两个及其以上的词的形式涉及发音、拼写相同，但意义不同的词汇。同形异义（homonymy）关系是一种拼写及发音都相同，词义却完全不同的现象。词汇中同形异义关系现象在某种程度上遵循了语言中的经济原则。这一现象的产生是多种因素综合的结果，其中主要的因素有以下两个。

第一，有些同形异义词是由词语的缩略因素产生的。例如，pop/pop/是 popular 的缩略，意思是"通俗的"。在美国俚语中，pop/pop/又是 poppa 的缩略，意思是"爸爸"，此外，pop 还具有"人口"之意。

第二，有些同形异义词的产生源于词义分化因素。具体来说，这一现象又被称为同义词变体。它是指在英语词汇的发展过程中，同一词的两个及其以上意义逐渐分离，一个词

就分成了两个或多个意义不同的词。例如，现代英语词汇 flower/flauə/名词 "花" 和 flour/flauə/名词 "面粉" 就是由古法语 flor 和拉丁语 flos 分化而来的。

除上述两点外，导致同形异义关系形成的原因还有很多，如音变汇合，地名、人名、商标名和民族名称以及委婉语的使用等。

比较常见的同形异义词主要有三种类型，即同形同音异义词、同形异音异义词和同音异形异义词。

拼写、发音相同，而意义不同的单词即为同形同音异义词，又称 "完全同形异义词"（perfect homonym）。例如：

rock（岩石）—rock（摇滚乐）

date（日期）—date（枣）

同音异形异义词（homophone）指的是发音相同，拼写和意义不同的词语。例如：

dear（亲爱的）—deer（鹿）

rain（下雨）—reign（统治）

sail（帆）—sale（出售）

hole（洞）—whole（完整的）

meat（肉）—meet（遇见）

sum（总数）—some（一些）

3. 同义关系

英语有着海量、丰富的同义词，也就是意义相同或相近的词。这些意义相同或相近的词之间就形成了同义关系。在英语词汇中，本族语和外来语混合的同义词有很多，常见的有以下三种情况。

（1）结成一对的同义词

例如：

本族语	外来语
bodily	corporal
answer	reply
friendly	amicable

（2）三词一组的同义词

例如：

盎格鲁—撒克逊	法语	拉丁语
time	age	epoch
ask	question	interrogate
fast	firm	secure

（3）英国英语和美国英语构成的同义词

例如：

英国英语	美国英语
lift	elevator

petrol   gasoline

coach   bus

suspenders   garters

根据词义相同的程度，同义词分为完全同义词（absolute synonym）和部分同义词（partial synonym）两种。

完全同义词也就是意义完全一样的词，这些词的含义与用法完全相同，在不同语言环境中可以互换使用。完全同义词的数量有限，多是一些专业术语和名词，如 word building 和 word formation 就是完全同义词，它们的意义相同，都表示"构词法"。但是这些完全同义词在使用时由于受人们使用习惯等因素的影响，其使用的场合也在不断变化。

部分同义词在英语中占有很大比例，我们通常所说的同义词就是指部分同义词。部分同义词的意思虽然相近，但在用法和搭配上体现出明显的差异。这些差异主要体现在以下几个方面。

第一，部分同义词之间存在细微的语义差异。虽然部分同义词之间的意思十分相近，但也存在一些细微的差别。

例如：

to surprise—to astonish—to amaze—to astound（吃惊）

上述词语都表示吃惊，但吃惊的程度在逐步递增。

第二，部分同义词之间存在感情色彩差异。情感色彩差异是指部分同义词在使用过程中所体现出说话人的不同态度。按照情感色彩，词可以分为贬义词、褒义词和中性词。例如，notorious，famous，celebrated 三个同义词中，notorious 是贬义词，famous 是中性词，而 celebrated 含有褒奖的色彩，其用法也存在明显差别。

第三，部分同义词之间存在文体差异。部分同义词在使用场合上也存在一定差异，这就是文体差异。例如，die 和 decease 都具有"死"的意义，但 decease 的使用场合要比 die 更加正式。

第四，部分同义词之间侧重点不同。英语中有些部分同义词的词义侧重点有所不同。例如，denote 和 connote 都有"意指"的意思，但前者侧重通过事物的表面可以直接获取的信息，后者则侧重事物暗示着某些信息。

第五，部分同义词之间存在语境差异。有些意思相近或意义部分重叠的词语，只有在某些特定的语境中才表现出同义关系。例如，govern 的语境同义词有 direct，control，determine，tame 等。

4. 反义关系

反义关系是指英语中语义相反的词语之间的关系。反义词的意义是对立或者相对的，一般表示关系、方向、性质、情感以及有取向性的动作等意义的词语具有反义关系。并不是所有的词类都存在反义词，比较常见的词类如形容词、名词、副词、介词以及一小部分代词存在着反义关系词。但是，除介词以外的虚词都很少存在着反义词。

例如：

casual—formal

optimistic——pessimistic

friendly——unfriendly

lazy——hard-working

thick——thin

根据词义的含义，反义关系具有以下三种类型。

（1）互补反义词（complementary antonyms）

互补反义词中的两个词是一种非此即彼的关系，没有中间状态，肯定一方就等同于否定了另一方。

例如：

man——woman

alive——dead

（2）相对反义词（relational antonyms）

相对反义词中两个词之间是一种对称关系，一个词是另一个词的反向意义，这一对反义词是对同一事物两个方面的不同描述，如 precede—follow。此外，相对反义词还表示一种相互依存的关系。

例如：

husband——wife

mother——son

（3）可分级反义词（gradable antonyms）

可分级反义词多是一些容易发生变化的形容词。可分级反义词有中间状态，也就是可以分级，通常否定其中一个词并不代表肯定另一个。

5. 上下义关系

上下义关系又称"包含关系"或"语义内包"，指的是词的概念大小之间的关系，简单来讲就是上义词和下义词之间的关系。上下义关系存在支配词和受支配词，支配词是语义较为宽泛的词，受支配词是语义范围较小的词。下面通过图 3-1 中 container 一词来了解英语的上下义关系。

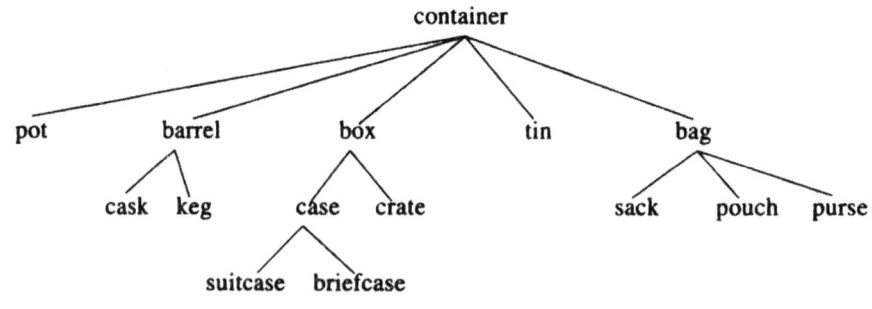

图 3-1 上下义关系例图

在图 3-1 中，container 是上义词，其下义词包括 pot，barrel，box，tin，bag。而这些下义词又包含各自相对应的下义词。

上下义关系具有一定的特性，具体表现为以下两点。

其一，词汇的上下义关系具有相对性，也就是并不是绝对固定不变的。例如，animal 和 plant 对于 sheep 和 tree 而言就是上义词，但对于 living（生物）而言则属于下义词。如图 3 – 2 所示。

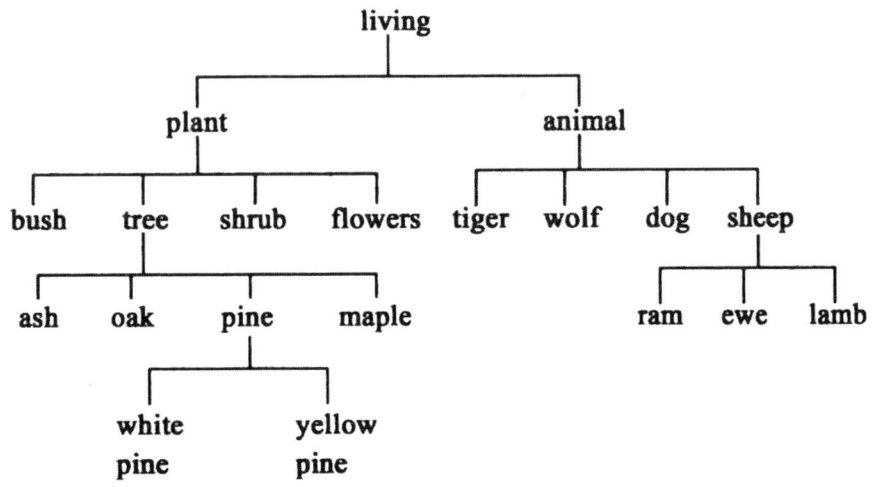

图 3 – 2 living，plant，animal 等词间的上下义关系

其二，上义词和下义词有时会出现重叠。例如，在英语中 dog 一词是各种"狗"的上义词，但 dog 又是与 bitch 和 puppy 相对应的下义词之一。

6. 分类关系

分类指的是以事物的同和异为依据将事物加以集合成不同类别的过程。一种特殊的层级关系和意义关系，根据不同的分类标准，又可以对英语词汇进行各种的分类。

分类关系包括两大类型，即相对分类关系和绝对分类关系。

相对分类关系（non-perfect taxonymy）是指与绝对分类关系不符的词汇分类关系。

绝对分类关系（perfect taxonymy）是符合分类穷尽性和排他性原则的词汇分类结构所体现的意义关系。这一定义中分类的穷尽性是指从第一个词开始，每个母项的外延都与它的子项之和相等，直到最后一个层次。分类的排他性是指每一个层次的共类词之间都具有互不相容的意义关系。

（四）句子之间的意义关系

句子之间的意义关系也是语义学研究的重要内容。具体而言，句子之间的语义关系包含以下几种。

1. 蕴含关系分析

蕴含关系指的是句子命题间的语义关系。在蕴含关系中，如果 A 句子为真，B 句子必然为真，此时就可以说句子 A 蕴含句子 B。句子 A 蕴含句子 B，两个句子的内容不同，但是其表达的意义是相同的。

2. 同义关系分析

句子语义之间同义指的是两个句子表达的含义相同。

例如：

My brother is a bachelor.

我的兄弟是个单身汉。

My brother has never married.

我的兄弟从未结过婚。

3. 反义关系分析

反义关系指的是句子之间表达的含义是相反的，两个句子之间意义相反。

例如：

My sister has just come from America.

我妹妹刚从美国回来。

My sister has never been to America.

我妹妹从未去过美国。

4. 自相矛盾关系

自相矛盾关系指的是句子本身内容之间存在冲突，其意义不成立。

5. 冗辞关系分析

冗辞关系指句子必然是真的命题，但是其不含有任何信息，属于无意义句。

例如：

Poor people are poor.

穷人是贫穷的。

上述例句的含义是正确的，但是其并没有为读者提供任何的有价值的信息。

三、语义学理论在英语教学中的应用

语义学作为语言学的一个重要分支，与英语教学关系密切。在英语教学实践中合理地运用语义学理论，能够更好地指导教学尤其是词汇教学，使讲解更有目的性、有效性，从而达到事半功倍的效果。

（一）语义成分分析在英语教学中的应用

在系统、结构观念的指导下，现代语义学提出了义素分析法，借助音位学理论对语义进行下位切分。在英语学习过程中，学生很难对相近词语的意思进行准确区分。针对这一情况，教师可将每个词的语义成分列出来，让学生通过辨别语义成分来了解词语的意义和属性，从而加深印象。例如，在教授 bachelor, spinster 和 wife 这三个单词时，教师可以列出单个单词的语义成分。

bachelor：［＋HUMAN］　　　［＋ADULT］　　　［＋MALE］

spinster：［＋HUMAN］　　　［＋ADULT］　　　［－MALE］　　　［－MARRIED］

wife：　　［＋HUMAN］　　　［＋ADULT］　　　［－MALE］　　　［＋MARRIED］

通过上述分析，学生就可以知道 bachelor 和 spinster 的区别在于 bachelor 是未婚男士，spinster 是未婚女士；spinster 和 wife 的区别在于 spinster 是未婚女士，wife 是已婚女士。由此可见，教师通过语义成分分析法，可以有效帮助学生准确掌握词汇的意义。

（二）语义关系在英语教学中的应用

在英语教学中，教师还可以利用语义关系来教授学生英语知识。这样不仅可以帮助学生明确区分词汇意义，加深学生的印象，还能增加学生的词汇量。语义关系有多种类型，这里仅对同义关系、反义关系和上下义关系在教学中的运用进行说明。

1. 同义关系在英语教学中的应用

在英语教学中，教师可以运用同义关系来帮助学生理解和学习新的单词，具体是指通过已学过的比较简单的单词来教授新的比较难的单词，如 fantasy—dream, prohibit—ban, flair—talent 等。

此外，教师还可以运用同义句转换来教授词汇，即要求学生在较短的时间内，用最为相近的词语来替换原句中的词语，表达出最相近的意思。采用这种教学方式，不仅可以测试学生的理解能力，培养学生的语感和悟性，还能提高学生的语言表达能力，激发学生学习的积极性。

教师还可以借助语义理论使学生明白，虽然英语中的同义词有很多，但完全相同的同义关系却很少。很多同义词存在意义、语体、情感、语境等方面的差异。例如，"老子曰：胜人者有力，自胜者强。"这句话的翻译是：He who conquers others has force; he who conquers himself has strength. 译文中的 force 和 strength 虽是同义词，都表示力量，但也存在一定的差别。force 一般表示外部力量，而 strength 一般表示内部力量。在上述原句中，第一个"胜"是指战胜别人的力量，表示外部的力量，因此用 force；第二个"胜"是指战胜自己的力量，因此用 strength。

2. 反义关系在英语教学中的应用

反义关系是指对立关系，而且类型多样，包括等级反义关系，如 good—bad, big—small, long—short；互补反义关系，如 male—female, alive—dead, innocent—guilty；方向反义关系，如 sell—buy, lend—borrow, parent—child。在英语教学中，教师引入反义关系来讲解词汇，可以有效帮助学生清晰地理解单词的意义。

虽然教师习惯使用近义词来讲解词义，但有些单词用反义词来讲解反而更容易让学生理解。例如，rude 一词的含义是粗鲁的、无礼的、狂躁的。在教授这一单词时，教师很难找到近义词去形容和解释，此时就可采用反义词 polite 来解释，通过比较学生就很容易理解其含义了，而且还能深刻记忆。

3. 上下义关系在英语教学中的应用

上下义关系其实是指意义内包关系，如 desk 的意义内包在 furniture 的意义中。对此，教师可以根据上下义关系进行教学。例如，在教授 subject 这一单词时，教师可以对其加以引申，引申出其下义词 mathematics, physics, chemistry, geology, biology, geography 等。通过词与词之间的上下义关系，既可以教会学生新词，又可以帮助学生复习已经掌握的新词，从而引导学生更好地学习。

此外，借助语义关系教学不仅可以帮助学生理解和掌握单词，还能帮助学生更好地理解长句子，锻炼学生的逻辑思维能力。例如：

People who were born just before World War I remember waving at automobiles as they pas-

sed. Seeing a car was like watching a paradeexciting and out of the ordinary.

在读到上述句子时，学生可能不明白 automobile 的意思，但运用语义关系就可以判断出该词与 car 有着某种联系，这样便于学生理解该词的意思。

（三）并置理论在英语教学中的应用

并置理论认为，语言是客观现实的反映，因此词语之间的搭配也是对现实现象之间关系的表述。将并置理论运用于英语教学中，就是在教学中采用单词—词组—句子的教学方式，将单词与其常见搭配用法一起教授给学生。如果教师孤立地讲授单词的用法，学生可能难以理解，甚至会错误运用。此时，就可以将单词引入词组和句子中教学。

例如，教师在教授 come 时，就可以教授与之有关的词组，如 come a-bout（发生、产生），come across（偶遇），come along（出现）等，然后再引导学生造句：

How did this come about?

I came across Lily, who is one of my old classmates.

When little holes come along, that5s rain coming through.

这样学生不仅能掌握 come 的基本意思，了解与之有关的词组，还能通过造句对其加以运用。通过单词、词组、句子相结合的方式，学生可以加深印象，防止记忆混乱，还可以深刻掌握词义，自如运用词汇。

总体而言，语义学对英语教学有着重要的启示作用，尤其在英语词汇教学中。语义学提供了许多理论，将这些理论运用于英语教学中，可有效打破传统的教学模式，将语义学理论运用于教学实践中，不仅能帮助学生加深对词汇的理解和记忆，还能引导学生建构一个完整和牢固的词汇体系，更能提高学生的认知和运用语言的能力。

第二节 语用学

语用学作为一门系统学科，在形成与发展的过程中完善了自身的理论体系。语用学的基础理论，如言语行为理论、关联理论、顺应理论、模因理论等是语用学得以深入发展的基石。下面首先介绍什么是语用学，然后探讨语用学的基础理论，在此基础上分析语用学理论在英语教学中的应用情况。

一、语用学的含义

语用学就是从语用的角度展开的语言研究，虽然可以对其范畴进行界定，但是学术界至今并没有一个准确、统一的定义。这主要是因为语用有着不同的研究层面。

莱文森（Levinson）在 1983 年出版的《语用学》（Pragmatics）一书中就列出了近十种语用学可能的定义，他认为语用学是从功能的角度研究语言的学问，其研究内容涉及以下几个方面：

第一，语义学理论没有涉及的意义的各方面。

第二，语言理解所必需的语言和语境之间的关系。

第三，语言使用者将语句和合适的语境相匹配的能力。

第四，指示、含义、前提、言语行为以及话语结构等内容。

第五，语言结构中被编码或被语法化的语言和语境之间的关系。

下面从动态语用学和语用综观的角度对语用学的定义进行总结与分析。

（一）动态语用学

动态语用学（dynamic pragmatics）的概念是由英国学者托马斯（Thomas）提出的。

他指出语言交际的过程受到多种因素的制约，因此语义的生成和言语交际也应该是动态的。也就是说，语义不仅仅受到词义、发话人、受话人的影响，还是不同因素动态作用的。这种观念较为中立，指出了语言交际的复杂性。

托马斯还对语用学与其相关学科之间的联系进行了重新审视。他提出语用学同音系学、句法学、语义学、话语分析等一样都是语言描写的一个层面。除此之外，托马斯还认为语用学应该将研究重点放在语义方面。但是，由于语用学研究呈现动态性，因此是对发话人传递语义信息和受话人理解语义信息过程的动态研究。这个过程涉及不同的语用动态特征，因此研究难度较大。

综上所述，托马斯从动态语用学的角度指出语用学要综合考虑交际双方，同时对话语意义和作用进行思量。动态语用学在研究过程中需要考虑交际双方、语境、话语之间的动态关系。

（二）语用综观论

语用综观论是由维索尔伦提出的，具体表述如下。

Pragmatics（is）a general functional perspective on（any aspect of）language，i. e. as an approach to language which takes into account the full complexity of its cognitive，social，and cultural（i. e. meaningful）functioning in the lives of human beings.

维索尔伦指出，语用学研究的过程涉及社会、认知、文化，因此在研究中应该从整体入手，从而综合考量行为方式的表达意义。

语用综观论是一种广义上的语用观，主张从全面、综合的角度展开研究，将研究内容渗透在语言表达的不同层面。

学者格林（Green）同样持有此类广义的语用观。格林认为，语用学涉及不同的学科领域，如认知心理学、语言学、修辞学、文化人类学、社会学、哲学等，因此是一门交叉学科，属于认知科学的研究范畴，其研究目的是人类行为及其理解问题。

从这个意义上说，语用学需要研究在特定交际目的的引导下，发话人应该采取怎样的行为动作。在这个过程当中，发话者的交际意图、交际对象、语言计划、语言行为都应该是语用学研究的范畴。

二、语用学的基础理论研究

（一）言语行为的研究理论

奥斯汀和塞尔是言语行为理论研究的重要学者，对该理论的出现与发展有着突出的

贡献。

1. 奥斯汀的言语行为理论

牛津大学的哲学家奥斯汀是言语行为理论（speech act theory）的最初创建者。在进行言语行为理论研究的过程中，他的贡献主要表现在以下几个方面。

（1）表述句和施为句

作为言语行为理论中的两个最为重要的概念，表述句是表达所述之言的句子形式，其作用是以言指事、以言叙事；施为句是表达有所为之言的句子形式，该类句子主要的作用是以言行事和以言施事。

表述句又被称作"陈述句"，其主要功能是对某一信息进行描写、陈述、报道。表述句在人们使用的过程中并不具有随意性，其在使用过程中受到逻辑关系、语义关系等条件的限制。表述句有一定的真假之分，但是从总体上说，表述句的真假是为了达成整体交际目的。

例如：

The cat is on the mat.

I bet you six pence it will rain tomorrow.

I name this ship Queen Elizabeth.

对于上述三个例子而言，句一主要是对现实世界的描述，显然是表述句，句二和句三表达的是"打赌"以及"命名"这两种行为，这两种行为并没有真与假的区别，显然是施为句。在语言交际过程中，施为句带有以下几个特征。

第一，通常使用的时态为一般现在时。

第二，通常使用的主语为第一人称单数形式。

第三，通常采用的语态为直陈式主动语态形式。

第四，当施为句中出现副词 hereby（特此）时，则可以检验出某一个动词是否是施为动词，也可以看出该词所在句子是否为施为句。

第五，在施为句中经常带有明显的施为动词，这些施为动词所产生的作用是描述或命名发话人当时正在进行的话语行为。

例如：

I hereby declare the Olympics open.

该例中的动词 declare 就是明显的施为动词，因而上述句子是一种施为句，宣布奥运会开幕这一行为与发话人说出话语是同时发生的，表达了一种以言成事的作用。需要注意的是，施为句的使用要想达到一定的言语行为效果，需要满足以下限制条件。

第一，施为句的使用需要一些常规程序。

第二，施为句在实施特定的程序时，其语境下的人物和条件必须是恰当的。

第三，施为句的施行程序必须由交际双方正确地、完善地执行。

第四，施为程序的实施是交际者为了实现自己的交际意图而做出的，其话语的提出需要对受话人产生一定的影响。

人们根据交际的目的将施为句分为以下三种类型。

第一，显性施为句（explicit performatives），这种施为句一般会通过陈述的表达形式来直接表达自己的交际意图，大多带有明显的施为动词。

第二，隐性施为句（implicit performatives），该类型的施为句不需要借助施为动词，但却可以表示出"言之所为"。这种交际目的的达成需要依托一定的语境。

第三，内嵌施为句（embedded performatives），这种类型的施为句在运用过程中通常需要使用施为动词，不过需要明确的一点是，施为动词在句子中并不是动词的主要形式。例如：

The bike I promise you is made in Guangzhou.

该例中，施为动词为 promise，不过在句子中表达的含义并不是许诺，而只是描述的一种将来许诺行为，所以是内嵌施为句。

（2）言语行为三分说

言语行为三分说具体指的是以下三种。

①locutionary act（以言指事）。

②illocutionary act（以言行事）。

③perlocutionary act（以言成事）。

2. 塞尔的言语行为理论

（1）实施言语行为的规则与条件

塞尔认为，言语行为是一种"以言行事"的理论，这种理论在人们的使用过程中必然要受到一系列规则的制约。为此，塞尔将言语行为实施的规则总结如下。

①调节性规则（regulative rule）

在语言交际过程中，调节性规则并不是硬性规定，其作用主要是用来限制人们所形成的新的言语行为。例如，该规则常用的表达形式是"应该做 X"，或"如果 Y，则应该做 X"。

②构成性规则（constitutive rule）

构成性规则具有鲜明的固定性特征，通常是比较关注未来或新的交际言语行为，不过前提条件是不能影响现有的言语交际行为。

（2）间接言语行为

塞尔对言语行为理论的发展做出的另外一个重要贡献是提出了间接言语行为理论。间接言语行为理论指的是使用间接的方式表达言语行为。

例如：

We can't hear clearly.

我们听不清楚。

上述例句使用间接的方式表达了自己的请求，在一定语境的作用下，受话人能够了解说话人的需求，从而达到以言成事的效果。间接言语行为理论的提出是基于一定的假设，主要包括以下几种。

第一，显性施为句或明显的以言行事可通过施为动词判断说话人的语用用意。

第二，许多语句实际上都是隐性施为句。

第三，语句本身表达的类似言语行为称作"字面用意"，它与间接的"言外之意"（语用用意）相对，而且"言外之意"是在字面用意的基础上推断出来的。

第四，间接言语行为可分为规约性间接言语行为和非规约性间接言语行为。

（二）顺应理论

顺应理论认为语言与自然界中的物质一样都面临着不断选择，语言使用者会在语言的使用过程中对语言进行筛选，这些选择有的是有意识的，有的是无意识的。语言的选择并不是机械的，而是在严格的语言选择标准和机制的监控下进行的，语言选择是在灵活的原则和策略使用中完成的，语言的变异性指语言具有多方面的选择可能，而顺应性则指语言可以为使用者提供适合不同交际需要的语言选择。

1. 顺应理论的来源

顺应理论的人类学来源与英国著名的人类学家马林诺夫斯基（Malinowski）曾经在菲律宾某个群岛进行过人类学方面的考察活动有关。在研究与考察的过程中马林诺夫斯基发现这样一个现象，只单方面通过对语言语法上的分析完全无法理解菲律宾这个群岛上土著居民所说的话语，因为土著居民所说话语的真正意义在很大程度上受到当地人说话语境的影响。这一现象说明了语言表达的意义与其使用者自身所处语境有着十分密切的关系，这也是语言的本质特征。如果我们离开语言的意义以及语境这两个因素，那么人类是不可能理解语言的，更不要说使用语言进行交际了。

马林诺夫斯基认为，语言表达的意义、使用者是顺应理论中语境的两个构成要素。可见，只有在考察语言交际活动形式的人类合作性活动的基础上才能深入研究语言的意义和功能。综上所知，顺应理论自始至终都带有浓厚的人类学气息，这同时也是该理论与其他语用学理论之间的一个重要差别。

顺应理论的哲学来源与人类学家研究语言问题的切入点是一致的。语言游戏由两部分组成，即语言以及语言被织入其中的活动。其中，语言被织入其中的活动指的是人类使用语言交际的活动过程中还有其他同时在运作的活动，即非语言活动，其作为语言游戏活动的组成部分在语言被织入时发挥着主要功能。

综上所述，顺应理论蕴含着生物学、符号学、人类学以及哲学的意蕴，语言之所以发展到现在是因为顺应了人类社会生活的结果，而人类社会生活顺应语言之后也才得以发展到现在，这便是顺应理论的基本要义所在。

2. 顺应理论的相关概念

顺应理论的核心概念包括：语言选择、变异性、协商性、顺应性；两个研究视角，这些内容是顺应理论的基本框架，下面就来分析这些核心概念。

（1）语言选择

人们使用语言的过程就是在语言内外因素的驱动下不断做出选择的过程。大致而言，语言选择具有以下几种类型。

①结构上的语言选择

从结构层面上来看，语言选择可以发生在任何要素中。例如，对语音的选择、对词汇的选择、对语法的选择、对语码的选择、对话语的选择、对篇章的选择等。通常而言，语

言选择首先从地区入手，针对不同地区来选择某种适合方言或者语言变体，如英语、法语、汉语等，其次是选择口语或书面语，最后是对书信、会话、小说等体裁的选择。

②策略上的语言选择

策略上的语言选择指的是表达层面，个体如果选择一种表示敬意的表达策略，那么在语言的其他层面同样需要做出相应的选择，如称呼方面、说话语气方面、用词用语方面等。

③选择存在意识程度差异

个体在选择语言的过程中存在不同程度的顺应意识。换言之，不同的语言选择在意识程度上是不同的，人们将这些差异量化为完全无意识和完全有意识。例如，英语本族语者在表达"This boy is good at playing basketball."这句话时往往会自动选择使用系动词 be 的单数形式，保证句子的主谓语一致。这类选择就是无意识的选择。

④交际双方共同参与语言选择

语言选择不仅存在于话语生成的阶段，而且同时存在于话语理解阶段，并且语言选择不是单方面的，交际过程中的双方都需要对语言做出一定的选择。正是因为交际过程中双方对语言的选择，才构成了交际中语言意义的生成以及功能的发挥，这是从顺应理论来阐述交际这一过程的。交际过程中的任何一方都必须对语言做出选择，这是他们必须履行的一项义务。

在交际过程中，个人即交际的双方没有选择的自由，他们唯一的自由就是选择使用语言或保持沉默。不过在某些特殊情况下，选择沉默与使用语言所产生的功能是一样的。在一些交际过程中，不管语言选择的范围能否满足交际的需要，交际双方都必须做出选择。在这种压力下，交际双方只能根据当时交际的具体语境来取舍语言项目。

⑤语言选择具有倾向性

语言在被运用之前，使用者首先会进行选择，他们往往会选择自认为最适合、最需要的语言项目展开交际。换言之，语言使用者在选择语言的过程中具有一定的优选倾向性，所有待选择的语言项目所具有的被选择机会不是等量的。

（2）变异性、协商性和顺应性

如前所述，语言使用者使用语言的过程也就是选择语言的过程。而之所以语言使用者可以选择语言，是因为语言自身具有变异性（variability）、协商性（negotiability）和顺应性（adaptability）。

①变异性

变异性是语言本身的属性之一。该属性规定语言结构中所有可被选择的项目，不管是从历时角度还是共时角度来看都处于一种动态、开放、不断变化中，并不是静态、封闭、一成不变的。在交际过程中，交际双方为了顺应交际的进行都会不断进行协商和选择。语言自身所具有的变异性涉及交际过程中的所有因素，如交际对象、时间、地点、文化等。

例如：

a. He hasn't got any.

b. He ain't got none.

在上述两句话中，a 句很明显属于标准英语，b 句则属于非标准英语。虽然上述两个句子的意思完全相同，不过当交际的一方与不同社会阶层的人展开交际时，会自觉选用不同的语言变体来表达。对于上述两个句子而言，当说话者与受过一定教育的人交谈时，他会选用 a 句，即标准英语，当说话人与没有受过教育的人谈话时，他会选用 b 句，即非标准英语。

②协商性

所谓协商性，指的是交际双方在面对多种可供选择的语言要素时，经过自己的深思熟虑之后所选择出的最适合自身表达需要的方式，目的在于顺应交际目的的要求。

例如：

a. May I draw your attention，please?

b. Be quiet，please.

c. Stop talking.

d. Shut up.

上述四个句子分别表达了不同的语气态度，如 a 句表达的是很客气的语气，而 d 句则是命令的口气，这需要交际者根据不同的语境来选择一种适合自己的说话方式进行表达。

③顺应性

所谓顺应性，指的是语言使用者可以在所有待选的语言项目中选出最适合、顺应交际需求的项目，从而满足交际的目的。事实上，顺应性主要是协商性的附加条件，也就是要求交际者从协商的结果中选择出与交际环境最贴切的语言表达形式，以满足交际需求。

（3）两个研究视角

在对语言的使用现象进行研究与解释时，顺应理论的切入点包括以下两个方面。

①顺应的语境关联成分

顺应的语境关联成分涉及交际过程中顺应语言选择的全部成分，如空间距离、心智状态、交际双方之间的关系等。其中，空间距离对交际双方表达过程中的声音大小具有很大影响。由此可知，语境构成要素在交际过程中通过三个维度产生影响，即物理、心智、社交。从这些方面入手，研究者就可以分析语言使用者在选择语言项目过程中是如何运作的，同时也有助于了解交际过程中语言各种功能的发挥情况。

②顺应的结构对象

顺应的结构对象指的是任何一个组织上的语言结构以及建构话语时所遵循的各项原则。以此为出发点，人们可以定位、描写语言形式和策略的选择过程。在人们的交际过程中，交际双方的交际通常是建立在各种语言结构层面上的，是对不同语言结构层面选择的结果。因此，语用现象就可以与任何一种语言结构层面发生联系。

需要知道的一点是，顺应的结构对象不单指的是语言结构，还涉及语言组织过程中所遵循的各项原则。换言之，交际双方需要根据交际的具体进程来选择语码、话语、语体、语段以及构建规则。

（三）模因理论

模因作为一种文化单位的复制因子，可以模仿和传播文化单位，确保这些文化单位从

一个个体的头脑中传播到另外一个个体头脑中，在此过程中人类逐渐实现了文化上的进化与发展。世界上有很多种模因，种类十分繁杂，如人的观念、社会上的时尚潮流、某一个历史阶段的建筑方式以及音乐的旋律等都可以成为模因。

世界上任何可以通过模仿而得到复制的信息都是"模因"。人类的大脑并不是模因的唯一载体，其他诸如书籍、文本、建筑等也可以成为模因的载体。经过研究之后，模因在人类复制、传播、扩散的过程中往往具有变异性，也就是说，模因并不是固定不变的，它可能会在传播过程中出现合并、变形以及分裂等情况。在一定程度上可以认为，正是因为模因具有变异性的特点，才能在很大程度上促进整个人类社会文化与文明的发展与进步，经过变异的模因又会成为一种新的模因形式。学者们经过研究之后还发现，由合并形式所构成的更大的模因组合更容易得到人们的复制与传播，这些模因被称为"协作模因/复合模因"。

有关模因论的争论有以下几种。

1. 模因即是信息

模因是人类在进化程序作用下所形成的信息，他提出人类的任何复制行为都可能涉及神经上的改变。人的大脑是有区别的，因而大脑的不同导致了模因结构也可能不同。

模因是与某个选择过程相关的基本社会文化信息。在选择过程中，人类所做出的选择会对社会的基本文化信息产生有利或者不利的影响，而这些影响会掩盖信息内在结构的变化。

2. 模因是人类神经系统中的信息元件

模因是人类神经记忆网络中的一些突触。20 世纪 90 年代，模因论的相关研究者们从生物遗传这一切入点来研究模因现象，模因是与基因十分类似的一种生物遗传现象。模因是人类大脑中的一种信息单位，这种信息单位在大脑中的存在形式就是基因型。另外，这种信息单位通过曲调、思想等一些外部的表现形式来具体实现。人类文化的传承过程有可能是"拉马克式"的，这种形式指的是人类通过直接复制模因的外部表现形式来达到传承社会文化的目的。

3. 模因是可以被察觉到的文化现象

在研究模因论的过程中，有一些学者认为模因是一种人类社会存在的、可以被观察到的文化现象，这些文化现象通常会依靠思想的传播来达到流散到其他地区的目的。文化现象通常是指人类社会文化体系中被相互复制、模仿或者彼此学习的一些行为、人工制品，或者文化信息中得以传播的一些客观成分。

文化信息中的客观成分诸如风俗、习惯、指令、惯例、规范、纪律等，是很容易被人们在日常生活中察觉到的客观现象，这与基因这种生物遗传现象是不同的。

4. 不应该将模因信息看成是一种思想传染

模因这一实体在人的大脑中是不存在的。模因并不存在生物的现实基础。不过这一观点引起了其他学者的质疑，由于论据并不充分，因此这一观点并不能完全用科学理论进行解释。

三、语用学理论在英语教学中的应用

(一) 语用学理论对于英语教学的意义

1. 解释使用中的语言现象

语用学的研究能够解释很多使用中的语言现象，这是语用学研究的初衷，也是语用学研究的意义。

例如：

有人摔倒了。

对于上面这个例句，如果从语义学的角度进行研究，只能得到在陈述这句话之前，可能是某个人突然摔倒了的结论。但是，从语用学的角度却能对这句话做出更加充分的解释。

①这条路太滑了，都有人摔倒了，也没有人来修。

②可能是一种抱怨。

③小心路滑，有人都摔倒了。

通过分析可以发现，即使是同一话语，在不同的语境下，也可能表现出不同的含义，从而使语言现象的解释更加丰富。

2. 弥补传统研究中的不足

传统语言学科，如音位学、句法学、语义学，在不断研究发展过程中难以解释全部的语言现象。语用学则可以弥补传统语言学的不足，使用自身理论扩大研究的范畴与深度。

例如：

It is such a mess here.

从语义上分析，上例所要陈述的是"这个地方太乱了"。这种分析并没有涉及说话人的交际目的。在没有交际意图影响下的话语，不具备语用作用。如果听话人也没有意识到说话人的语用意图，那么这句话就没有任何意义了。

因此，听话人需要从语用的角度理解说话人的话语，如说话人可能想通过叙述来让听话人收拾一下屋子，或者抱怨这个地方环境太差等。

由此可见，语用学的研究能够弥补传统语言研究中的不足，是从语境等角度下对语言的合理解释。

(二) 补充交际中的隐含信息

在实际的语言交际过程中，句子的字面含义与说话人使用话语所要表达的内涵语义是有一定的差异的。这是因为语境对话语含义有着重要的影响，没有语境的作用无法传达出交际中的隐含信息。但语用学能够补充交际中的隐含信息。

例如：

①Where is the banana on the table?

②I was hungry at that moment.

上述例子的 A 想询问桌子上的香蕉去了哪里，②的回答是刚才我饿了。如果从字面上分析，这个对话之间没有必然的明显的联系，也就是②答非所问。但是从语用的角度展开

分析，②的回答就十分合理。②是因为饿了所以才把桌子上的香蕉吃掉了，其想说明是自己吃掉了香蕉。

（三）语用学理论在英语口语教学中的应用

对于英语学习者而言，听和说都是英语学习中的一大难点。就口语教学和学生口语交际能力的培养而言，口语交际同语言交际诸多因素直接相关，如说的准确度和流利性，是否符合当时语境或符合该语言的习惯表达方式。可见，学生要想实现顺畅、地道地表达确实存在一定的难度。同时，英语口语教学与学生的口语表达还往往受到母语负迁移的影响。学生经常将本族语的表达方式误用在英语的口语交际中。这种文化层面的差异对话语的得体性带来很多负面影响。此外，学生还往往对交际中的言外之意不能很好地理解。这些口语交际中存在的诸多问题都需要我们对口语教学给予足够的重视，并注重培养学生的语用能力。

受到语用学相关理论的启发，在英语教学中，教师应在课堂上创设多种情境给学生提供口语表达的机会。同时，还应引导学生掌握和了解不同语言环境下的多种语言形式。教师还应在课堂上向学生介绍中西文化差异，讲解语用知识等。让学生深刻认识到，尽管一些话语完全符合语法规则，但是如果使用不当、理解失误，不仅不能有效实现沟通，还可能造成社交语用失误。

1. 礼貌原则对英语口语教学的启示

礼貌原则是一种常见的语用现象和语言使用规则，礼貌研究也是语用研究的重要内容之一。在英语口语教学中，恰当地将礼貌原则运用于口语教学实践也不失为一种合理、有效的语言教学方式。在礼貌的语用研究中，将礼貌原则具体分为策略准则、慷慨准则、赞誉准则、谦逊准则、赞同准则、同情准则六种。其中，谦逊准则是最繁杂的准则，实际上其不符合质准则。有学者发现，当会议上的听众向发言人提问时，他们往往先自我贬低。

例如：

A very obvious question from a non-specialist…

There is an idiot question I want to ask you…

Um，I don't know much about this area but I think that…

通过自我贬低，提问者在保全自己面子的同时，降低了问题的威胁程度，也保全了讲话人的面子。

2. 礼貌原则与合作原则

礼貌原则和合作原则是会话参与者都要遵循的两个重要原则。合作原则对会话含义的产生和话语字面意义与实际意义之间的关系进行了明确的解释，因此可以将其看作会话的一条重要指导原则，但并不是唯一的原则。合作原则能够调节会话参与者说话的内容，而礼貌原则能够将会话中的不礼貌因素降到最低，维护会话参与者的均等地位和友好关系。礼貌原则为了礼貌而用委婉的方式将说话者真正的言语意图隐藏于言外之意中，避免直接而冲突的表达。

因此，可以说，礼貌原则具有更高一层的调节作用。但是，在实际的会话交际中，合作原则与礼貌原则并不是处于同等的地位，二者之间进退相让，注重合作原则，就不得不

将礼貌原则置后。反之，要注重礼貌原则，就不得不将合作原则置后。这使越直接的语言就越容易显得唐突，越是间接的语言就越显得婉转。一般来说，人们在会话中要同时遵守合作原则和礼貌原则，才能保证正常交流。

下面就对礼貌原则与合作原则的"退让关系"进行具体的分析。

在一些注重信息交流的合作性的活动中，人们关注的是信息的传递速度，因此对合作原则的考虑要高于对礼貌原则的考虑。

例如：

第一，遵守合作原则中的量准则。

A：How many courses do you have this semester?

B：Five.

第二，遵循合作原则中的质准则，体现话语的真实性。

A：Do you think he is suitable for this job?

B：Yes，absolutely.

第三，遵循合作原则中的关系准则。

A：When did you hear from him?

B：Two days ago.

第四，遵循合作原则中的方式准则。

A：Let's have a walk，shall we?

B：Lovely idea.

会话参与者的合作和配合是语言交际成功的保障，推动整个交谈过程中向双方共同希望的方向发展。

在实际交际中，如果参与会话的一方语言表达过于直截了当，虽然达到了表达目的，但会使会话的另一方造成尴尬，产生不愉快的情绪，从而影响交际的效果。有时为了维护交谈双方的均等地位和友好关系，保证会话顺利进行，会较多地考虑礼貌原则而违反合作原则。一般有以下几种情况。

第一，为了遵守礼貌原则，而违反合作原则中的量准则。

A：Someone has eaten the apple.

B：It was not me.

第二，为了遵守礼貌原则，而违反合作原则中的质准则。

A：Kelly has just borrowed your bag.

B：Well，I like that.

第三，为了遵守礼貌原则，而违反合作原则中的关系准则。

A：What do you think of my boyfriend?

B：His T-shirt is nice.

第四，为了遵守礼貌原则，而违反合作原则中的方式准则。

A：Where is your father?

B：He is either in the house or in the garden.

第四章　语言与社会文化

第一节　语言与社会

一、语言与社会的关系

人们很早就认识到语言与社会的关系，并且进行了一些考察。古希腊古罗马和古印度的一些语法家、哲学家的文献中留下了很多这方面的证据，尽管这些证据十分零散。

概括地说，人们对于语言与社会的关系研究主要经历了两个阶段，这两个阶段的研究内容存在一些差别。

（一）20世纪30年代至60年代为第一个阶段

在这一阶段，人们追求语言学的一元性与自治性，将其视为一门独立学科，并且为此做了大量的研究。由于受到这种主流思想的影响，语言使用的社会环境被排除在语言研究之外，人们更多地将目光集中在语言结构方面。

（二）20世纪60年代至今为第二个阶段

在这一阶段，乔姆斯基（A. N. Chomsky）的理论语言学逐渐受到来自社会语言学的挑战，这促使了语言学研究中二元性观点的重现。此后，越来越多的人将语言与社会的关系置于关注的焦点。经过几十年的发展之后，当今社会语言学的发展已经趋于成熟了。

语言是对五彩斑斓的社会生活的反映；置身于社会这个大环境下，可以真实感受语言使用的方方面面。可见，社会为语言的产生与发展创造了条件，语言则是社会的一面镜子，是对社会现象与发展规律的反映。随着社会语言学的兴起，研究语言与社会之间关系的专家学者的数量也与日俱增，所取得的研究成果可谓有目共睹。

语言学研究一直将社会、语言、说话者之间的内在联系作为核心问题。因此，要想对某些语言现象进行解释，就必须将其置于社会的大语境之下。社会语言学研究将社会因素与语言及语言的运用结合起来，为语言学家的研究提供了一种全新的视角。一般来说，语言和社会之间的相互关系集中表现为以下两种形式：

第一，语言一方面能够用于交际，另一方面可以建立并维持一定的社会关系。语言的社会功用集中体现在人们日常生活中的许多话语中。

例如：

Can you move this box for me?

Good morning!

Hi!

How much about this computer?

How's your family?

Nice day today, isn't?

Nice to meet you!

What will you do tomorrow?

第二，从某种意义上看，同一语言使用者的说话方式也经常会发生变化，这是因为说话者的社会背景对其所选用的语言具有很大的决定性作用。反之，语言也可以反映说话者的性别、年龄、地位等社会信息，这就意味着一些个人信息常常在交际过程中不可避免地泄露给听者。

因此，语言（特别是语言中的词汇结构）是社会的自然环境、物质环境与人文环境的重要体现方式。例如，英语中的 rice 一词既可指"稻子"又可指"大米"，还可表示"米饭"。与此不同的是，汉语中的"稻子"表示在田里生长的作物，成熟之后被称为"大米"，煮熟之后被人食用时则称为"米饭"，这充分体现出中国农耕文化的鲜明特征。

从本质上说，语言是众多社会现象中的一种，它与所在的社会结构之间的联系十分密切，甚至对于一个语言形式的评价也是社会性的。因此，在语言学家眼中，当语言的口音、形式等能够实现预定的交际功能时，它们就是好的。在对语言变体进行纯粹性、正确性方面的判断时，常常是从社会性角度而不是语言学角度来进行的。例如，带有/r/音的口音在纽约被认为更有影响力、更正确，但在英格兰口音中，不发元音后 M 的口音被认为比带有这个音的要正确。

对语言与社会之间的关系进行分析时，研究者可从以下两个角度入手：

第一，将社会视为一个整体，并对社会中使用的语言进行观察。具体来说，可对语言在社会中的作用进行研究，并对语言反映社会差异的方式进行观察。这一角度的研究有时被称为"语言社会学"或"宏观社会语言学"。

第二，对使用的语言进行综观，或从社会中的个体角度来观察社会。这一角度的研究被称为"严格意义上的社会语言学"，有时也被称为"微观社会语言学"。

二、社会语言学

（一）社会语言学概述

社会语言学作为一门独立学科，必然有其研究对象、研究类型与研究方法。下面就来分别阐述。

1. 研究对象

作为一门边缘学科，社会语言学是随着数理语言学、神经语言学、计算机语言学、民族语言学、心理语言学等一系列跨学科的语言学分支而出现的。正因为如此，社会语言学的研究对象通常涉及以下几个方面：

第一，各类语言变体的社会功能及其构造特点。

第二，语码选择与人际关系的相互作用以及交际情景与选择语码之间的关系。

第三，由于语言接触以及政治、经济、文化、社会等原因所引起的语言变化的规律和方式。

第四，不同集团以及社会对各种语言或语言变体的态度、评价以及由此产生的社会效应。

第五，一个国家、地区的语言状况以及各类言语共同体使用语言的状况、特征。

2. 研究类型

语言学家在进行社会语言学的研究时所采取的立场、角度各不相同，但归类来说，社会语言学研究可以分为以下五种类型：

（1）社会学的社会语言学，又称"语言社会学"

该类型研究以母语维护、语言规划等社会面临的重大语言问题为主要任务，以语言和社会之间的全局性的相互作用为研究重点。语文建设、语言决策是其研究成果的主要应用领域。

（2）民族学的社会语言学

该类型研究以人类的交际能力为研究核心，以建立综合性的人类交际学为研究的最终目标，以语言交际的方式、特点以及规划为研究重点，即从民族文化的角度去考察语言在人类交际活动中作用以及语言的使用情况。

（3）语言学的社会语言学

该类型研究以充实、完善语言学为根本目的，以人们日常生活中的语言为研究对象，以语言变异为核心问题。这一类型的研究强调作为研究对象的语料必须取自现实生活，其基本出发点是把语言视为一个有序异质的系统。

（4）社会心理学的社会语言学

该类型研究以某个社会集团或全社会对使用某种语言变体的态度、评价为研究重点。

（5）语用学的语言学

该类型研究的主要对象是会话风格与结构，尤其侧重于探讨会话策略与原则。

3. 研究方法

社会语言学的研究方法与社会学、自然科学的方法较为接近。具体来说，社会语言学通常先进行实地调查，然后对语言材料进行定量统计分析，以便得出概括性的结论。

社会语言学以社会变体为研究对象，具体涉及年龄、性别、社会阶层等社会变量。换句话说，社会语言学就是要对语言变量与社会变量之间的相关性展开研究，因此确定社会变量成为社会语言学研究的第一个步骤。然后，社会语言学通常在某一范围内抽取少量样本，即采取随机抽样的方法。

采用随机抽样可以避免研究人员的偏见，有利于保证结论的可靠性。但是，由于随机抽样的结果只是一种概率的统计，因此不可避免会存在一些误差。此外，在具体的操作过程中，随机抽样常常会面临各种困难，在人力、物力、时间等方面的消耗也比较大。

因此，研究人员在实践中往往采用非随机抽样方法从总体中抽取一部分样本作为调查

对象。非随机抽样方法由于无法计算可信度，也无法计算误差，因此不能够根据样本推断总体情况。

研究人员要避免过度概括，因此与抽样相联系的是适度的结论。例如，以某个城市的高校学生为调查对象，就不能得出全国性的结论，即调查研究的结果不能够超越调查范围。

社会语言学研究在搜集语料时还可采取观察法、问卷法、访谈法、实验法等方法。无论采用哪一种方法，研究人员都应保证语料的真实性，努力排除干扰与偏见。

(二) 社会语言学的意义

一般来说，英语社会语言学的意义可从理论与实践两个方面来分析。

1. 理论意义

英语社会语言学的理论意义集中表现在以下几个方面：

第一，数量化概念被社会语言学应用于语言研究之中。具体来说，社会语言学的调查对象可以是某一具体的社团、行业或者年龄段、公共场所等。在拟定具体的调查项目并取得相关的调查数据之后，即可对正在演进中的语言变化做出数量化的概括。

第二，从研究范围上看，语言外部、语言变异、语言应用、社会语言等都是社会语言学的研究范围。相比较而言，传统语言学只研究语言内部和语言结构的状况，可见社会语言学大大拓展了语言学的研究领域。

第三，社会语言学提出了一个中间概念，这一概念介于历时与共时之间，从而使动态研究与稳态研究找到了最佳的结合点。

第四，在语言观上，社会语言学家认为，语言不是固定的，而是有变化的；变化又分地方性的和社会性的。社会性的变化分为社会阶层的变化和职业的变化。

2. 实践意义

英语社会语言学的实践意义集中表现在以下几个方面：

(1) 社会语言学研究还有利深化对社会文化和历史的理解

社会语言学从人民、社会、民族的角度来展开研究，不仅将语言看作一个国家、民族文明程度的重要标志，还根据信息时代的要求来开展语言的研究工作。

(2) 社会语言学研究为语言教学提供了资料和理论

极大地推动了语言教学特别是第二语言教学的发展。具体来说，虽然语体具有丰富的种类，但都包含大量共同的语音、词汇、语法和拼写特征，这些共同特征的总和就是共核。共核为使用某种语言的人所共同接受，是构成各种变化的主体。社会语言学不仅提出了变化与共核的理论，还依据不同标准对语言进行分类，并对个人在社会中使用语言的情况进行研究。

根据社会语言学的理论，语言、语言环境都是交际的重要组成部分，这就使课程计划的科学性得到明显提升。换句话说，语言材料、语言环境在制订课程计划的过程中具有同等重要的位置，不可对任何一方有所忽视。

(3) 社会语言学的研究为制订语言政策提供了理论依据

对社会语言状况进行调查是社会语言学的研究方法之一。在这一过程中，人们可以更

好地认识语言国情，从而更加科学、合理地进行语言规划、制订语言政策，并有效解决一些因语言而引起的社会问题。

（4）社会语言学对个人使用语言的特点与运用规律展开研究

这对于加强个人语言修养、提高语言应用水平具有积极的推动作用。

三、方言、社会方言与性别

（一）方言

1. 个人方言

一般来说，语言变体包括以下两类：

（1）语域（register）

即与用途相关的变体。

（2）方言（dialect）

即与使用者相关的变体。

语言系统为每个语言使用者都提供了同样的潜能，而一系列的社会因素，如地域、年龄、性别等使这些潜能实现了个人化，并最终形成个人方言（idiolect 或 dialect of individual）。简单来说，一个人所使用的带有自身鲜明特色的语言（包括节奏、语速、音高、音质等因素）就是个人方言。

很多因素都会对个人方言带来影响，主要包括以下几个方面：

第一，性别、年龄、体征。例如，小孩子说话时语气较柔弱，成年人说话时语气较坚定。

第二，受教育的程度。例如，电脑程序员和农民的说话方式肯定不一样。

第三，从事的职业。例如，工程师与医生的说话方式就存在很大差别。

第四，成长的地域环境。例如，澳大利亚人和美国人的口音不一样，新西兰人和爱尔兰人的口音也不一样。

个人方言可以提供很多有关说话者的信息。根据个人方言，不仅能根据一个人的口音判断其来自哪里，还能从一个人的言谈判断其从事何种职业。换句话说，个人方言的变化是沿两个轴展开的，一个是地域轴（regional axis），另一个是社会轴（social axis）。

2. 方言和语言

个人方言往往表现出地域性和社会性的差异，这是由于个人方言会受到受教育的程度、体征、地域环境、性别、年龄、从事的职业等因素的影响。实际上，方言也是如此。其中，同一地域的社会成员因在性别、年龄、职业、教育程度、阶层等方面的差异而形成的语言变体即为社会方言（social dialect）。因地域差别而形成的语言变体即为地域方言（regional dialect）。下面重点对地域方言进行讨论。

就汉语来说，不同地域的汉语在词汇、发音、句式等方面都有不小的差异。根据这些系统性的差异，汉语可以分为客家方言、北方方言、粤方言、闽方言、湘方言、赣方言、吴方言等七大地域方言。

同样，英语也存在地域方言。从全球范围上讲，英语可以分为英国英语、加拿大英

语、美国英语、澳大利亚英语、新西兰英语等多种形式；在英国本土之内，英语包括南方方言和北方方言两大类型。

不难发现，方言是与语言使用者相关的语言变体。那么，到底该怎样给方言下定义呢？很多语言学家都提出了自己的看法。

所谓方言是"彼此可以交流，但又存在系统性差异的一种语言的不同变体"。这一定义强调了"可以彼此交流"与"存在系统性差异"这两个必要条件。换句话说，只有满足了这两个条件，一种语言变体才能够被称为方言。方言与它所隶属的语言之间的密切关系，方言是"为小于某个语言群体的团体所使用的该语言的变体"。

然而，将"可以彼此交流"和"存在系统性差异"作为语言与方言差别的标准是不精确的。因此，要想判断一种语言变体究竟是方言还是一种不同的语言是一件很困难的事情。另外，"可以彼此交流"和"存在系统性差异"这两个条件本身也具有一定的模糊性。有时一种语言变体与另一种语言变体并非不是可以彼此交流、存在系统性差异，而是多大程度上能够彼此交流、存在系统性差异。

例如，对彩虹的七种颜色，即赤、橙、黄、绿、青、蓝、紫在光谱图上进行分辨并不难。但是，如果要界定一种色彩究竟是在什么地方变为另一种色彩却十分困难，这是因为色彩是渐变的，而不是突然发生变化的。

综上所述，将"可以彼此交流""存在系统性差异""国家间的界限"合起来看并不是构成界定方言和语言的充分条件，分开来看也都不是界定方言、语言的必要条件。于是，语言学家们只好接受了方言和语言之间的灰色区域。

（二）社会方言

语言的使用不仅因情景、地域的不同而不同，而且还会由于各种社会因素的不同而发生变化，从而形成变体，即社会方言。换句话说，社会方言是语言集团内某一阶层或某一群人中所通用的语言。

一般来说，社会方言常受到以下几个因素的影响：

1. 年龄

在同一个社会阶层中，年龄差异也会导致语言上的不同。

由于受到生理方面和社会心理方面因素的影响，语言随年龄的不同而产生某些差异已成为一切语言的通例。例如，老年人相对保守，比较喜欢使用一些已经过时的词语、句式；青少年喜欢创新，比较喜欢用新鲜的俚语。因此，老年人的语言通常显得过时而老式，而青少年的语言往往更具时尚特点。

语音、词汇和句法等都可以体现语言的年龄变异性，其中以词汇差异表现得最为明显。

2. 民族

民族差别也是引起语言社会变异的另一个重要因素，下面以美国为例来进行分析。美国是一个多民族、多文化的国家。外来民族移居美国时既要受到原有文化、语言的影响，又要逐渐适应聚居地的习惯，这就使不同民族在习得英语时形成了一种与标准美国英语相区别的变体，而黑人英语（Black English）就是其中的典型代表。

（1）音韵层面

黑人英语与标准美语在音韵方面的区别主要表现在以下几个方面：

第一，黑人英语中的双元音/ai/和/au/都读为长元音/a：/，因而常将 why（为什么）和 wow（哇）都读成了/wa：/。

第二，黑人英语中的元音/i/和/e/在鼻辅音前没有区别，因而 tin（锅）和 ten（十），pin（别针）和 pen（钢笔）等具有相同的发音。

第三，黑人英语遵循"除了在元音前边的 r，其他 r 都被删除"的规则。

（2）句法层面

黑人英语的句法结构遵循自己复杂、独特且"符合逻辑"的规则，下面以 be 动词的省略和否定体系为例进行分析。

第一，黑人英语中，系动词 be 的省略与英语规则存在明显的区别。也正因为这样，一些语言学家认为黑人英语"不合逻辑"。

第二，在表示"肯定""否定"这类概念时，黑人英语的表达方式也与标准美语有很大不同。

黑人英语常将不定代词 something、somebody 和 some 变为表达否定意义的 nothing、nobody 和 none，以此来实现对动词的否定。需要特别强调的是，早期的所有英语方言都使用这一规则。

除上述差异之外，黑人英语的很多其他系统和语法规则都表现出极高的严密性。过去的很多评论家都将黑人英语看作有缺陷、不完善的语言，这些说法显然是不严谨的、不科学的，不能因为黑人英语有其独特的否定体系就认定它"不合逻辑"。

第二节　语言与文化

语言是人类社会发展到一定阶段的产物，已成为日常生活中的一项重要部分。文化是人类社会所特有的一种现象。语言与文化之间的关系十分紧密，二者相互促进，共同发展。一直以来，人们都致力于对语言与文化的研究。只有对语言、文化有全面深入的了解，才能跨越语言与文化所带来的沟通障碍。首先分析文化的含义，然后研究语言与文化的关系，最后论述语言学习中的文化因素。

一、文化的含义

文化的范围十分广泛，中西方学者虽然对文化进行了长期的研究，但对于文化的含义依然是仁者见仁，智者见智。下面就分别对中西方的代表性观点进行介绍。

（一）中国学者关于文化的含义

在我国，早在两千多年前就出现了具有"文化"意思的词语，但"文化"作为一个完整的词被使用是从汉代开始的。

在古汉语中，"文化"的最初含义和现在的含义有很大的差别，其最早出现在汉代的

《说苑•指武》中。该文中说道："文化不改，然后加诛。"这里的"文化"与"武功"相对，有文治教化的意义，表达的是一种治理社会的方法和主张。

文化即社会的文化，指的是礼仪风俗、文学艺术等属于上层建筑的东西。由上可知，中国古代的"文化"主要指的是精神层面，这种对文化狭义的理解不能算作文化的含义。

文化是人类在处理人与世界关系中所采取的精神活动和实践活动的方式及其所创造出来的物质和精神成果的总和，是活动方式与活动成果的辩证统一。

我国《辞海》对文化进行了如下界定：文化从广义上说，指人类社会历史实践过程中所创造的物质财富和精神财富的总和。从狭义上来说，指社会的意识形态以及与之相适应的制度和组织机构。

根据上述论述可知，关于文化的含义因角度不同而不同。通常而言，可以从狭义与广义两个方面来对"文化"加以理解。狭义的理解仅指精神文化，如社会的意识形态、风俗习惯、语用规范以及与之相适应的社会制度和社会组织；广义的"文化"既包括精神文化，也包括物质文化。

(二) 西方学者关于文化的含义

在英语和法语中，culture 一词来源于拉丁文 cultura，是动词 colere 的分词形式，是"耕作、培养、教育"的意思。在英语中，"文化"曾经被用来指"犁"，不过它指的是犁的过程，并非一种工具。而且这一过程最开始是指耕地，后来引申为培养人的技能、品质。后来，这个词汇通过进一步转义，由活动转喻为物体，从过程转喻为产品、资源、模式。到了 18 世纪，"文化"这一概念在西方思想史获得了第一次重要转义，表示"整个社会里知识发展的普遍状态""心灵的普遍状态和习惯""各种艺术的普遍状态"。

可见，西方对"文化"一词的含义要比中国古代对"文化"的理解广泛得多。随着科技发展和文艺复兴的出现，人们对文化的区分以及文化内涵的研究越来越感兴趣。

英国人类学家爱德华•泰勒（Edward BurnettTylor）是影响文化含义的第一个重要人物。他的含义可以算作文化含义的起源，是一种经典性的含义。19 世纪 70 年代，泰勒出版了《原始文化》一书。他在该书中指出，从广泛的民族学意义来讲，文化是一个复合整体，包括了知识、信仰、艺术、道德、法律、习俗，以及作为一个社会成员的人所习得的其他一切能力和习惯。这一含义不仅描述了文化的重要内容，而且将文化视为一个多层面的整体，对深入和全面研究文化具有十分重要的意义。

文化是一个全人类所共享的体系，该体系中包括信仰、习俗、价值观、行为举止等，人们在此体系内同他人交流，并通过学习来传承这一体系。由此可知，文化是由共享的行为模式（即交际）和意义系统（即语言）组成。

从社会学家的角度出发，文化包括大家享有的物质的和非物质的全部人类社会产品。其中，物质文化包括一切由人类创造出来的并赋予它意义的人工制品或物体，非物质文化则由比较抽象的创造物组成。

文化是由物质实体、行为模式、价值观等要素组成的，是一个被全体社会成员所共同拥有的整体。

文化是在若干个世纪在个人与集团的努力之下，传承下来的知识、经验、价值观、世

界观、信念、态度、意义、角色分工、空间的运用、物质财富等的总合。文化不仅隐藏在处于特定社会的人们的日常行为中，还隐藏在作为交际形态的行为方式中，隐藏在所使用的语言当中。这个含义中的"时间观念""空间的运用""行为方式"等都是交际中的重要内容。

《美国传统词典》中文化的含义是：人类文化是通过社会传导的行为方式、艺术、信仰、风俗，以及人类工作和思想的所有其他产物的整体。这一含义涵盖的范围较为宽泛，既包括深层文化，又涵盖浅层文化，如风俗、传统、行为、习惯等。

后来，人们纷纷根据自己对"文化"的理解试图对"文化"做出界定，所以对文化的含义也各有侧重，比较有影响力的包括以下两类：

1. 侧重文化差异

文化对于社会而言，就相当于人的性格对于人的机体一样。文化是一个人在特殊的社会衬托里所遇到的气氛，它包括一个社会中的特殊建筑的内容。

群体之间的差异是由文化的差异决定的，文化不同，社会遗产自然也不同。人们在不同的生活习惯和生活方式中成长，因而形成了不同的文化，形成了不同的群体特征。

2. 侧重文化内容

文化就是在历史的长河中，人们为了生活所创造出来的一切设计。这些设计有的是隐含的，有的是显明的，有的是合乎理智的，有的是非理智的，还有的是反理智的。这些设计是对人们行为的潜在指导。

当人们将文化看作一个叙述的概念时，文化就是人类创造所积累的宝藏，如建筑、绘画、书籍等。此外，文化还包括人们在适应自然环境和人事时所需要的语言、知识、礼仪、风俗、道德、伦理等。

尽管上述观点各不相同，但都强调文化的核心始终是"人"。人是文化的创造者，文化是人类智慧和创造力的结晶。不同民族、不同种族的人创造了不同的文化，并构成了包括民族的个性、感知认识、言语和非言语的符号、时间和空间观念、思维方式、价值观、行为规范、社会群体及其相互关系等在内的一个复杂整体。

对以上众多含义进行分析，可将它们分为以下两大类：

第一，广义的文化是人类创造活动的一切，即物质生产活动和精神生产活动所创造的一切成果。

第二，狭义的文化是指精神创造活动及其结果。

（三）文化的特征

1. 可习得性

动物的众多行为多出于本能，人类也是动物，因此人类也有很多动物的本能。例如，没有大人的照料和引导，婴儿出于本能就会吃、喝、哭、笑、睡等。但是人类又是高级动物，动物只是本能地会吃，但是人类吃什么、在何处吃、怎样吃则是需要后天习得的，而这就是人从生下来开始最早接触并学习的文化。换句话说，每个人生下来就有许多的基本需求，有些需求是出于本能的，有些需求则是生成和规范自己言语的需求，但是如何来满足这种需求以及培养人类的行为规范则要靠后天的学习和习得。因此，习得也就成为文化

的重要特征之一。

2. 符号性

文化不是从一开始就存在的，而是通过符号加以传授的知识。任何文化都是一种符号的象征，也是人们的思维和行为方式的象征。人类最明显的特征就是符号化的思维和行为，文化的创造过程也就是运用符号的过程。在创造文化的过程中，人类将认识世界和理解事物的结果转化为外显有形的行为方式，这些行为方式就构成了文化符号，从而成为人们的生活法则。

3. 整合性

文化是一个经过整合的系统，也就是说文化的各个因素之间相互连锁并相互支持，最终形成一个系统。在这个系统中，各要素互相补充、互相融合，共同塑造着某种民族性格。整个民族文化具有一个或几个"文化内核"，发挥着整合文化的潜在作用。文化的这种整合性使得文化具有相对的稳定性。例如，我们经常提起"中国文化""东方文化"或"西方文化"等概念，这也是某种文化相对稳定的体现。同时，在某种文化内部，各要素既相互关联又存在某些冲突，因此在实际问题的解决中可能会出现冲突。例如，人口太多曾经是我国一大问题，而要解决问题控制人口就行了，但是这又与中国人讲求"人多力量大""人多才能兴旺"的传统观念相违背，可见解决观念上的问题才是关键。

4. 兼容性

任何文化都具有兼容性，这是文化得以生存发展的内在动力。所谓"开放式文化"或"封闭式文化"都是相对而言的，既没有完全开放的文化，也没有完全封闭的文化。完全开放的文化因为消除了自身的文化个性就会消融在其他文化之中，完全封闭的文化则因为缺乏与其他文化的交流而失去发展更新的动力，最终会走向消亡。

5. 传承性

文化是社会历史的积淀物，是特定历史时期的时代文化，表现出很强的历史传承性。同时，也正是因为文化具有某一民族思想的结晶和经验的总结，对后人有着巨大的意义，是人们的一笔巨大的精神财富，也使得文化具有可传承的可能性。每一代人都会传承原有的文化，同时也会不断对原有的文化进行更新，发扬文化中的积极部分，舍弃文化中消极的部分，从而对社会文化的发展做出应有的贡献。例如，在节日或喜庆的日子挂红灯的习俗就是我国数千年来传统文化延续的表现。

6. 时代性

任何文化都是在历史发展演变的过程中产生的，且不同的时代有着不同的文化。例如，原始人驯养动物，种植植物，创造文字，引导远古人类进入古代文化的发展时期，创造了原始文化。蒸汽机的发明、产业革命的完成，促使人类进入近代文化历史阶段，催生了资本主义文化。文化的依次演进实际上是一个"扬弃"的过程。也就是说，文化的不断发展实际上是对既有文化进行批判、继承和改造的过程。在某些历史时期看来是先进的文化，在后来的历史时期就失去了先进性，成为落伍、落后的文化，并且被更为先进的文化所代替。

二、语言与文化的关系

文化是语言发生的环境，语言是文化的载体，是文化传播的工具。可见，语言与文化相互依存、相互影响、密不可分。下面对二者的关系进行具体阐释。

（一）有关语言、文化关系的观点

在讨论语言与文化的关系之前，十分有必要了解一下国内外学者对语言与文化关系的研究情况。语言与文化的关系问题一直是国内外文化界、语言界热议的话题，关于这方面的观点主要有以下几种：

1. 一元论

所谓语言、文化一元论，即文化就是语言。这种说法主要认为语言包含了整个世界观和思维方式，因此语言应该是整个民族文化的核心。一个民族的语言实际上代表着这个民族的精神。

2. 包含论

所谓语言、文化包含论，即文化和语言是包含的关系。国内外很多学者都对这个观点持赞同态度，但是在看法上存在一些差异。文化有广义和狭义之分，国内持有广义文化意见的学者认为文化包含三个阶段，即物质文化、制度文化，以及观念文化。

第一，物质文化也可以称为"器物文化"，是文化的表面阶段。

第二，制度文化是文化的中级阶段。

第三，观念文化也可以称为"心理文化"，是文化的深层阶段。

在这三个层次中，语言属于中级阶段，因此语言与文化其实是包含与被包含的关系。

3. 交叉论

所谓语言、文化交叉论，即语言与文化存在一部分的交叉信息。这是由国外的一些持有狭义文化观的学者提出的，文化其实就是观察和学习他人的行为和知识。而语言也是从他人处获得，因此这些学者认为文化其实包含了语言的大部分内容，其中交叉的部分就是他人的获得，而不交叉的部分就是各部分的独自特色。可见，在哈德逊看来，文化包括以下三类：

第一，通过观察他人，从他人那里学到的文化知识。

第二，人们共同享有的、认同的知识，这类文化知识不需要通过学习就可以习得。

第三，个人通过直接学习或是自身体验而获得的文化知识。

从这一角度来看，语言与文化是一种交叉关系。在该观点的基础上，相关学者提出了语言、文化双向交叉论。文化和语言犹如一张皮的两面，二者都存在于一张皮上，而不是毫无关联的两张皮，对于这个皮的两面，你从哪个面去看都是可以的。这就是语言文化双向交叉论。

（二）语言反映文化

从本质上来说，语言是文化独特而重要的部分，是文化的产物，因此语言实际上承担着文化的功能。语言既影响文化同时又反映文化。语言作为一种记录、表达的符号，它可

以表达人们的态度、思维、信念、认识等。可见，语言反映文化，这种反映主要体现在生存环境、风俗习惯以及民族心理上，下面依次进行分析。

1. 语言反映生存环境

不同的生存环境造就了不同的地域文化，反映在语言上就有不同的表达形式，并且这些表达往往是非常固定的。文化的形成会受到生存环境的影响，这是不争的事实。从宏观上来说，这些生存环境主要包含物质环境、地理环境、自然环境等，如海洋、船舶、动物、植物、气候、天气以及物产资源等。

2. 语言反映风俗习惯

风俗习惯是特定群体在社会文化内共同创造和遵守的行为规范，简单来说就是一种社会文化的现象。这些风俗习惯主要体现在礼仪、生活方式、婚姻传统、习惯、信仰等。例如，英国人很注重场合，什么场合穿什么衣服，用什么样的礼节，这方面就非常看重，而中国就没有那么讲究。在表达上，中国人很看重自己的面子问题，并且非常在意自己在别人心中的形象，选择的语言也是非常谨慎的。也就是说，中国在人际交往过程中通常奉行的是"非等式"的交际类型，即"上下、尊卑有别"，语言在使用过程中体现出明显的权势取向，是一种垂直式的社会关系。在这种交际类型中，中国人十分讲究面子，即倾向于得到他人的认同与尊重。

与中国人际交往的类型不同，西方国家由于处于一种平行的社会关系中，人们提倡个人本位主义，从而形成了一种"对等式"交际类型。在这种交际类型中，人们更加看重的是追求行动上的自由与不受约束。

例如：

（语境：妈妈与女儿正在忙着准备晚餐）

Mother：We need these potatoes for dinner.（晚餐需要准备这些土豆。）

Daughter：OK, I will peel them.（好的，我会削好的。）

在上述对话中，妈妈所说的话语只是表达了一种客观上的需要，并没有要求女儿做什么，而这样表达的目的就在于维护女儿的面子，不让她心里产生一种行为受牵制的感觉。但女儿对妈妈的话语意图进行了很好的把握，给出的反应完全符合妈妈的期望"我会削好的。"然而，在汉语环境下，妈妈的身份相比女儿来说要高，妈妈就可以直接吩咐女儿去削土豆。

3. 语言反映民族心理

语言是文化的载体，同时也是民族文化的载体，它可以反映民族心理。这里的民族心理主要包含伦理道德、价值观、人生观等。在中国的伦理道德中，比较重视亲属关系，尤其是对关系的称谓特别注重，如汉语中的"嫂子"是指兄长的妻子，而且将长嫂比作母亲，表达对"嫂子"的尊重。然而，英语用 sister-in-law 来对"嫂子"进行翻译，实际上这是不对等的，因为英语中的 sister-in-law 兼有"嫂子"和"弟媳"两个意思，这足以看出英语国家的民族心理，即从法律高度上看待亲属关系。

此外，中国素有尊老爱幼的习俗，所以中国人常将年老看作经验和智慧的象征，并以赡养老人为一种责任，常以"老"为敬称，如"您老""老人家"等。但西方国家大多崇

尚家庭独立，往往子女成年后，就会与父母分开居住，因此西方人怕老，认为"老"就是思想迟钝、僵化的象征，因此十分忌讳 old 一词，而常用 well-preserved、seasoned 等词来表达"年老"之意。

（三）文化影响语言

文化是语言活动的环境，因此文化因素对语言有重要的影响作用，主要体现在以下三个方面：

1. 文化影响语言的形成与发展

文化是语言形成和发展的基础，没有文化语言也就不会存在。语言是不能脱离文化而独自存在的，也不能脱离整个社会延续下来的观念和做法。语言在很多层面上都会表现出文化因素，如句法结构、谋篇布局、词汇意义等。可以说，语言其实是文化的行为，这从中西方文化的对比中也可以看出这一点。

对于中国人而言，考虑任何事情、说任何话都需要依靠综合性思维，这就需要领悟能力；而对于西方人而言，主要以分析性思维作为主导，因此比较侧重理性。两种思维方式的差异导致汉语重意合而英语重形合。具体来说，中国人注重意念，重视直觉的效果，只要能够准确表达出意思，词语的形式可以不必计较；英语国家则认为清晰合理的思想是由词语和句子决定的，只要句法完整，那么要表达的思想肯定也是完整的。所有这些都是由于中西方特有的文化背景和地理环境的差异造成的。

2. 文化影响语言词汇的意义

词汇是语言的基本结构，每一个词汇都有其自身的概念，而一种语言中蕴含的词汇往往会反映出这个语言民族的文化环境。可以说，词汇对人类认识客观世界与赋予人类世界的意义非常重要。词汇的意义分为概念意义和比喻意义。概念意义也称为"本义"，能够反映客观事物的特征；而比喻意义也可以称为"指称意义""引申意义"或者"象征意义"，这种象征意义的存在主要是源于文化存在。

由于各个民族文化的差异性，导致人们对待同一种事物而产生的认识也会存在差异，甚至截然相反。以中国的"龙"和英语的 dragon 为例：在中国，龙是尊贵、威严的象征，如"中国龙""龙凤呈祥""龙的传人""望子成龙"等；但是在西方，dragon 被认为是邪恶的，也被认为是相互争斗的根源。可见，不同文化代表的词汇意义也不同。

3. 文化影响语言的实际运用

语言的运用受到很多因素的制约，其中文化是决定性因素。众所周知，语言的运用受到语境的影响，语境是语言生成和理解的先决条件，而文化就是语境的最主要部分。文化的决定性作用可以避免语言实际运用中的很多问题，如语言误解、语言冒犯、语言无礼等。主要表现在以下几个方面：

（1）语言受不同文化背景的影响

如汉语中两个朋友见面常会说："上哪里去呀？"或者"你去哪里了？"在中国人眼中，这就是简单的问候语，表示关怀，但是翻译成英语就是"Where are you going?"或者" Where have you been?"这样的问候话语会让外国人感觉很不舒服，因为他们会认为这种问题侵犯了他们的隐私，他们有权利选择回答或者不回答，甚至他们还可能会气愤地

说："It's not your business.（不关你的事。）"可见，不同文化背景影响着语言的实际运用。

（2）语言受相同文化背景的影响

在汉语中，虽然有着相同的文化背景，但是也存在语言的差异性，尤其体现在名讳上，如嫦娥，原名恒娥，是为了避讳汉文帝刘恒而做的更改，这样的例子在古代名讳中有很多。

综上可知，语言与文化是相互影响、相互制约的，二者是一种交叉关系。语言是用来传承文化、记录文化以及反映文化的，如果有个别的民族在发展中失去了自己的语言，即使他们的文化可以用其他的语言来进行记录，但是文化中的大部分内容也会随着语言的消失而逐渐消失。可见，语言是文化的重要组成要素。反过来说，文化也会影响语言的发展，文化的动态性会导致词汇、语法的变化。文化可以创造词汇、语法，同时这些词汇、语法也记录了当时的文化，并且能够反映当时的文化特征。总之，文化影响语言的结构和含义。

三、语言学习中的文化因素

纵观语言发展与演变的历史可以得知，语言的创造、使用、完善都是人来完成的。正是语言这一工具的存在，使得人们可以传承历史，进而积淀成丰富的文化底蕴。语言所具有的记录、传播功能体现了自身的文化属性。语言作为文化的载体，反映了某个民族的文化信息。而文化的创新、变化、发展同样不能与语言的创新、变化、发展分裂开来，二者从始至终都是密不可分的关系。

语言不仅蕴藏着某个民族的价值观、生活方式、人生观、思维方式，而且还包含该民族的历史、文化背景，反映该民族的总体特征。因为语言与文化密不可分，所以学习一门语言自然离不开对该语言背后的文化的学习。下面就来具体分析语言学习中的文化因素。

（一）思维文化因素

思维不同，语言表达方式就不同。为此，不管是学习英语还是汉语，都需要掌握该民族所具有的思维方式。一般而言，英语民族的思维方式是从小到大，而汉语民族正好相反，时间、地点的表达就是一种体现。

例如：

下午 3 点 12 分：12 minutes past 3 p. m.

1988 年 5 月 24 日：24 May, 1988

英语里的 small、medium-sized and large cities 对应着汉语中的"大中小城市"。

英语民族的思维习惯是先说轻的、弱的，再说重的、强的，而汉语民族则相反。

例如：

救死扶伤 heal the wounded and rescue the dying

无地和少地的农民 the peasants who have little or no land

一张木制小圆桌 a small round wooden table

我和约翰、玛丽 John, Mary and I

英语思维是"纵向"的思维，而汉语思维是"横向"的思维，这体现在方位表达上。

例如：

东南 southeast

东北 northeast

西北 northwest

西南 southwest

在英语思维里，"前"表示未来，"后"则表示过去，而汉语思维却正好相反。

例如：

But we are getting ahead of the story.

不过，我们说到故事后头去了。

（二）历史文化因素

世界各民族所处的地理位置不同，并且各自有独特的历史发展轨迹，这必然会导致语言上的差异，尤其是一些传统说法、典故、格言、成语等。例如，汉语里就有这样一些俗语：

吃红蛋（娶媳妇、生孩子）

吃汤圆（亲人团聚）

戴绿帽子（妻子不忠）

穿小鞋（压制不同意见）

河东狮吼（泼妇）

老泰山（岳父）

戴高帽子（赞扬、奉承）

抓辫子（找茬儿）

月老、红娘（介绍人）

成语中蕴含的特定文化意义则更加丰富。

例如：

英语成语：

gild the lily 画蛇添足

goose-flesh 鸡皮疙瘩

look for the grass on top of the oak 缘木求鱼

kill the goose that lays the golden egg 杀鸡取卵

fish in the air 水中捞月

a lion in the way 拦路虎

look for a needle in the hay 大海捞针

a peacock in the shed 鸡窝里飞出金凤凰

（三）心理文化因素

一方水土养一方人。民族不同，在历史发展的过程中就会产生不同的心理活动方式，如价值观、审美观、伦理道德观等。在学习语言的过程中，同样不可忽视对心理文化因素

的掌握。

1. 价值观

中华民族倡导社会价值，即一个人的价值在于他对社会的付出和贡献有多少而不是在于多大程度地满足自己的需要，但英语文化尊重个人价值。

中国人和西方人对金钱的态度也大不相同。中国人对金钱相对较开明，如汉语里的"钱是身外之物""生不带来，死不带去"等说法。而英美人恰恰相反，他们从小被灌输一种思想，那就是人生的价值在于追求"金钱"和"权力"。如：一篇文章指出："…a step up taward what all Americans are taught to want when they grow up：money and power."因为受到这种思想的熏陶，英美国家的子女年满 18 岁便开始离家，独自生活，即使父母拥有金钱和权力，子女大多也不愿意将父母创造的资本当作自己未来成功的垫脚石，而父母也不会将这些强加给他们。

2. 审美观

汉语中认为的美丑与英语大相径庭。例如，"狗"在中国人看来是丑陋、卑贱的。

例如：

狗头军师

狗屁不通

狼心狗肺

上述都是含有贬义的说法。但是在西方一些国家，狗被比作人，人们视狗为伙伴，所以带狗的词语通常含褒义。

例如：

atop dog 最重要的人

a lucky dog 幸运儿

help a dog over a stile 助人渡过难关

再如，喜鹊在汉语文化里有吉祥之意，然而，在英语文化中，它却象征着"叽叽喳喳或爱收藏杂物的人"。

3. 伦理观

英汉两个民族在伦理道德观上也存在差异。例如，"亲吻"在西方是十分普遍的，这是一种见面的礼仪。然而，这种行为在汉语文化中是过于亲昵的，在公共场合是难以接受的。在汉语文化中，问工资、问年龄、问结婚几乎是日常交谈中的常见话题。汉民族的人将这些提问看成很自然、顺理成章的行为，也符合社会道德。然而，在英语文化中，这"三问"被看作一种禁忌，所以一般的日常交际不会触及。因为西方人比较重视隐私，"三问"的内容都是纯个人的私事，因此即使家庭成员之间也不会打听各自工资的确切数目。

（四）礼仪文化因素

礼仪文化涉及日常生活中的礼貌、习惯等，如称谓、称呼、敬称、谦称、问候、寒暄、送礼、收礼、致谢、答谢、告别、称赞等。在语言学习的过程中同样不可忽视礼仪文化因素，因为语言是人们进行交际的工具，而在交际过程中往往会涉及各种礼仪。人们想

要利用语言顺利实现交际，就需要懂得该语言背后的礼仪文化。

1. 问候与寒暄

在中国，见面的时候往往会相互打招呼，其方式一般是"吃饭了吗?""老王，早。""你去哪儿?"等，这些方式只是用于寒暄，没有实际的意义，然而这几种寒暄用语在英语文化中有着另外的解读。当对方听到"吃过饭了吗?"会认为你邀请对方去吃饭，尤其当发话人是男士而受话人是女士的时候，这表示男士中意女士。

2. 致谢与答谢

关系密切的中国人之间几乎不说"谢谢"，尤其是家庭成员之间，他们认为道谢就显得生疏了，然而即使是关系非常亲密的英美等国的人之间都经常致谢，如父子、夫妇之间等。对于如何回答对方的道谢，汉英之间的差异倒是比较微小。只是在英语文化中，thank you 已超出了致谢的范围，如向对方表示感谢之后，对方也会说 thank you。

3. 敬称与谦称

在汉语文化中，有很多敬称与谦称无法在英语文化中找到对应的形式。例如：将对方的论著称为"大作"，将对方的父母称为"令尊"，将对方的子女称为"令郎""令爱"等。再如，称呼对方和对方所属事物时经常用"贵……"，贵方、贵姓、贵厂、贵校、贵公司、贵国等说法就是很好的体现；而在谈论自己或自己的所属事物时，经常用"拙……""敝……"等，所以就有了拙著、拙文、鄙人、敝厂、在下、拙见、小人等说法。

4. 称谓与称呼

称谓、称呼语是人们用来进行交际的先导语，只有在使用得当的情况下才能顺利打开交际的大门。可见，称谓、称呼是影响社交过程的首要因素。在西方国家，父母、兄妹、姐弟都可以彼此直呼姓名，是一种长幼无别的亲属关系，这说明西方社会的称谓、称呼语是缺乏的。西方社会两代人的家庭组合结构使得他们之间完全不需要各种名目繁多的称呼语在中国社会中，"上下有义，长幼有等"的亲属关系使中国人十分看重称呼语，这也是中国传统文化观念的反映。

在中国，人们往往不会直呼比自己辈分高的人的名字，父母、亲戚、邻居都包括在内。除了亲属关系中体现的长幼伦理文化，在行政职务等方面同样也会体现出一定的等级关系。例如，李老板、张科长、王教授等，这些称呼语的使用将更加有利于交际的顺利进行。

5. 告别与称赞

（1）告别

中国人在告别时通常会说"走好""保重""路上当心"等，这些话语相当于英语文化里的 take care。但是中国文化里的"慢走"或"请留步"在英语中就找不到相对等的表达。在英语文化中，人们在告别之前会通过暗示或委婉的语言向主人表达"告别"的想法，以征得同意，然后才离开，这一点与中国人的做法大不相同。

（2）称赞

中国文化是一种讲究谦虚、中庸、含蓄的文化，所以当中国人面对别人的溢美之词时，通常给予"哪里哪里，您过奖了。"或"我还差得远呢。"等这样的回应。然而，当

英美等国的人受到夸奖时，他们会说："Thank you."

中国人如果听到别人说自己瘦了，就会感到忧虑，因为这通常会联想到劳累、营养缺乏等，然而当英美等国的人听说自己瘦了，会感到很高兴，因为他们会觉得自己变得更加苗条和漂亮。

如果中国人当面赞美女子的美貌，对方就会误以为赞扬者心怀邪念，可是在英美等国家，男子当面赞美女子，女子会很从容地表达"谢谢"。

6. 送礼与收礼

中国人无论是庆祝别人生日，还是请客吃饭，或是探视病人，都习惯于赠送水果、钞票、滋补品、玩具等。英美等国的人习惯买一束鲜花去探视病人，只是针对不同的对象和场合送不同的花。

与之相对应的收礼习惯也有所不同，中国人在收下礼物后一般不立刻打开，因为他们认为这是不礼貌且会使客人感到尴尬的行为；英美人一般在收下礼物后立即打开，然后加以赞美和道谢。

（五）自然文化因素

不同的地域形成了不同的文化，处于不同地域中的自然事物在不同民族人的眼中所表达的文化内涵便不同。在语言学习的过程中同样会遇到自然方面的文化因素，需要引起学习者的注意。由于自然文化范围较广，限于篇幅，这里仅对动物、植物，以及月亮文化展开分析。

1. 动物文化

动物同人类关系密切，与动物相关的词汇也是语言中一种非常特殊的语言现象。但是，在英汉两种语言中，对动物文化词的使用存在诸多不同。一方面，基于人类文化进化的特殊性，英汉两种语言中与动物词相关的文化存在诸多差异；另一方面，人类又存在诸多相同的生活经历和感受，人类自身和其生存所依赖的外部条件、社会文化背景在某种程度上又存在诸多共性，这些共性的存在使其对客观世界的认识存在一些共同的认识，具体到动物词文化的认知方面，就使英汉两种语言中与动物词相关的文化存在众多共同点。

（1）同一种动物，表达不同的文化信息

在英汉民族中，同一种动物在某些情况下传达了不同的文化信息，例如 crocodile 与鳄鱼。西方人眼中的 crocodile 是一种凶残狡诈的动物，它在捕食对象面前常通过流泪来麻痹对方，然后趁对方没有防备时将其吞噬。实际上 crocodile 流泪并不是出于伤心或悔恨，而是一种正常的生理反应，即排出盐分。因此，英语中的 the crocodile tears（鳄鱼的眼泪）通常喻指"假慈悲、假仁假义"。

例如：

He wept a few crocodile tears over his wife's death and then got married again at once.

他假惺惺地为妻子的死掉了几滴眼泪，然后很快又结婚了。汉语里的鳄鱼并没有特殊的文化含义，"鳄鱼的眼泪"与汉语中的"猫哭耗子——假慈悲"具有异曲同工之妙。随着文化的交流，"鳄鱼的眼泪"的说法也逐渐为中国人所接受。

（2）不同的动物，表达相同的文化信息

不同的生活方式、文化习惯等有时还会赋予词语以不同的喻体。例如：在汉语文化中人们经常会说"热锅上的蚂蚁"，英语文化中则用 like a cat on hot bricks 进行表示。

自古以来，汉民族就是农耕民族。在古代，牛是主要的农业动力。因此，牛在汉语文化中具有很高的地位，并且在中国人心目中牛是强壮、勤劳、倔强的化身，人们也经常用牛来形容人的品质。我国很多名家作品中都使用牛的形象来比喻人。例如，鲁迅在其作品中就有"俯首甘为孺子牛"的句子。可见，牛在中国人心目中的地位之高。

西方国家主要以畜牧业为主，交通运输方面的需求比较高，horse 以其力量和速度颇受西方人们喜爱，汉语文化中"牛"的地位在汉语中都被 horse 所占据。因此，horse 在英语中的地位相当于汉语中的牛，英语中也有很多关于 horse 的表达。

例如：

horse pills 巨大的药丸

eat like a horse 胃口极大

as strong as a horse 健壮如牛

work like a horse 像老黄牛一样苦干

此外，英语中与 horse 相关的习语也有很多。例如：

dark horse 黑马（意想不到的获胜者）

Don't look a gift horse in the mouth.

馈赠之马，勿看牙口。（别人送的礼物不要太挑剔。）

Hair by hair you will pull out the horse's tail.

一根一根拔，拔光马尾巴。（水滴石穿）

（3）同一种动物，表达相同的文化信息

人类文化的一般进化使其本身所生存的条件和社会文化背景等存在着诸多共性，进而使不同文化下的人们有着共同的生活经历和感受，在对动物文化的认知方面也存在着很多共识。

例如：cat 与猫

英语国家的人们对 cat 十分宠爱。与其他动物相比，cat 具有很多独特的习性，如从高处坠落时很少受伤，爱追逐打闹，爱捉弄老鼠等。于是，英语中出现了很多与 cat 相关的习语。

例如：

to have more lives than a cat 比猫更富有生命力

to lead a cat-and-dog life 夫妻间/兄弟间/同事间经常争吵

to have/play cat and mouse 欲擒故纵

let the cat out of the bag 说漏嘴，泄露秘密

like a cat on hot bricks 非常着急，如热锅上的蚂蚁

在汉语文化中，猫作为十分常见的家养动物常用来喻指温顺、可爱的形象。例如，"馋猫"表示"贪吃嘴馋的人"，且是一种带有亲昵色彩的说法。此外，中国人将捕鼠视

为猫的天职，所以汉语中出现了很多与此相关的成语，如"猫鼠同处""猫鼠同眠"常喻指官吏失职，包庇下属干坏事或者上下级官员狼狈为奸。

下面的例子也反映了动物文化的共性。

英语中的 parrot what others say 同汉语中的"鹦鹉学舌"。

英语中的 as busy as a bee 同汉语中的"蜜蜂般忙碌"。

英语中的 greedy as a wolf 同汉语中的"像狼一样贪得无厌"。

2. 植物文化

（1）植物文化内涵不同

在英汉两种语言中，有些植物的名字在字面上基本是一致的，但是这些植物词汇的联想意义却存在很大的差别。究其原因，主要还是英汉文化在价值观念、信仰、传统文化，以及生态环境等方面的差异所导致的。

例如：

①苹果和 apple

在汉语文化中，苹果（apple）一词中的"苹"与"平安"一词中的"平"音相同，因而人们通常用其来表示"平安"之意，或用该词来形容儿童的面颊红润例，这个小姑娘的脸像一个红红的大苹果。

在英语文化下，苹果也备受人们的喜爱。从英语中比较常用的表述 the apple of one's eyes（掌上明珠）就可见一斑。此外，在英语文化中还有 the apple of discord 这一说法，表示"祸端、引起祸端的原因"。这一文化表达源于希腊神话，即：三个女神为了争夺金苹果而引发了特洛伊战争。

②红豆和 red bean

汉语文化中的"红豆"和英语文化中的 red bean 字面意义基本相同，但是它们的联想意义却区别很大。汉语中的"红豆"总是让人们联想到"相思"这一语义。因而，英语中经常用 sell one,s birthright for some red bean stew 来表示为了眼前的微薄利益而出卖原则。

③柳树和 willow

柳树虽然是一个普通的树种，但在汉语文化中却具有丰富的内涵，主要体现在以下几个方面：

第一，挽留。在交通不发达的古代，人们送别亲人时为表达不舍之情，常折柳枝相赠，这是因为"柳"与"留"谐音，因而具有"挽留"之意。

第二，春天。人们根据生活经验得知，柳树发芽就意味着春天的到来。因此，汉语中常用"杨柳"来比喻春天的来临和春光的明媚，如"桃红柳绿""柳花狂，桃花醉"。

第三，女子的婀娜。柳树具有叶子细长、枝条低垂的外形特征，给人一种风姿绰约的印象，因此汉语常用柳树来描写年轻女子的姣好面容与轻盈体态。

在英语中，willow 因枝条低垂而被称为 weeping willow（垂柳）。因为 weeping 的意思是"哭泣"，所以 weeping willow 又被称为"哭柳"。因此，willow 就成为死亡与哀悼的代名词。

（2）植物文化内涵空缺

文化空缺具体指的是同一词汇在一种文化中的联想意义十分丰富，而在其他文化中却缺乏相应的联想。这种类型的语言特殊现象在很大程度上是因为文化的特殊性所导致的。例如，藤本植物（vine）普遍存在于英汉民族中，这类植物存在一个共性，即必须攀附在其他植物上，要不然只能匍匐在地面上。基于这一属性，在汉语文化中，人们经常借用藤本植物来指缺乏自立能力的人，或用来指攀附权贵来获利的人，如"青藤缠树"。再如，在舒婷的《致橡树》中有关于凌霄花的比喻，借此来指借枝炫耀自己的人。但是，这些文化语义在英语文化中都是不存在的。

①Peony 和牡丹

在英语文化中，peony 仅是一种花卉名，没有丰富的文化内涵。然而，汉语中牡丹属于国花，这种花卉植物自古就有"花中之王""国色天香"等美誉，并象征着和平幸福、繁荣昌盛。自古以来，历朝历代的文人墨客都争相对其咏颂。

②chrysanthemum 与菊花

英语中的 chrysanthemum 没有特殊内涵，只是一种普通的花。但是，汉语中的菊花却具有多种文化含义。

第一，帝王风范。在中国传统文化中，黄色是尊贵、正统的象征，通常为帝王所专用。菊花蓬勃向天，花朵上悬，且大多为黄色，因此就成为帝王的标志。

第二，淡泊、雅致。菊花通常于秋末开放。此时，暑热已退，寒意渐浓，众花开罢，菊花蕊寒香冷，清香飘逸，凌霜怒放，在寂寞与寒冷中诉说着坚定的信仰。由此，菊花便被赋予了"坚贞不屈的风骨"，成了君子美德的象征。

第三，长寿。汉语文化中常将农历"九月"称为"菊月"，这是因为菊花通常在重阳节（农历九月初九）开放，而人们的节日活动也常与菊花有关，如饮菊花酒、登高赏菊。因此，菊花就具有了延年益寿的文化内涵。

（3）植物文化内涵部分重合

英汉两种文化中还存在一些植物文化词文化含义部分重合的情况。例如，青草（grass）在两种文化中都能让人们联想到"默默无闻""众多"等语意。

在封建社会时期，统治者经常称老百姓为"草头百姓"，甚至还将农民起义军称作"草寇"。英语中关于 grass 也有类似的说法，如用 grass root 来表示平民百姓、基层之意。但是，两种文化中关于青草（grass）的联想并不完全相同。在英语文化下，用"The grass is greener on the other side of wall."来比喻"这山望着那山高"之意，而汉语文化中关于草的其他文化内涵大多表示生命力的旺盛。

（4）植物文化内涵重合

英汉两种文化中也存在一些植物词文化内涵完全重合的情况。例如，玫瑰和 rose 是汉语和英语中联想意义几乎相同的词，两者都表示爱情和浪漫。汉语文化中的玫瑰也象征爱情和美丽。汉语中将漂亮但是不容易接近的女人称为"带刺的玫瑰"。曹雪芹在《红楼梦》中也曾用玫瑰花来比喻探春的美丽和性格。

在西方国家，rose 是很常见的花，英国历史上将红玫瑰作为王朝的象征，人们认为

rose 是健康的象征，在语言中也有所体现。

例如：

put the roses into one's cheeks 某人的脸色看起来很健康

a bed of rose 称心如意的境地，安乐窝

come up roses 事情发展顺利

gather life's rose 寻欢作乐

There is no rose without a thorn.

没有十全十美的事。

3. 月亮文化

月亮（moon）是借助太阳发出皎洁光亮的星球，全世界的人都守望着同一轮明月。尽管 moon 和"月亮"所指客观事物相同，但二者在英汉文化中所具有的文化内涵却有很大差异。

在西方文化中，moon 并没有文化内涵，人们大多只是将其看作一种客观存在。在中国，月亮是历代文人墨客描写的重要对象，或抒发情感或借物咏志。因此，汉语中的"月亮"具有十分丰富的文化内涵。

（1）象征团圆

月有阴晴圆缺。圆月在中国文化中往往象征着团圆、和睦、美满。

（2）象征对故乡、亲人的思念

在中国，人们经常借助月亮表达对家乡、亲人、友人的思念之情。

（3）象征美人或恋情

在古代，人们常以皎洁的月亮衬托女子的清纯与美丽，如"花容月貌""闭月羞花"就是形容女子美貌的。除成语外，中国古典诗词、小说、戏剧中也多有这类描述。

（4）象征人的高洁品质

月亮高高在上，月光皎洁纯净，给人以冰清玉洁之感，因此古人也常赋予月亮以高洁的品质。

（六）体态文化因素

体态文化是指面部表情、身体动作、服饰，以及其他装饰等非言语交际的姿势形态，体态在交际中传递着重要的信息。手势是一种重要的体态文化。例如，在交际中人们常用 V 字形和 OK 形的手势。但需要特别说明的是，相同的手势在不同的国家可能代表不同的含义，同时，在表达相同的含义时，不同的国家也可能使用不同的手势。例如：

翘手指：在英美等国，大拇指倒扣表示不同意、批评与惩罚，而在中国，翘起小指表示轻蔑和反对。

捻拇指：其在英语文化中表示轻蔑、不在乎，但在汉语文化中，它表示满意、兴奋、想出了好主意。

耸肩：在英美等国，耸肩是人们习惯使用的一个动作，表示不知道、怀疑、冷淡或无可奈何，但在中国极少有人使用这个动作。

综上所述，在语言学习的过程中会碰到各种各样的文化因素，学习者只有最大限度地

去了解和掌握这些文化内容，才能更有效地习得语言，提升自身的语言运用能力。尽管各国文化之间存在巨大差异，但在全球经济、文化多元化的影响下，不同文化之间也开始相互吸收、相互渗透。例如，中国生活、学习、工作的外国人的数量越来越庞大，他们学习、了解中国的许多传统文化与艺术，如书法、京剧、武术等，参与中国人的文化活动，在生活习惯、思维方式上与中国人的距离也越来越小。

第五章　认知语言学

第一节　认知语言的概念

一、何为认知

认知是人脑的高级功能，它包括多个层次和多种形式的活动，如感觉、知觉、学习、注意、记忆、推理、思维、语言，以至意识等。

心理学对这些活动有过许多研究，下面是心理学对这些活动的定义。

感觉是客观事物直接作用于感觉器官而在头脑中产生的对事物的个别属性的认识。知觉是客观事物直接作用于感觉器官而在头脑中产生的对事物整体的认识。

学习是个体在一定情景下由于反复的经验而产生的行为或行为潜能的比较持久的变化。

注意是心理活动或意识对一定对象的指向与集中。

记忆是在头脑中积累和保存个体经验的过程。

动作构成行为。行为指个体的反应系统，它由一系列的反应动作和活动构成。

推理是由具体事物归纳出一般规律，或由一般原理推出新结论的思维活动。

思维是借助于语言、表象或动作实现的对客观事物概括的和间接的认识。

意识目前还没有明确的定义。一般认为，在心理内容方面，它包括可用语言报告出来的内容；在心理状态方面，它指清醒、觉察、警觉等；在行为水平上，它指受意愿支配的动作或活动。

由于认知这一过程十分复杂，人们对认知的整体活动有不同的定义。有人把认知与智能或智力等同，还有人认为认知就是心智等。

有这些不同的定义，主要是因为对认知的范围有着不同的理解。狭义的认知指的是人脑处理知识的过程，较广义的认知包括把动物和机器，再广义的认知指智能，而更广义的认知指心智与脑。确切地说，从认知和觉醒、情感意志等心理成分以及它们之间的相互作用集成为心智的整体。

二、何为认知科学

认知科学是研究认知的本质和规律的科学。虽然心理学对认知所包括的各种形式的活

动分别有过许多研究，但是对认知的整体的本质和规律仍然处于初步了解阶段。

人是如何进行认知的？认知所包括的各种形式的活动之间的关系是怎样的？它们又是如何相互作用的？认知和智能是什么关系？认知和心脑又是什么关系……这些都是认知科学需要研究的问题。

由于人们对认知的整体活动有不同的理解，因此认知科学就有各种不同的定义，而且这些看法还随着科学的发展而改变。

"认知科学是研究人类的认知和智力的本质和规律的科学。"这里把认知和智力并列，并且限于人类认知的研究。

"认知科学是研究知识的性质、组成、发展和应用的科学。"这里强调对处理知识活动的研究。

"认知科学是研究人的智能、其他动物的智能以及人造系统的智能的科学。"这里把认知与智能相等同。

"认知科学是研究心和脑的科学，包括人类、动物和机器。"这里把认知研究扩大到心理和脑的研究。

这些定义不同的原因在于它们讨论范围的不同。我们可以从狭义和广义上来理解认知科学。认知科学所研究的范围，狭义的指对脑处理知识的活动的研究，广义的指对智能的研究，包括人、动物和机器智能的研究，更广义的指对心脑的研究。

研究和发展认知科学，在应用方面是要增强个体的感觉和认知的能力，提高工作和学习的效率，并且激发人的创造性。此外，研究人类的认知对发展人工智能有重要意义。

三、认知科学概况

人类一直追求对知识本质的理解。在古代，由于实验条件的限制，认知只是哲学研究的对象。

认知是指感觉输入到转换、简约、加工、储存、提取和利用的全部过程。这本书的出版是认知心理学诞生的标志。

由于多种学科实验技术的发展，尤其是神经科学中对认知过程的无损伤的脑功能成像实验技术的发展，认知科学进展迅速。目前认知科学的研究内容包括认知神经科学、认知心理学、人工智能，以及与认知有关的哲学和社会科学问题等。

四、与认知科学相关的学科领域

认知科学是一门多个学科领域交叉的科学。有许多学科领域对认知科学有贡献，它们是哲学、神经科学、心理学、语言学、计算机科学、人类学及社会科学。

认知科学不仅研究哲学问题，在心理学方面，认知科学注重研究脑内的信息加工问题；在神经科学方面，认知科学注重研究脑内信息加工的脑机制问题。

心理学研究认知活动中心理表征和信息加工，主要指的是从感觉输入到动作输出之间的信息加工。这种研究涉及心理学的许多分支学科，包括认知心理学、临床心理学、发展心理学、社会心理学等。但认知科学与心理学是有很大区别的，心理学不仅讨论认知及其

他心理过程，还研究心理特征，如人格等。

认知科学要研究认知活动的神经基础，例如信息在脑内加工、储存、提取的神经机制，而这些正是神经科学研究的内容。认知科学和脑科学有区别。脑科学主要研究脑的结构和功能，讨论的问题有认识脑、开发脑、保护脑和仿造脑。认知科学和神经科学的交叉，产生了认知神经科学，现在这个科学领域发展很快。

计算机科学用计算的观点来研究认知，例如：研究表征和算法、进行计算机建模，以及设计制造人工智能机等。

神经网络研究和计算机人工智能是认知科学的重要部分，但计算机认知科学的内容要比计算机智能的内容广泛的多。

从上面的介绍可以看到，认知科学是一门交叉科学，涉及多个学科领域，对其进行研究需要不同专业的专家合作。

五、认知的各种研究取向

认知研究中有许多思潮，某一种影响认知研究的思潮，成为认知的一种研究取向。由于认知过程是十分复杂的，因此当代对认知的研究存在许多取向。这些研究取向对认知过程有各自不同的看法，它们对认知研究分别持不同的研究方法。

当代认知研究的主要研究取向有：神经生物学的研究取向、信息加工的研究取向、情境认知（situated cognition）的研究取向、具身认知（embodied cognition）的研究取向和社会认知（social cognition）的研究取向。此外，还有进化心理学的研究取向、人工智能的研究取向、发展心理学的研究取向等。

神经生物学的究取向是用神经生物学的观点研究认知过程，着重讨论认知过程的神经生物学基础。这种研究取向认为，人的认知过程和脑内神经活动有密切关系，因此要了解各种认知过程的不同的神经相关物。这种研究取向关心的问题是不同的认知过程分别是由哪些脑区参与的？以及认知过程中的神经活动等。

信息加工的研究取向是用脑内信息加工的观点研究认知过程。这种研究取向认为，人的认知过程是脑对环境输入的信息进行编码、储存、提取和操作的过程。这种研究取向关心的问题是认知过程中脑内信息加工的方式和机制。

具身认知的研究取向是用心身关系的观点研究认知过程。具身认知的意思是：认知植根于人的身体，体现于人的身体。这种研究取向认为，认知过程是身体参与的，认知依赖身体，和身体密切联系而不能分开，因此，认知过程是具身的认知。这种研究取向强调身体影响认知过程，关心的问题是认知和身体的关系，身体因素对认知过程的影响等。

情境认知的研究取向是用认知与情境相关的观点研究认知过程。情境认知的意思是：认知过程是人置身于实际环境时进行的。认知过程依赖于现实情境。这种研究取向强调，认知过程必须置身于现场情境，而不能把两者分开，因此，认知过程是情境的认知。这种研究取向关心的问题是认知过程和现场情境之间的关系等。

社会认知的研究取向是用社会环境作用的观点研究认知过程。社会心理学认为，人是社会的人，社会环境和人的认知过程有密切的关系。因此要研究社会环境与个体认知过程

之间的相互作用，研究社会与文化对个体认知过程的影响。这种研究取向关心的问题是：家庭、团体、社会对认知过程的作用，以及在社会现场情境中的认知过程等。

进化心理学研究取向是用生物进化的观点研究认知过程。这种研究取向认为，生物学因素如遗传因素对个体的认知过程有重要的作用，强调要研究对生物进化与认知过程的关系进行研究。此外，还研究遗传因素和个体认知过程的关系等。

发展心理学的研究取向是用个体发展的观点研究认知过程。这种研究取向认为，在个体一生中认知能力都在变化，强调要研究个体认知的发展过程，童年期认知和成年期认知的关系等。

人工智能的研究取向是用人脑与计算机对比的观点及人工智能的观点研究认知过程，强调要研究类脑的机器以及机器认知等。

由此可见，当代认知研究中存在着多种研究取向并存的局面。面对这种局面，有必要建立认知研究的统一理论体系，对各种不同的研究取向进行分析并且加以集成，使之成为一种能够从观念和方法上把当代认知研究的不同研究取向集合起来的认知理论。

第二节　语言与认知的关系

语言是人类所特有的、区别于其他动物的本质特征之一，也是促进人类及其大脑进化的重要动力。语言在人类、社会发展、交往、个体认知和人格发展中都有重要的作用。人的学习、记忆、思维等高级神经功能活动也与语言的产生和发展有着密不可分的关系。因此，对语言认知的研究是脑科学的重要分支，也是揭示大脑奥秘的重要途径。自从有了语言后，人类对语言的产生及其与大脑的关系的探究从未停止过。

一、语言认知的神经解剖学基础

（一）大脑皮层语言功能区

语言是人脑皮层和皮层下结构综合功能的表现。与语言相关的脑区在解剖上主要涉及额叶、颞叶和顶叶，从功能上看则有不同的分区法。最常见的分区法是将其分为语言中枢和运用中枢。语言中枢包括运动语言中枢、书写中枢、听觉语言中枢和视觉语言中枢。

（二）与语言认知活动有关的其他脑功能区

1. 皮质运动区

位于中央前回，即 4 区，是支配对侧躯体随意运动的中枢，也称为初级运动区。它主要接受来自对侧骨骼肌、肌腱和关节的本体感觉冲动，以感受身体的位置、姿势和运动感觉，并发出纤维，即锥体束控制对侧骨骼肌的随意运动。该区的下端主要控制头面部，包括口唇、舌等发音器官的肌肉运动，损伤时会导致发音困难。

2. 皮质运动前区

位于中央前回之前，上额叶的中部（6 区），亦称补充运动区（supplementary motor ar-

ea），系锥体外系的皮质区。它发出的纤维至丘脑、基底神经节、黑质、红核等，与联合运动和姿势动作的调节有关，并会迟缓肌肉、抑制运动。电刺激该区可致随意讲话障碍。

3. 初级视皮质区和视相关区

视觉皮质区在距状裂的两唇与楔叶和舌回的相邻部，即 17 区，也称纹状区。视觉信息，包括文字符号等首先进入该区，然后由视相关皮质区进一步处理。后者位于初级视皮质区周围（18，19 区），其功能主要为识别形状、颜色和运动。

4. 初级听皮质区和听相关区

初级听皮质区位于颞横回，隐藏在侧沟（41 区）。耳所接受到的听觉信息大多数被传送到对侧初级听皮质区。听相关区位于上额回（22 区），占整个额叶的上三分之一，是处理像语言、音乐等听觉信息的更高级的功能部位。

5. 听视相关皮质区

位于下颞回后部。下颚回有大量纤维与视区相联系。该区的主要功能是视觉语言处理和唇读（看口唇的形状变化识别其说话内容）。

6. 顶相关区

包括角回（39 区）和缘上回（40 区）。来自顶、颞、枕叶的联络纤维与该区联系密切，与躯体感觉、视觉和听觉感知相关联。

7. 前额区

包括上、中、下颚回的前部（9，10，11，46，47 区），被认为是脑的功能进行最高水平整合的部位，与精神和心理方面的功能，包括个性、智力、情绪、意志、思维等有重要关系，也包括讲话期间的思维。该部位在控制运动中也起重要作用。

8. 前扣带回

前扣带回（24，33 区）与丘脑有着重要的联系，24 区与补充运动区（6 区）及前额区也有很多联系。

二、脑语言认知活动的复杂性

语言包括口头语言和书面语言（文字）。口头语言主要涉及聆听和述说；书面语言涉及书写和阅读。口头语言有韵律、语调、音频之分；书面语言也有字、词、句和形、义的区别。语言活动又是一个复杂的心理过程。它有听觉和视觉的不同人工通道，有输入、输出以及编码、转换、提取等加工步骤，有对字、词、句以及将它们组织在一起的词法和句法的分析和综合。有产生语言和理解语言的加工方面。所有这些语言活动的基础都是大脑神经活动，而对语言的理解又与学习、记忆以及思维等功能相关。由此可见，每一个认知活动都与多个脑功能区的活动相关。

例如，一个词包含形、音、义三种成分。我们在学习这个词时，它的这些特征在我们大脑中就储存了。当再认读时，要经过字形特征的视觉感知—初级和相关视皮层—识别—找到其储存的部位—记忆恢复—语音转换—语义提取—发音器官的组织—语音输出等一系列复杂的加工处理工序，至少与视觉中枢、视觉性语言中枢、运动性语言中枢等密切相关。因此，我们在读一个认识的词时，经历的简单的"先看见再读出"的过程，它包括有

多个脑功能区参与的很多不同水平的信息加工处理程序。

又如同一个词的听写认知过程，首先是将该词的语音特征通过听觉器官的感知到达初级听皮层和听觉相关皮层，然后激活该语音的储存区。使其从记忆中恢复，并提取相应的语义和字形特征。再通过手指运动区，支配相应的神经肌肉群，完成该词的书写。与之相关的神经中枢则主要有听觉、听觉性语言和书写中枢。类似的认知过程还有同一个词先看再默写（认写），或先听再复读（听读）。

在认读、听读时被激活而认写、听写时，未被激活的脑区可能和"读"该词相关；在听读、听写时未被激活而认读、认写时，被激活的脑区可能和"认"该词相关。在认读、听读时未被激活而认写、听写时，被激活的脑区可能和"写"该词相关；在听读、听写时被激活而认读、认写时，未被激活的脑区可能和"听"该词相关。

如果把刺激物"词"变换成名词、动词、形容词、平和的词或让人感到恐怖的词，我们可能会从中发现不同的词类是否具有相同的储存、记忆、恢复的部位，以及带情感和不带情感的认读有何区别。

第三节 认知语言学的研究领域

认知语言学是认知科学的一个分支学科，也是语言学和认知科学紧密结合形成的边缘学科。作为一门新兴学科，认知语言学于20世纪70年代末诞生后便发展迅猛，并成为语言学界研究的一大热点，渐渐地，认知语言学派也成为现今的主流学派。

早在20世纪50年代，生成语法学派就提出从心智的角度研究语言。然后，由于生成语言学研究的基础是纯心智主义，而认知语言学家研究的基础是经验主义哲学或非客观主义的经验现实主义哲学，在强调认知的同时，还强调语言的体验性。

根据研究范围和研究方法上的差别，可将认知语言学分为广义和狭义两种。广义的认知语言学指一切从人的大脑和心智的工作原理来解释语言运用的认知能力和知识系统的语言学研究；而狭义的认知语言学则专指以拉科夫、兰盖克为代表的一批学者所进行的，有自身特点的认知语言学的研究。

一般来说，认知语言学有两个组成部分，其一是兰盖克始创的认知语法。认知语法认为，句法不是一个自治的形式系统，它与语义、词汇关系密切。也就是说，词汇学、句法学和语义学是一个连续体。其二是拉科夫倡导的认知语义学。认知语义学主要研究的是人类的概念结构，由于人们在体验的基础上通过认知加工形成一定的概念结构，因此要想对概念结构的组织方式做出解释，必须借助人类的基本认知方式。由于空间概念是人类认知的关键，因此探索语言所体现的人类认知的空间基础就是认知语义学的目标之一。此外，认知语义学还致力于揭示词素的不同语义之间通过隐喻或转喻拓展所形成的关系网。

认知语言学蓬勃发展，特别是在美国已形成了两个学派：一是以兰盖克为首的"圣地亚哥学派"；另一个则是以拉科夫、菲尔墨（Charles J. Fillmore）等为首的"伯克利学派"。这两个学派的语言学家先后提出了若干种重要的理论方法，为认知语言学的发展提

供了理论基础和研究方法，极大地促进了认知语言学的发展。这些理论主要包括：菲尔墨的框架语义学、兰盖克的认知语法、拉科夫的认知语义学、福克尼（Gilles Fauconnier）的心理空间理论、菲尔墨等的构式语法等。

目前，国际认知语言学协会已经召开了 10 次研讨会，而地区性的认知语言学会也相继开始成立。20 世纪 90 年代初，开始有学者将认知语言学的理论和方法介绍给国内学界广泛响应。进入 21 世纪后，国内多所院校多次邀请蜚声国际的认知语言学家前来举办认知语言学讲习班，并通过召开研讨会的方式积极推进国内认知语言学的发展，使之与国际接轨。目前，国内这方面的论文数量正在稳步增加，并已经出版了多部认知语言学专著。我们相信，随着时间的推进和科技的进步，这门新兴学科一定会取得更广泛而深入的发展。

第四节　现代语言心理学

心理语言学是研究语言使用和语言习得的心理过程的一门科学。该学科运用心理学的理论和方法，通过观察和实验，对语言现象、语言活动和语言行为进行分析研究。心理语言学源于心理学与语言学的结合，并与许多学科有密切的关系，如信息论、认知科学、神经科学及人类学等。作为一门独立学科，心理语言学只有半个多世纪的历史。

心理语言学在发展初期主要得益于三大理论：一是以美国著名心理学家华生（J. B. Watson）和美国行为主义心理学家斯金纳（B. F. Skinner）为代表的行为主义理论；二是以美国语言学家布龙菲尔德为代表的结构主义语言学理论；三是以美国数学家香农（Claude Shannon）为代表的信息理论。在早期心理语言学主要是以行为主义为主导的，但到了 20 世纪 50 年代末 60 年代初，乔姆斯基提出了转换生成语法，用心灵主义来替代行为主义对于语言的解释，主张必须通过观察语言的方式来对人的心理活动进行了解。70 年代，心理语言学受到认知科学及人工智能发展的影响，提倡运用实验来探索语言的本质，使之与语言学不再产生联系。80 年代，心理语言学又重新利用语言学理论提供的语法规则来对句法结构和心理过程的关系进行探讨，并在一定程度上受到了连接主义的影响。90 年代以后，引入了大量先进的实验手段，如计算机模拟人脑思维等方法，使心理语言学的研究不断深入。

心理语言学研究主要涉及以下几个方面：

第一，语言的使用，包括语言的生成、感知与理解，这通常被称为实验心理语言学。

第二，语言的习得，主要包括儿童如何习得母语及个体早期言语的社会化问题，这通常被称为发展心理语言学。

第三，如何通过计算机手段来模拟语言的心理过程，即计算心理语言学。

第四，如何在其他领域中运用心理语言学的研究成果，即应用心理语言学。

经过多年发展，心理语言学已形成了一整套有理论有方法的科学体系。常用的研究方法有自然观察、实验和计算机模拟等。心理语言学强调实证研究，常常采用心理测量的方

式进行研究，并运用现代统计方法来分析实验结果。

　　心理语言学与外语教学有着不可分割的关系，前者指导后者，而后者又对前者有反馈作用。要使外语教学研究不断深入下去，心理语言学是必不可少的，原因在于该学科经常使用"实时"或"在线"的方法来对语言的处理过程进行观察。通过这些实验，能够对外语学习者的复杂的思维过程有更加全面深入的了解，能为研究和分析外语学习过程中的心理特点和认知规律提供依据。

　　自20世纪70年代末心理语言学被介绍到中国以来，经历了消化吸收、起步和快速发展三个阶段，在语言感知、心理词库、句子理解和篇章理解等方面取得了可喜的成果，这些成果已被广泛运用到我国外语教学实践之中，正有力地推动着我国外语教学的发展。

第六章 英语语言知识教学艺术

第一节 词汇教学策略

一、英语语音教学

(一) 语音的性质和语音教学的意义

1. 语音的性质

语音是语言的物质外壳。它同自然界的其他声音一样，产生于物体的振动，具有物理属性。语音是由发音器官发出的，又具有生理属性。语言的各种意义要靠语音来表示。用什么样的语音形式来表示什么样的意义，不是由任何个人来决定的，而是由社会全体成员约定俗成的。语音形式和意义之间没有必然的联系。所以说，语音又具有社会属性。

2. 语音教学的意义

语言是人类最重要的交际工具。语言有口头和书面两种形式。而这两种形式中，口语是基础，书面语是在口语的基础上产生和发展起来的。所以说，有声语言是第一性的。有声语言是在人类历史上帮助人们脱出动物界、结成社会、发展自己的思维、组织社会生产、同自然力量作胜利的斗争并取得我们今天的进步的力量之一。语音给语言以物质外壳，没有语音，语言就不能得到体现，就不能达到交际的目的。人们学习母语首先是学会有声的语言。学习任何一种外语，虽然不能说必须先学会口语，但必须先学会语音。不学会外语的语音，就谈不上学会这门外语。语音教学是外语教学的启蒙阶段，语音关是外语教学的第一关，是学好整个课程的总前提。只有在学好语音这一前提下，才能学好其他外语知识和技能。所以说，语音教学效果的好坏，关系到整个课程的成败。从以下几种关系也可看出语音教学的重要性。

(1) 语音同语法的关系

语音同语法有着密切的关系。许多语法现象都是通过语音来体现的。在同一单词中，由于语法作用不同，发音也往往不一样。如动词 read，作为动词不定式或一般现在时，第三人称单数除外，应读作/ri：d/，而用作过去时，则读作/red/。

(2) 语音同词汇的关系

词汇教学一般采用由音到形再到义的顺序。音是学生接触一个词的最初印象，如果读

不出音就记不住形，无音无形就谈不义。因此，要想学好、记牢一个单词首先应把音念准。英语音位有区别词义的功能，如果读音不准，就会造成表情达意的错误。如将单词重音读错，也会造成词义的混乱。如 object 词义是物体或目标，而 object 则是反对的意思。英语语调也是如此，有时同一个句子，语调不同就表示截然不同的感情和态度。美国著名语言学家弗里斯（Fries）在谈到语调的重要性时说，重要的不仅是你说什么，而是你怎样说。正如汉语中所说的"听话听声"一样。如不正确地掌握语音、语调，就不能很好地进行交际。

（3）语音同听、说、读、写的关系

语音是学好语法和词汇的基础，同时也是提高听、说、读、写四种语言能力的关键。只有发音正确才能听懂别人的话，也才能被别人听懂。从宏观语言学的观点看，听、说是个连续的过程，读、写也是个相互渗透的过程。能力的训练应是在交际活动中同时进行。语音阶段打不好基础，单词的读音就会有困难，单词不会读或读不准，就会直接影响单词的记忆和积累。而词汇量少，阅读也就有困难。如果不能把单词的音义结合起来，也会影响听力的提高。听说能力的提高不仅有利于巩固所学的语言知识，而且也有助于提高读写能力。英语教学实践证明，英语基本知识的获得和英语基本技能的提高，都同语音有很大关系。因此，从一开始就应对学生进行全面严格的语音训练，使学生打好语音基础。

（二）英语语音理论

语音教学离不开语言理论。我们通常所说的语音理论主要包括两个方面的内容，即语音学（Phonetics）和音位学（Phonology）。语音学是研究发音过程及声音本身的生理、物理特征的学问。通过对语音学的研究，可以了解语音是怎样形成的，怎样分类的，以及它们在不同的语音环境中是怎样变化的。音位学则是以特定的语音变体的语音系统为研究对象，从功能上探讨该语音系统中不同的语音成分间的相互关系。音位学以语音学为基础，而语音学又要靠音位学才能在具体的语言研究中起作用。在目前的英语教学中，语音内容的安排基本上是以音级音位为框架，对各音位的发音部位、发音方法及特征等不同语音体现方式进行描述，在此基础上，再对超音段音位（包括重音、节奏、语调等）进行描述。在这种语音教学模式里，语音学和音位学的应用，始终是交织在一起的。这就要求教师既要有足够的语音学知识，又要懂得足够的音位学理论。近年来，语音理论的研究发展很快，不但语音研究的范围扩大了，而且还出现了一些不同的语音理论学派。除过去那种单纯分析发音器官、发音过程变化的生理语音学外，还有进一步研究语音的物理性质及其他跟发音器官和发音方法之间有关系的物理语音学，又有专门研究探讨大脑如何使人发出语音和接受语音的心理语音学。在音位学方面也出现了很多理论学派。有琼斯（D. Jones）的音位理论，有布龙菲尔德（Bloomfield）学派的音位学，有布拉格学派音位学，有弗斯（Firth）的韵律音位学，还有乔姆斯基（Chomsky）学派的生成音位学。音位（Phoneme）这一概念，最早出于书面记录和学习语言发音的需要，在制定宽式音标体系的理论探讨中出现的。因此可见，音位理论从一开始就与语音教学结下了不解之缘。音位是一个语言中能够区别意义的最小语言单位。一个音位是从语音上相似但又不完全相同的一组音中抽象概括出来的。音位作为一个抽象的单位，在各种语音环境里有不同的语音体现，这些不同

的语音体现称之为"音位变体"。

同语音教学关系较大的音位理论有两大学派，即伦敦学派和美国布龙菲尔德学派。21世纪初，伦敦学派的琼斯按发音部位和发音方法的生理特征，对元音和辅音加以分类和定义。他的音位理论是用来分析元音音段和辅音音段的。他认为，音位的概念不应把元音和辅音之外的语音特征也归入音位学的解释范围。而美国的布龙菲尔德学派音位学则认为，单有元音音段和辅音音段音位还不能完全满足标音的需要。于是，他们根据结构主义语言学形式分类描述方法，扩展了音位理论，即在原音段音位的基础上又创立了新的音位类别，通称"超音段音位"。上面我们所述及的传统语音教学框架模式，实际上就是以琼斯音位学和布龙菲尔德音位学理论为基础的。这种产生于结构主义语言学的音位学理论虽不太完善，但它简明易懂，应用于语音教学方便实用。

（三）语音教学原则

1. 多听、勤模仿

语音是语言的外部形式，语音的学习是通过视觉、语言听觉和语言动觉的协同活动来进行的。语言听觉也叫语音听觉，是人们从小就在社会环境影响下发展起来的，是形成口头语言的重要因素。对语音特性的正确知觉是辨别词义、语义的先决条件。学生接受教师传授的语言知识，首先是通过对教师语言的语音听觉途径来实现的。语音听觉能力差，就无法正确理解语义，因此也就无法掌握语言所代表的知识。由此可见，语音听觉是学习语言的重要环节。教师应注意不断发展学生的语音听觉能力。对语音系统的学习主要是靠听和模仿。学习的好坏在很大程度上取决于听准教师的发音能力和准确模仿教师语音的技能，也取决于学生对语音、语调进行反复练习的耐心和恒心。要做到多听多模仿，必须要有相应的语言环境。不论是在中学还是在大学，教师都是重要的模仿对象。教师的语音、语调不好，势必要影响学生。因此，教师的语音、语调必须要纯正，要基本接近英语本族人的口音。在英语语音书上我们常看到这样一句话，没有受过语音学训练的口语教师就像一个没有受过解剖学训练的医生一样无用。这说明，教师本身必须要经过语音、语调等方面的系统训练才行。当然，学生除模仿教师的语音、语调外，还可听英语本族人录制的录音磁带、唱片等。听音和模仿最好要在教师的指导下进行。教师可帮助学生选择合适的听音材料，在听的过程中可帮助学生解决听力理解上的困难。

语音教学单靠听音和模仿也还是不够的，还必须辅以适当的语音理论知识的讲解。要把语音知识同语言的实际操练结合起来。只让学生模仿，虽可学会外语，但所需要的时间太长，而且学生对所学外语缺乏整体了解，最终会影响到对语言的使用。只讲理论知识，不开口动手，则学不会实际使用的外语。因此，必须将听说模仿练习同适当的语音理论知识讲解结合起来才能取得最佳效果。

2. 重视比较、对比

在英语语音教学中，比较、对比也是行之有效的方法之一。当代英美国家新兴起的"应用语言学"十分重视对英语和外国学生母语的语音进行对比分析。通过种语音的对比分析和对比练习，可使学生弄清两者之间的异同，从而做到自觉地避免和纠正语音错误。进行这种对比的理论依据是教育心理学上所说的迁移理论。这种迁移理论是指将已学到的

知识、技能、习惯、态度等应用或转移到新知识、新技能的学习上去。学习者母语的发音习惯有的可以直接用于所学的外语的发音中，这在教育心理学上叫做正迁移。在进行英语语音教学时，只要教师善于利用母语的有利因素，在书写和发音方面适当地进行双语比较，让学生结合母语规律记忆，把汉语的已知迁移成英语的已知。这样，英语语音教学就会出现事半功倍的效由于各民族的语言的发音都有差异，难免不产生负迁移的作用。这些负迁移正是语音教学的难点和重点，很值得注意分析和研究。中国学生学习英语语音时，这种负迁移的作用大体有以下几种情况：

第一，汉语中元音无长短之分，而英语的元音则有长短之别。

第二，形似而音异。如把汉语的（e）常误认为是英语的/e/。

第三，汉语辅音单独发音时常带一个元音。初学英语者也常习惯地在每个英语辅音后加上一个响亮的元音。这种负迁移是客观存在，教师要在发音要领上讲清楚，使学生明白它们的根本区别，让学生多模仿，使之养成正确的习惯。这种比较，自然也包括重音、节奏和语调等方面的比较。除双语比较外，英语语音本身的对比也很重要。

3. 通过语流教语音

在英语语音教学中发现，刚进入高校的学生朗读和口头表达能力普遍较差。其中问题较多的是重音，特别是语句重音。由于学生对句重音掌握不好，所以读起来就毫无节奏感，根本形不成语流，调子也是南腔北调。这是在中学阶段，只重视单音教学而忽视句子整体教学所造成的。在语音教学中，虽然发音很重要，但也不能就音论音。那样既不符合统筹原则，也不能真正练好音。英语语音教学应以整体结构的方式进行。从整体结构的观点来看，发音中的重要问题并不只是能不能正确地发出一个单音来，而是在对象语言中出现这个音时，如何很好地构成声音的语流，符合上下文的要求。一个单音对学习者来说可能并不困难，但如果它出现在一个不熟悉的上下文中，就觉得发准这个音就像是发一个完全新的音一样困难。所谓读音绝不只是正确地发准单音的能力。一个单音的发音错误很少能影响交际。词并不是经常孤立存在的，它们总是包含在语流之中。连贯性说话的语音与一个个单词的语音是不同的。为了使自己的发音被人所听懂，学习者就必须掌握语流中的发音特点。语流是由音、律、调结合而成的。音是指单音、单词和语句的发音；律是指节奏，即指发音的轻重、长短、快慢等现象；调是指语调，即语句的升、降和平调。音、律、调构成了英语的腔调。传统教学法是把音、律、调分割开有以下几个原因：

第一，单词重音和句子重音不同。在读孤立的词时，每个单词都有自己的重音，但在句子中，有些单词就失去了自身的重音。

第二，单词和句子的节奏不同。

第三，单词和句子的调子也不同。在读一个孤立的单词时，可用升调或降调，单词的意思都不会改变，但在句子中，不同的调子却表示不同的意思。教师可根据单词和句子的这些不同特点，把单音、单词和句子教学结合起来进行。使单音在词和句中得到反复练习，使之达到"定型"。单音也只有在有意义的群体中才有学习的价值和兴趣。

二、英语词汇教学

(一) 词汇教学的意义

词汇是语言的三大要素之一，是语言的建筑材料，离开词汇，语言就没有什么实际意义。从对语言的掌握熟练程度来讲，在很大程度上也是取决于对词汇的掌握情况。这可从对语言的理解和表达两个方面来说明。从对语言的理解方面来看，语义关系比语法关系显得更为重要。如果词汇贫乏、词义混乱，就不能对一篇文章很好地理解，也不能准确地听懂别人的话。若从表达思想来看，没有语法，人们表达的事物寥寥无几，而没有词汇，人们则无法表达任何事物。由此可见，词汇教学在语言教学中应占有相当重要的地位。多年来，由于结构主义语言学的影响，在我国的英语教学中，过分地强调了语言结构和语言形式，而忽视了语言交际能力的培养。在词汇教学中，这种指导思想体现为把词汇教学从整体语言教学中游离出来，脱离语境，孤立地对单词的发音和词义进行操练。有的还不分阶段地选一些重点词，并对其词义和用法进行过多、过细地讲述。这种脱离语境地过多扩展，其结果必然会使学习者造成囫囵吞枣，食而不化的情况。我们应该把词看作是活的、生动的、变换的，应在句中掌握其用法。

有的人只重视语法学习，而忽视对词汇的学习。他们认为，单词不会可以查词典。这种想法对学好外语是不利的。我们知道，词汇是语言的内容本质，缺乏词汇犹如无米之炊。词汇量太少会造成理解和表达的障碍。有些学生占有较大的词汇量，在理解和表达方面都表现出极大的优势，也表现出他们较强的学习自信心，学习外语，只有学会并掌握足够数量的词汇，才能进行语言交际，才算是真正学好了外语。

(二) 词汇教学研究的历史回顾

词汇教学研究经历了几个时期的变化，但长期没有引起语言学家的足够重视。尽管80年代对词汇教学研究的兴趣有所增长，但同语音、语法教学研究相比仍有很大差距。词汇教学一直处于"灰姑娘"的地位。其原因主要是语言教学研究过多地集中于句法和语音方面，因此，人们觉得英语词汇教学是英语教学中一个无关紧要的领域。所以人们很少对词汇教学进行研究。奥格登和理查兹所设计的《基础英语》试图为学习者提供一个850个英语词汇最低限度表来简化语言学习，并使之合理化。但850个基本英语词汇不只是表达850个意思。据统计850个基本英语词汇可表达12425万个意思。哪一个重要？哪一个该先学？这些都是个问题。总的来看，基础英语词汇表的研究，对英语词汇教学起了很大的推动作用，使英语词汇教学研究者的注意力由随文、随机地学习英语词汇转向了对英语词汇的选择和控制，加强了英语词汇教学的目的性和目标性。韦斯特的《一般实用词表》是在对30年代有关词汇选择的主要文献进行研究的基础上，根据词义和词频选出了2000个词汇。1936年出版了《词表》，1953年又进行了修订。韦斯特的《词表》同奥格登的《基础英语》都沿着同一方向前进，并得到了发展。而韦斯特的《词表》影响较大，至今仍在广泛应用。韦斯特关于词表限定的观点，是设计《朗曼当代英语词典》的主要原则之一。学生学会2000个基本词，便可认识一般文章中的80%的词汇。但韦斯特的《词表》在某种程度上有些过时，有些当代所用的基本词汇没有包括进去。尽管如此，韦斯特的

《词表》在词汇教学研究中仍是 21 世纪最有创新的范例之一。

20 世纪 40 年代至 60 年代，忽视词汇教学的现象一直占统治地位。这主要来源于一些美国的语言学家，并集中表现于弗里斯的《英语外语教学》。弗里斯把语言学习者对词汇的关注归属于他们对母语学习的朴素记忆——学习经历。他认为，学习一种新语言最重要的不是掌握词汇，而是要掌握语音系统和语法结构。结构主义、对比分析和行为心理学产生了听说法。他们仿效弗里斯的观点，反对教太多的词汇，提倡掌握结构。他们的主要论点如下：

第一，很难预料学习者将需要什么样的词汇。

第二，过多关注词汇会给学习者一个印象，就是语言学习只是词汇积累。

第三，过多地教词汇会造成记忆踌躇。

第四，第一语言习得，在掌握结构模式之前，所需的词汇不多。

这种观点，多年来影响着大西洋两岸。20 世纪 60 年代出现的以乔姆斯基为代表的转换生成学派也只是更加强了这一观点。他们认为词汇只是外缘的、不重要的东西，是对不同序列语法的不规则刺激。直至 20 世纪 60 年代末，词汇作为一个语言教学侧面，仍未占据应有位置。关于教授大量句法、轻视词汇教学的观点基本上没有受到挑战。20 世纪 70 年代，反对不重视词汇教学的观点的呼声响彻大西洋两岸。其中首屈一指的杰出人物是威尔金斯，他确定词义为功能大纲的中心地位。他认为，只学词汇，少学或不学结构，对学习者来说是无用的，但如果只学结构不学词汇同样也是无用的。他特别强调了词义的重要。他说，词义一方面可以帮助我们理解翻译过程，另一方面还可帮助我们对词汇进行编组，学习词义关系还可使我们了解全部同义。1972 年至 1973 年，对中级阶段词汇的扩展进行了讨论，托德尔发现在词汇教学中的一个倾向是词汇教学只是按词频等标准来选择词汇，这不可能把学习者所需要的词汇全教给他们。所以说，教给他们猜测的方法是很重要的。这会使学习者解决一些未知词，从而减少对词典的依赖性。这是把词汇学习看成是语言技能的开始，也是把词汇学习的责任移向学习者的开始。20 世纪 70 年代中期，对于词汇和学习任务之间的关系也有了进一步的探讨。要通过广泛阅读来扩大词汇量，不能把词汇看成是听读的附加品。要在自然的语言环境中学习词汇。孤立地学习词汇是记不住的。一个词的全部意义只有在实际语言环境中才能真正学会。

20 世纪 70 年代末，词汇教学已步入成年，在语言学习中的地位得到了进一步的坚持和肯定。作为语言教学的一个侧面，词汇教学发挥着它应有的作用。

（三）词汇教学原则

1. 词单位教学和句单位教学相结合

在英语词汇教学中，应尽量避免孤立地记忆单词，要把词单位教学同句单位教学紧密结合起来。词单位教学是整个词汇教学的基础，而句单位教学又是词汇教学的进一步发展，是词汇意义的具体体现。单词只有在组成句子和连成话语之后才能实现其交际功能。词脱离开句子就很难理解其确切含义，也就很难掌握其具体用法。正如语言学家弗斯所说，"每一个词当用于一个新的语境时，就是一个新词"。在英语词汇教学中，有些人往往习惯于孤立地教单词，在让学生死记硬背的基础上，再按一定的语法规则组成句一子。这样会使学生感到枯燥无味，甚至会将词用错。除了将词、句教学结合在一定语境中记忆单

词外，我们也并不绝对排除必要的"死记"。有时为了尽快地扩大词汇量，我们也常花费很大的精力来"死记"一些单词。但我们应以词单位教学和句单位教学相结合为主来学习单词，要尽可能地创造条件，在情景中、在语流中学习词汇。

2. 词的音、形、义相结合

词汇教学一般包括音、形、义3个方面。这3个方面都不能忽视，只有将这3方面有机地结合起来，才能使学生产生联想，准确掌握词义。词的读音是词的外壳，没有词的声音就谈不上词。在词汇教学中，应把学生的注意力始终引导到词的语音形式上来。特别是在初级阶段的词汇教学中更应如此。如果读音不准就会造成表情达意的错误。词形是指词的拼法或书写形式。在初级阶段的词汇教学中，可首先建立音义的结合，词的拼写形象可稍推迟一步。但这并不是说词的拼写不重要，只是在不同的阶段要突出不同的重点。掌握词的拼法是记忆单词和读准单词的重要条件。词义是指词所表达的概念。在词汇教学中，音义的结合是首要的。如果词义含混不清，就会直接影响交际。只有将音、形、义结合起来，才能达到正确地诵读、书写和理解，进而正确地应用。

3. 正确处理积极词汇和消极词汇的关系

积极词汇通常是指要使学生既能理解又能正确运用的词汇。这些词汇主要是培养学生说、写所需要的。在教授这些词汇时，可多花费些时间，通过例句进行大量练习，使学生真正掌握其用法。消极词汇一般是指学生能识别、理解的词。这些词主要是培养学生的听、读能力所需要的。在教授这类词时，可适当少用些时间，或仅让学生在上下文中猜测词义。教师可采取多种手段使学生掌握较多的积极性词汇和一定数量的消极性词汇，来满足听、说、读、写的需要。另一点需要注意的是，词汇本身并无积极和消极之分。它们不是一成不变的，在一定条件下可以相互转化。如果不经常复习、巩固，积极词汇也可能变成消极词汇。我们应尽力防止积极性词汇变为消极性词汇。

三、英语语法教学

（一）语法教学的意义

语法是语言的一个重要组成部分，是语言的组织规律。语法赋予语言以结构形式，并向读者提供词形变化、遣词造句的方法。在任何语言里，不论是语音系统还是语义系统，都同语法有着不可分割的联系。我们在学习语言时，无时不受语法规则的支配。语法教学能使语言材料输入更易接受，语法知识能帮助学生切分语言信号，使其成为可理解的单位，能帮助学生证实对目标语语法不自觉的假设。由此可见，英语语法教学，应成为英语整体教学的一个重要组成部分。随着交际教学法的广泛应用，许多教师和学生对语法教学抱着矛盾的心理，他们既承认掌握语法体系是取得学习进展的重要条件，而同时又厌烦语法，认为语法与学生在真实情景中的交际能力不一定有什么必然联系，把语法教学同交际法的应用完全对立起来。究其原因，是与误解语法性质有关。语法规则是从大量的实际使用的口语和书面语中抽象出来的，它是不断发展变化中的语言现象的科学概括，而不是停滞不前、脱离实际的僵死教条。语法学习不是目的而只是手段。交际法不排斥语法教学。相反，语法虽不是语言交流中心组织原则，但它是构成交际的重要组成部分。没有语法结构的句子是一种无意义的信息。在学习过程中，学生会运用他们所掌握的语法知识，去寻求他们所需要的信息，并创造他们所需要表达的语言。那种对语法教学横加指责，认为语法教学不教意义的观点是错误的。一个外语学习者，如果只学会了发音，认识了不少单词，但不知道遣词造句的语法规则是不能表达思想、传递信息或了解和接受别人信息的。况且交际能力也不仅指一般传递信息的能力，它还指在特定语境中，能恰如其分、不折不扣地传递信息的能力。从这个意义上说，语法的精确性也是很重要的。语法能力已被认为是学习者习得交际能力的必要条件。因此，为了交际，学生必须要掌握必要的语法知识，只有这样，才能保证交际渠道的畅通。

（二）语法教学研究的历史回顾

语法教学在外语教学实践中经历了漫长而曲折的过程。中世纪，拉丁语是欧洲文化教育、著书立说的国际语言，也是教会和官方使用的语言。当时人们学习拉丁语的主要目的是为了阅读用拉丁文撰写的书籍，特别是阅读一些科技书籍和欣赏古典文学作品。在学校里，拉丁语是一门必修课。学习拉丁语的方法是以语法为基础，学生学习拉丁语主要是学习和操练语法规则、词的变化规则等。这派代表人物是德国的语言学家奥朗多弗。他主张学习外语要先背熟语法规则和例句，然后，通过翻译练习巩固语法规则。他认为只有在理解语法的基础上才能阅读、翻译原文。这种拉丁语的教学方法在外语教学中，称为"语法—翻译法"。它在传统的外语教学中占据中心地位。到了 19 世纪欧洲曾盛行规定语法（Prescriptive Grammar）。它以拉丁语法为模式，以书面语为研究对象，强调语言的规范化，订立了浩繁的语法规则。这种语言理论认为，"词"是语言的基本单位。因此，规定语法主要是研究词法。20 世纪初，出现了以耶斯拍森、斯韦特、波兹玛等人为代表的描写语法（Descriptive Grammar）。描写语法的主要特征是：它以现代语言为研究对象，记录它的实际用法。它不仅注意形式，也注意语义，既研究词法，也研究句法。它内容丰富，包含面广，例证充分。

描写语法学家不像保守的传统语法学家那样只研究"正确"或"准确"的英语规则，他们还进一步调查了主要英文著作，从而确定了不同作者使用英语的方法。他们在修改繁琐的、未经实践过的语法概念方面取得了显著成果。这些历史语法学家为后来美国描写语言学家的研究工作铺设了道路。但耶斯拍森等人仍以书面语为研究对象。新中国成立前后的英语教学多受这一语法学派的影响。本世纪 50 年代末，结构主义语法传入我国，这是一种以行为主义心理学的刺激 - 反应论为理论基础的语言学理论，起源于美国。其代表人物是布龙菲尔德、弗里斯、沙皮尔、派克等人。他们把以前的语法统称为传统语法。他们认为口语是第一性的，书面语是第二性的。反复操练，培养言语习惯，形成外语熟巧是外语教学第一位的任务，语言知识的传授是第二位的。要求学生首先要在操练语言的过程中掌握语言材料，建立感性认识，然后再在感性认识的基础上讲解语法规则。讲解语法规则也必须是在一定的情景中进行才有助于语言习惯的形成。语言习惯形成的最根本条件是模仿和操练。他们重视生活中的语言，提出语言教学的目的不仅是认识语言，更重要的是教会人们使用语言。这种理论克服了语法脱离实际这一缺陷，从而确立了口语训练在教学中的地位。结构主义语言学在描写、分析活的语言和研究外语教学理论方面做了大量的工作。句型教学对初学英语的人来说的确效果显著，但有限的句型无法概括所要表达的千变万化的思想，也无法预见和适应各式各样的语言环境。因此，仍不能获得理想的教学效果。

20 世纪 60 年代末，出现了以乔姆斯基为代表的转换生成语言学派。乔姆斯基同其他美国语言学家在运用转换生成语法理论。解释英语体系方面取得了惊人的进展。他们认为语言学习是一种认知心理创造活动。每个学习者都生来具有一种学习语言的机制，教师的作用就是去启发这种机制。乔姆斯基在其《句法理论诸方面》一书中论述说，生成语法论证的是，它可以无限地利用有限的表达手段。他认为语言是受规律支配的体系。人类学习语言绝不是单纯模仿、记忆的过程，而是创造性活用的过程。乔姆斯基认为，语言的生成性是客观存在的，一个人只要掌握有限的要素和规则，就能说出许多新的句子。语法就是生成句子的装置。语法既是转换的又是生成的。“转换”指的是这样一条规则：如果需要把一个句子由简单、主动或陈述的形式变为转复杂的句子，就需要重新排列句子中的各个成分。“生成”就是由有限的规则和要素，生成无限的句子。乔姆斯基把人的语言知识或说话能力设想为一套规则系统，这套有限的规则系统，产生语言中无限的潜在句子。这就是语言的生成。乔姆斯基给语法下了这样一个定义：“我想用‘生成语法’这一术语来说明上面描写的语言理论，即确定所讨论的深层和表层的规则体系二者的关系、深层的语义表达方式以及表层的语音表达方式。归根结底，语法是在语音和语义之间建立关系的规则体系。”转换生成语法比传统语法或描写语言学更加理论化，更富有挑战性。它利用了前两种语法的某些概念和方法，是在此基础上发展起来的。

20 世纪 70 年代后期，出现了以意念为纲的交际语法。它以语言功能项目为纲，以培养语言交际能力为目的。交际语法既是一种语言交际能力语法，又是一种语言行为语法。我们可以说，交际语法把语法研究同语义、语用和文体融合起来，这是交际语法的一大特点。交际语法是一种适合作为英语教学基础的语法。只有在与真实的交际情景十分接近的条件下，学习语言和语法才能取得最佳效果。语法理论的不断发展，也是人类对语言本身认识的进展。随着人类对自己认识的日臻完善，语言理论，以及与之相适应的语法理论日趋完善。

（三）语法教学原则

1. 实践性原则

语法教学在整个语言教学中占有重要地位，但我们应该清楚，学习语法并非目的，而只是培养语言实践能力的桥梁。学习基本语法知识的目的是更好地进行听、说、读、写语言实践能力，进而达到交际的目的。因此，语法教学必须突出其实践性原则。以实践为纲，以技能训练为核心，把语法知识的传授同语言技能的培养结合起来。不能把语法课上成纯知识课或理论课。我们现在的语法教学虽在不同程度上做了一些改进，但就其总体来看，仍属传统语法教学。他们只重视知识传授，不重视技能培养，只告诉学生应该怎样或不应该怎样，而忽视语法的交际功能。在授课时总是语法领先，条分缕析。教师在课堂上讲得头头是道，而学生在下面却打盹睡觉，把语法课变成了枯燥无味的“牧师讲道”。

语法应遵循精讲多练的原则。在讲语法规则前，可给学生提供大量例句，先增强学生

的感性认识，在此基础上引导学生归纳出语法规则，然后再运用规则进行大量实践练习。通过大量实践练习使学生形成新的语言习惯。英国语言学家韦斯特在谈到语法教学时说，"语法是药品，不是食品"。这话说得颇有道理。当然，我们并不否认必要的语法知识讲解，因为它有助于调动学生的理性思维，从而也能促成新的信号系统的建立，但是我们绝不能把语法当作"食品"。大量的"食品"应是原始语言材料。学生应从原始语言材料中吸收丰富的养料，获得外语语感。

2. 词法、句法相结合的原则

在语法教学中，应遵循词法和句法相结合的原则。在词法和句法的关系上应以句法为主，以句法带词法并以词法来加深对句法的描述和理解。我们侧重句法的原因还在于英语的词形曲折变化不像其他一些欧洲语言那样复杂，它们的词和词的意义关系主要是通过句中的词序来表示的。因此，英语语法在不忽视词法的前提下应以句子为中心。我们要重视句法，但又不能局限于句法。我们还要注意连句成篇的章法，注意其使用场合。语法教学不仅要向学生传授语法知识，还要帮助学生如何在具体场合恰当地使用语法。过去有的人曾认为，只要掌握了语法、词汇、语音、语调，就等于掌握了所学语言。这种看法是片面的。学会了一些语言知识并不等于会在具体社会交际情景中恰当地使用这些知识。

3. 对比原则

在认识事物的过程中，人们总喜欢对事物进行纵横比较。纵的比较一般是指对同一事物的各个发展阶段、不同过程或不同部分进行比较，以求对事物的系统认识，从而更好地掌握该事物；横的比较则是指对两种不同事物的比较，其目的是在揭示两个不同事物的矛盾和彼此间的联系，把握它们的共性和个性。这种对事物进行观察、分析和比较也是英语语法教学的一个重要原则。

（四）语法教学的方法

1. 归纳法

归纳法是一种由具体到抽象，由个别到一般，由感性到理性的方法。在英语语法教学中，它是一种重要的方法。归纳法可以用来阐述所学专题内容，帮助学生形成语法概念，指导学生运用语法规则进行语言实践。归纳法实际上就是"实践—认识—再实践"的过程。运用归纳法教授语法，一般采用以下几个步骤：①展示标准词、句先提出具有典型性的例词或例句，让学生进行观察，认识熟悉语言材料；②对例词或例句进行分析对比，找出它们的共同特征；③在具有一定感性知识的基础上，在教师的启发指导下，让学生自己归纳总结出语法规则，最后由教师加以补充或纠正。

2. 演绎法

演绎法是一种由抽象到具体、由一般到个别的方法。教师先讲授语法概念、结构，使学生对语法结构先有一个较清楚地了解，然后再通过例句进行论证、说明。演绎法是一个由"认识—实践—再认识"的过程。

第二节　听说教学策略

一、听说读写四种技能的关系

英语教学的根本目的，是通过对基本知识的传授，和对学生进行全面、严格的基本技能培养，达到能够熟练地运用语言，进行交际的目的。交际是个一系列的理解和表达的过程。听、说、读、写是使用语言的 4 种形式。为了更好地培养这 4 种技能，我们必须处理好它们之间的关系。人们常从不同的角度对这 4 种技能进行分类。即口头语言能力（听和说）和书面语言能力（读和写），或吸收能力和表达能力。吸收理解语言主要是通过听和读两种形式，而运用语言传递信息的表达，主要是靠说和写的途径来进行的。每一种能力都可通过相应活动来得到发展。这 4 种技能的发展又有其相对独立性，可因学习者在不同时期的不同目的而有所侧重，但不能把它们完全分割开来。因为语言是一个有机的整体，是相互联系，相互制为的。这是因为说与写是把通过听与读所吸收来的语言材料加以消化运用，变成了说和写者自己的语言，用来表达思想，或与他人沟通感情。没有听、读所吸收来的语言材料，就谈不上用说、写来表达思想，说、写便成了无源之水，无本之木。说和写能力的提高又会进一步促进听、读能力的发展。在处理这 4 种技能训练的实践中，目前仍是对听、说能力的培养重视不够，对理解和表达之间的应有关系认识不足。这往往会直接影响听、说、读、写 4 种技能的全面培养。在英语教学中，教师应根据不同的教学阶段，和学生不同的年龄特征，采取多样的方式，进行有效的训练。

二、听说能力的培养

（一）培养听说能力的意义

听和说是人类认识活动和交际活动的两种基本形式。不论是在教学中还是在真实的语言交际中，听和说都是密切联系不可分割的。听力是接受和理解口头信息的交际能力，是将有声语言通过媒介传达到人的大脑机构的认识过程。说的能力是人们运用外语口头表达思想和传递思想的能力。这种口头表达能力是建立在听力基础上的，只有听力得到发展，口头表达才能得到提高。能力的提高又可促进听力的发展。听、说是获得语言和进一步巩固、纯熟语言的重要手段。听、说在外语教学中占有相当重要的地位。从听说和读写的关系来看，掌握了听说也有利于掌握读写。教学实践证明，听说能力强的学生，在英语学习中表现出极大的优势。他们课堂上学习活跃，课外参与语言交际多，进步快。因此，在听说的基础上发展读写能力，是培养听、说、读、写言语交际能力的最佳途径。

（二）培养听说能力需注意的几个问题

1. 创造听说环境

中国学生是在汉语的语言环境中来学习英语的。由于缺乏一定的外语环境而严重地影响了学生的学习兴趣和效果。我们知道，听和说是一种语言交流。在自然条件下，听和说

是不能分的。一个人听的过程实际上就是另一个人说的过程。没有一定的听说条件，只靠自己闷头学习，是很难在听、说方面有所收获的。这就需要我们自己创造外语学习环境，制造外语学习气氛，来弥补自然条件的不足。课堂上，教师要尽量用英语组织教学，多设计一些既利于教学又富有趣味性的课堂练习。要求学生尽量用英语参加课堂实践活动。也可利用录音机、电视机等教学工具，让学生进行反复听说和模仿。课外应多组织一些丰富多彩的第二课堂活动。如开展英语角、口语对子、英语朗读、演讲比赛等活动。这样可以使学生在毫无心理负担的情况下，在娱乐中学习语言。

2. 解除学习者的心理障碍

外语学习者，特别是成年人，往往怕听错、说错。在听说练习中，面对一个具体情景或听到对方的话时，感到难以开口表达，往往感到处于被动状态，在心理上形成一种无形的压力，使学习者在听说训练中感到过度紧张，使听说训练成了一个沉重的负担，这无疑会影响学习效果。我们知道，语言学习是一种新习惯的养成，没有反复的语言实践操练，就难以产生熟练的技巧。学听说就像小孩子学走路一样，不免要磕脚。在听说交际中出了错，教师不宜过多指责，只要让学生注意总结经验，自己改正就可以了。教师要创造条件，培养自信心。鼓励学生不要怕听错、说错，使学生尽量去掉羞怯的心理。只要能达到交流思想的目的，听说实践就可以说是基本成功了。

3. 注意听说速度

在听说教学的起始阶段，就要注意用正常的速度去听和说。听说是一种习惯，如果学生在起始阶级就养成快速反应的习惯，以后在基础阶级和提高阶级就不会感到困难。刚开始，接近用正常速度听说时，可能有些学生会有一些困难，我们主张宁肯多练几遍也不把速度放慢。一旦学生习惯于慢速，以后就很难接受英美人的正常听说速度。但为了适当照顾一些反应较慢的学生，或为了使学生能较正确地模仿，在入门阶级可用普通慢速。可在意群和意群之间、句与句之间停顿稍长些，但绝不能将每个音节或音素拖长。听说速度的快慢不只是方法问题，也体现言语活动的质的问题。如果听说速度太慢，就会使语言失真，影响正常交际，语言就不能很好地完成其交际职能。因此，在听说训练中，从一开始就应注意速度。

（三）培养听说能力的方法

听的能力是说话能力的基础，也是培养说话能力的重要。听说能力的培养应统一进行，使听说得到全面发展。听说能力的培养可在不同阶段采用不同的方法。

1. 听音

多听录音不仅是提高听悟能力的主要途径，也是发展说话能力的重要前提和基础。在初级阶段，可多做一些语音、语调的听音练习。听音的内容可多种多样，可以听发音音差的辨音，一些连贯的词组，听正错句子辨析，听对话、短文、课文录音等，让学生初步掌握语音、语调。

2. 模仿

模仿在英语教学中的重要性许多学者都有论述。著名美国语言学家布龙菲尔德说："什么也比不上先从模仿下手重要"。在学生听懂的基础上，让学生反复跟读，要求学生在

语音、语调、节奏等方面尽量跟录音一样。随后学生可将自己的发音录下来，与课文录音进行比较。这种训练虽比较单调、机械，但这却是学习听说的基础，是初学阶段必不可少的训练。

3. 学说话

学生在听音和模仿的基础上，可以开始用所学的内容和知识进行初步运用，做说话练习。①问答。问答是口语教学的一种基本形式。通过问答使学生在口语和听力上都能得到训练。问答的形式可以是多种多样。可以是教师问学生答，或是学生问教师答，也可以是学生问学生答。问题的方式可依学生的水平高低而有所变化，从比较机械的问题做起，逐步发展到比较灵活的、内容丰富的问答；②看图说话。看图说话是一种生动、活泼的训练方式。教师可利用图画给学生提供练习口语的机会。这种练习比较适合儿童。对成年人来说，虽然看上去好像有些幼稚，但效果也不错；③复述。在学完一篇课文，听完一个故事或看完一个电影后，教师常要求学生将主要内容用自己的话复述出来。为了避免学生死记硬背原来的句子，教师常采取改变人称，改换讲话角度等做法。为了使学生思路连贯，教师也常给学生提供一些线索词来帮助学生记忆故事情节。这是中级阶段学生必须具备的叙述概况的能力；④专题讨论。专题讨论是在高级阶段所进行的一种练习。教师根据课文内容提出题目，让学生稍做准备，然后分组或全班进行自由讨论。学生可根据题目各抒己见，或进行辩论。这种练习要求学生具有较高的口头表达能力。做这种练习时，教师可根据课文内容提供一些争论或反驳的词语。

三、阅读能力的培养

（一）培养阅读能力的意义

阅读是一种重要的语言交际形式，是通过文字符号来理解和获得信息、吸收知识的重要能力，是语言教学的一个重要组成部分。根据阅读是否出声，阅读可分为朗读和默读；根据阅读的方法和要求，阅读又可分为精读和泛读。精读亦称分析性阅读，泛读也叫综合性阅读。阅读能力是指对课文的理解程度和阅读速度两个方面来说的。阅读能力的获得至少需要两个方面的因素，即语言能力和阅读技巧。语言能力是指具有一定的词汇量和基础语法知识；阅读技巧主要指的是找中心词的能力、迅速摄取全文或段落大意的能力、根据上下文猜测词义的能力以及推知文章含蓄意义的能力和合理地运用眼技巧等。培养阅读能力有十分重要的意义。

1. 阅读是吸收国外先进技术，获得科学文化知识的重要手段

阅读是人们获得信息，占有知识的重要途径之一。随着当今科学技术日新月异地不断发展和我国对外交流的日趋频繁，浩如烟海的科技情报资料急需阅读或翻译。据资料统计，全世界的书籍和报刊给人类带来的总信息量大约每 10 年至 15 年要增加一倍，而目前人们可吸收的知识仅占人类所积累全部知识的百分之二、三。这一现状，迫使人们不得不去寻求快速阅读方法，只有快速阅读才能高效地获取国外科技信息，吸收国外先进经验，交流运用科技成果，了解国外政治、经济情况，了解国外语言、文学的发展状况。因此，如何提高阅读理解能力和速度，扩大阅读范围，掌握阅读方法，是一个不容忽视的重要

问题。

2. 阅读在英语教学中起着重要作用

在英语教学中，阅读对听、说和写作技能的培养都起着积极作用。一个学生的听力好坏，不全取决于他的辨音能力，往往在很大程度上取决于以往阅读所掌握的词汇、语言规律和文化背景知识。同样，说的能力也不单纯是语音、语调的问题，只有在通过广泛阅读，掌握了一定的语言材料，了解了西方文化的情况下，才能提高口头表达能力。阅读对于培养写作的重要性更是不言而喻的。只有通过大量阅读才能了解各种文体，才能写出适合各种用途的地道英文。因此，从某种意义上讲，阅读能力的提高是听、说、写作能力提高的关键。学生只有在掌握了渊博的知识、丰富的语言材料和背景知识后，交际时才不会因知识或词汇的贫乏而面面相觑，写作时才能做到语言地道，下笔成文。

3. 阅读可开发学生智力，提高学生的文化修养

广泛阅读可增长知识，拓宽视野，启迪思想。在阅读教学中，对阅读的材料经常采取分析、综合、判断推理等逻辑思维活动，这对锻炼学生的逻辑思维能力很有好处。苏联教育家苏霍姆林斯基把阅读视为"智力生活的指路明灯"和"智力发展的必要条件"。阅读也可使学生更多地了解所学语言国家的风土人情、地理历史、文化艺术等方面的知识。这可充实学生的生活，丰富他们的社会文化知识，提高他们的文化修养。

(二) 培养阅读能力需要注意的几个问题

1. 正确处理朗读与默读的关系

朗读是一种出声阅读。通过朗读，人们会更好地体会、理解和表达读物的思想感情。朗读时，学生的眼、耳、口、脑并用，这样可以增强理解和记忆，可以训练学生的语音、语调，培养语感，提高学生的听说能力。默读是一种不出声的阅读。在书面语言的交际中，绝大部分都是默读。默读既可发展视觉记忆，又因没有回声的干扰而有利于集中思考，所以有增强记忆的效果。由于默读可以少停顿，视面较大，因而速度也较快。朗读和默读不能截然分开，要相互配合进行。在初级阶段，理解是训练的主要方面，而正确流畅地朗读，在一定程度上又能帮助理解。朗读能使学生熟悉词组、句型和词的常见搭配，从而养成较好的语感，又能培养眼睛跑在前面的习惯，所以朗读是本阶段的主要方法。但朗读又同进一步提高阅读速度相矛盾。随着进入中级阶段，又需换朗读为默读。这是因为朗读的速度既慢又使注意力分散在词的发音和句调上，这就影响了信息的摄入和记忆。总之，在不同的阶段，应采用不同的阅读方式。

2. 正确处理精读和泛读的关系

精读是通过对课文材料进行精细分析、讲解来理解课文的阅读方式。精读是培养阅读技能的基本方法，是发展口、笔语能力的重要基础。通过精读可不断丰富词汇，巩固和扩大语法知识，提高语音、语调的熟巧。精读在日常生活和工作中应用并不广泛，但在学校，作为一种教学手段，一种阅读方法，应给予充分地重观和应用。泛读是对精确而言的，泛读虽也通读全文，但并不逐字逐句地推敲；虽也要读懂全文，但并不拘泥于细节。通过泛读，学生可以大量地翻阅查找资料，猎取知识，增长见识，开扩眼界，从中培养阅读兴趣，养成良好的阅读习惯。根据阅读目的的不同，泛读又可细分为略读（Skimming）

和寻读（Scanning）。略读是以了解文章的主旨大意为目的的快读；寻读是寻找特定信息的快速浏览。在以往的英语教学中，往往只重视精读，而忽视泛读。实际上，它们都有自己的教学目的和要求。在不同的阶段应有所侧重。在初级和中级阶段，应以精读为主。此阶段一般需要教师的更多帮助和指导。在教师的指导和帮助下，使学生逐渐掌握基本语音、语调、基本语言现象和语法知识。这些基本知识都是一字一句、一点一滴逐渐获得的。泛读是在具备了一定阅读能力、一定词汇量和基本语法知识后才开始的。有了精读的训练，泛读才能比较顺利地进行。泛读课主要是靠学生独立进行，教师只是略加指点就可以了。教师不能把泛读课上成精读课，不能只是讲生词，译难句，只停留在语法水平上。教师应多问一些语篇水平的问题，以引导学生摆脱只读字面含义而不去理解全文的不良习惯。随着学生词汇量和基本知识的不断扩大，泛读的比重应逐渐增加。到了高年级，泛读应占有较大的比例，而精读的比例应相应减少。

3. 正确处理理解和速度的关系

阅读一篇文章首先是求得理解，无理解的速度不算是阅读。理解决定于大脑对文字信息的处理。阅读理解过程大致分为两步：一是眼睛的扫描，看清文字，将信息传送给大脑；二是大脑处理文字信息达到理解。阅读速度就是在此过程中所需要的时间。在这一限定的时间内，在理解读物内容的 70% ~ 80% 的前提下，用最快的速度，有目的、有成效地阅读全文，以求从整体上获得概念。其速度一般为每分钟 600 个单词。要想加快阅读速度，必须要注意培养学生的视读习惯。尽力克服低声诵读、眼睛回视等不良阅读习惯。理解和速度的关系应是相辅相成、相互促进的。

（三）培养阅读能力的方法

阅读是一个积极解决问题的过程。我们知道，阅读能力主要指阅读理解和阅读速度两个方面。因此，阅读能力的培养也应从上述两方面入手。

1. 培养理解能力的方法

给学生一定的构词法知识英语的构词方法主要有三种，即合成、派生和转换。了解了构词法就可扩大词汇量，不需查词典就可较容易地解决阅读中的一部分词义。根据上下文猜测词义在英语阅读中有两句名言："脱离了上下文就不能正确地理解词义"（No context/No text）"理解词义要看它的结伴关系"（You know a word by the company it keeps）。这两句名言现已成了阅读理解的座右铭了。教师应教会学生根据上下文来猜测词义的能力。如下面短文中，生词 commuter 就可通过上下文来猜出它的词义。在以上短文中，commuter 这一生词，可根据对上下文的整体理解来推知它的含义，从而知道 Dick 的身份。从整体看，Dick 不是开小汽车上下班的人，他必须每天往返长途跋涉，是个使用月票上下班的人，由此可知，commuter 是指 "长期车票使用者"。培养学生按照指示词的能力一篇文章，对于一个没有经验的读者来说，就像是一块尚未为人所知的大地，充满了陷阱和险处，而这些指示词就好像是信号灯或路标。它们将读者顺利地引入这块土地，达到理解的境地，这种指示词在一段文章中到处都是。它们可帮助形成句、段间的联系。文章靠它们起承转合，帮助读者预测作者的思路。总之，无论是加强语气，总结问题，转换话题，都能使读者预先作好思想准备，准确理解作者意图，从而加快阅读速度。培养学生找主题句

的能力每一个段落一般都有一个指明中心思想的句子。这种句子多在段落开头，有时也可能在段中或段尾。抓住关键句子，会有助于提高阅读理解能力。这样，我们一边阅读，一边会预测下面作者会要说些什么，脑子里就不会是消极地接受印象，而是在积极地思考，理解作者传达的信息。这可培养学生独立解决问题的能力，养成既见树又见林的良好阅读习惯。

2. 培养阅读速度的方法

阅读质量的一个重要标志是速度。如果只训练阅读理解，不训练速度，学生就很难具备完整的阅读能力。培养阅读速度一般要注意以下几个方面。

扩大视域宽度研究视力的专家认为，眼睛是大脑的延伸。人通过视力获得的信息，是他所获得全部信息的90％。因此，要提高阅读速度就必须要扩大视域。快速阅读，并不是匆匆忙忙地读，而是眼球在追逐文字转动之后的停顿中能够抓住较多的字群，并理解其含义。训练扩大视域宽度可采用"短语阅读"的方法。把单词短语逐渐加长，让学生的注意力集中在中间竖行上。然后可用同样的方法阅读短文。这样可使学生养成按意群阅读的习惯。在初、中级阶段，低诵是学习外语的常用方法，但为了进一步提高阅读速度，必须要摆脱低诵的习惯。因为，低诵实际上是把阅读降低到了说话的速度。要提高阅读速度就必须要默读。因为默读少停顿，视幅大，所以速度较快。在阅读进入高级阶段时，默读仍需改进，因为默读仍影响着速度的进一步提高。默读虽不出声，但脑子里仍是在考虑如何发音。从音联想到义，这就减低了阅读速度。要想达到见形获义，把全部注意力都放到理解上，就得逐渐培养视读习惯。在阅读时，眼睛要顺着文字垂直地自上而下地在书页中间运动，使视觉、听觉和动觉联系达到自动化的视读能力。因此，在教学中，必须逐渐培养学生的视读习惯。教给学生略读和寻读的技巧。略读是对阅读材料很快地浏览，只要抓住文章的主旨大意就行，不需知其细节。阅读时，学生只注意目录、标题、主题句、结论等即可。这样就可抓住文章的中心，对文章有一个概括的了解。寻读是指读者带着问题去快速浏览全文。读者只是有目的地查寻所需材料，对无关的句、段一掠而过。如查找人名、地名、事件发生的年月等类似材料。这两种方法，都可提高阅读速度。

第三节　写作教学策略

一、英语写作训练的必要性

口语和书面语是语言作为交运用书面语进行交际的重要能力交际形式，写是习英语的重要手段之一。学习英语，不仅要通过耳听、口说、眼看，还要通过手写。从心理学的观点分析，写属于运动觉，运动觉比听觉、视觉等留在大脑中的印象更深，更容易被理解和掌握。写作时，常常要结合一定的听、说、读的能力。通过写作训练，能促进学生更准确地掌握语音、词汇、语法等知识，增加学习兴趣，增强学习信心，并培养丰富的想象力逻辑思维能力和语言能力。因此，在中学英语教学中必须重视写作训练，这为学生今后综合

运用英语交际打下良好的基础。

英语写作训练是指教师组织学生进行英语笔头表达和交际的练习。具体来说，写作是在听、说、读的基础上形成的综合能力。在写的过程中要用知识表示实际事物抽象化的符号，按英语的语法、用词规则把要输出的信息用笔头表达出来的一种形式。写作训练能培养学生的语感，增强他们对英语句子和篇章的结构、词汇、语法、逻辑等的敏感性，使他们在表达中用词更准确，作文更讲究章法。写作训练还对培养用英语思维和养成严谨的学风有促进作用。这就要求学生有扎实的语言基本功，具备一定的审题能力、想象能力、表达能力、评价能力等。英语教师只有平时在教学中有意识地系统训练学生的英语写作能力，才能更好地提高学生的语言综合运用能力。

二、英语写作训练的原则和要求

（一）写作练习同书写练习相结合

通过抄写句子和短文练书写，可以使书写动作连贯而迅速；通过练书写，能加深对句子结构和篇章结构的理解。

（二）循序渐进同系统训练相结合

英语写作必须由浅入深、由简到繁、由易到难、循序渐进、一环紧扣一环地进行训练。教师应注重抓基本功训练，严格要求学生正确、端正、熟练地书写字母、单词和句子，注意大小写和标点符号。然后从抄写句子和短文开始到听写、连词造句，到替换句子某些成分、改写句子，到连句成文、改写、扩写、缩写、加写或续写……直至命题作文，教师根据学生的英文水平，从有控制的写的练习到有指导的写的练习，最后到自由写作，按照各写作训练的要求进行系统练习。

（三）听、说、读的训练同写作训练相结合

听力训练时，让学生记录听到的关键词或句子，帮助听懂大意。听懂大意又能帮助理解篇章结构和句子。口语训练时，让少数学生口述，同时让大多数学生用笔写，消除大班上课大多数学生有口无心的现象，或者让学生先笔头准备，后口头叙述。阅读教学时，让学生做读书笔记，边读边记录主题句、关键词、习惯表示法的句型，阅读理解的效果就会更好，对篇章结构和词句的理解会更深刻，更能促进写作能力的提高。

（四）模仿学习性写作同交际性写作相结合

要让学生模仿句型表达法和一些短文的套路练习写作，不能搞命题作文。如学生有用英语进行笔头交际的迫切愿望，则更能激发学生写作的热情。要以模仿学习性写作为基础，以交际性写作为根本目的。

（五）思维训练同写作训练相结合

写作训练时，要引导学生认识各个事物之间的相互联系和相互关系，如空间关系、时间关系、因果关系、层次关系等，用英语词汇和句子作为思维工具进行构思和连贯表达。

（六）课内训练同课外训练相结合

课内训练以模仿性写作练习为主，听、说、读、写同时进行；课外训练以交际练习为

主，写日记、写信、写作文。教师可以给予正确的指导，进行必要的督促和检查。

三、英语写作训练的模式和过程

英语写作能力训练应该采纳一条从有材料可依的习作方式过渡到脱离本本进行自由写作方式的途径，指导学生学会一定的写作模式，培养良好的写作习惯。

一般来说，篇章写作训练过程应包括三个阶段：

（一）准备阶段

准备阶段的教学目标是让学生在教师的指导下全面分析、掌握材料，形成写作提纲和"腹稿"。具体内容有五项：①阅读、分析有关材料（文字或图表等），掌握事实；②拓宽思路，集思广益；③交流观点；④记笔记；⑤拟写作提纲。

（二）写作阶段

写作阶段的教学目标是要求学生在充分准备的基础上进行文字写作实践。这一阶段的具体内容有四项：①草稿；②自检错误；③文字推敲、润饰；④初步定稿。

（三）修改阶段

修改阶段是反馈机制下的一个开放性过程，其教学目标是通过师生信息互动，使学生的作文逐步完善。具体有三项内容：①自拟思考题；②教师面批；③对照教师指出的学生普遍存在的错误，对自己的文章进行多层面的修改。在运用这一模式过程中要注意艺术性：

首先，提高学生的英语写作水平必须运用测试手段。

其次，教师要教育学生不要过分依赖词典写作，而应该积极地记背英语单词和习惯用法，注意平时积累，指导并激励学生尽可能地多背诵（至少要熟读）一些精彩文章，特别是经典原著片段，促进学生语感的发展。

其三，教师在指导英语写作训练时，应要求学生注意遵循五项原则：

第一，意义性，即行文传达的信息应有明确的意义。

第二，功能性，即作者可以通过文章表达自己的意愿。

第三，得体性，写文章要根据人、地、时的不同情况，选择合适的表达方式。

第四，移情性，即要了解英语国家的文化风俗和交际准则，避免按汉语习惯硬套。

第五，流畅性，即词汇、连接、观念表达自然通顺。

其四，"准备—写作—修改"英语写作教学模式一般适用于中级英语（高中或相当程度）的不同教学阶段。

四、英语写作训练的艺术

写作实践性很强，在讲的内容、层次、方式和术语上，以及练的要求、步骤、形式和难度上，各大阶段明确地体现出阶段性差别来。当然，尽管存在差异，但也并非截然分开，而是保持着其内在的连续性。因此在教学内容和具体实施的编排上，必须注意不同时期的不同层次，每一轮次都要较前拓宽和加深概念。英语写作能力的训练序列可分为：

（一）初级阶段

第一，指导学生用三格本进行抄写单词、单句或课文的训练。

第二，指导学生进行听写字母、单词、短语、单句的训练。

第三，指导学生进行书面回答有关课文问题的训练。

第四，指导学生进行英语句法分析的训练。

第五，指导学生进行模仿英语基本句型造句的训练。

（二）中级阶段

第一，指导学生进行书写规范化的训练，即"美观、整洁、快速"的训练。

第二，指导学生进行快速听写的训练，听写内容最好为文章的一段或整篇文章。

第三，指导学生进行看图叙述和看图造句的训练。

第四，指导学生进行编写课文提纲的训练。

第五，指导学生进行课文编写的训练。

（三）高级阶段

第一，指导学生进行看图作文的训练。

第二，指导学生进行课文的改写、缩写的训练。

第三，指导学生进行模仿作文训练。

第四，指导学生进行命题作文的训练。

第五，指导学生进行自由作文的训练。

第六，初级阶段具体训练英语写作的形式有：

听写可与听力训练相结合，既练听力，又练手写。听写内容可根据学生情况由浅入深，在基础阶段可听写单词、词组、句子、段落等，连词成句。写好句子则为英语写作打下了良好的基础。可利用图片、简笔画、投影仪、幻灯片给出的单词，要求学生连词成句。

第四节　语法教学策略

交际教学的推广使教学的中心开始转向对学生交际能力的培养，交际能力由四部分组成，即语言能力（Linguistic Competence），社会语言能力（Sociolin Guistic Competence），语篇能力（Discourse Competence）和策略能力（Strategic Competence），交际能力的培养离不开语言能力的发展，语言能力是交际能力的基础部分，而构成语言能力的语法也自然不可忽视。传统的语法教学以显性手段为主，交际教学中的语法教学隐性成分增大。对于语法教学的开展人们的看法不一，有的主张采用显性的教学方式，有的主张采用隐性的教学方式。下面就语法教学的策略性问题做初步的探讨。

一、语法教学的含义

（一）显性语法教学和隐性语法教学

1. 有关显性、隐性教学的研究

语法教学应采用显性的方式还是隐性的方式，各专家学者见解不一，而教学研究的结果也颇有争议。

2. 学习风格与显、隐性教学的关系

学习者的个性差别导致学习者学习风格的不同。学习者有视觉型、听觉型、动觉型，有经验型、有分析型。有的喜欢显性的教学方式，有的喜欢隐性的教学方式。一般儿童以经验型居多，成人以分析型居多。在开展语法教学时应充分考虑学生的年龄因素，使教学手段的使用尽可能地适合学生的学习风格。

3. 对语法教学的启示

研究表明，对语法知识的了解可促进语言的习得过程，最佳的教学方式就是显性教学与隐性教学的结合。但学习者的年龄不同，认知能力不同，学习风格也不同。教学的策略性在于根据学生的具体情况选择相应的教学方式。教学研究发现，语法教学应采用以隐性教学为主，显性教学为辅的教学方式。在起始阶段，在初中英语语法教学中，应多采用隐性的教学方式，在高级中学和大学的英语语法教学中，可适当增加显性教学的成分。

（二）语法教学模式

1. 归纳和演绎

归纳和演绎是常用的两种教学方式。在演绎式教学中，教师首先展示语法规则并举例说明，然后由学生将所展示的语法规则运用于新的语言环境。而在归纳语法教学中，学生首先接触的是包含语法规则的真实上下文情景，然后根据上下文的信息归纳出使用规则。

演绎教学方式中语法规则讲解清楚准确，便于学生理解，比较适合成人学习者。但这种教学方式使学生对教师的依赖性增强，通过这种方式学到的语言知识也比较容易遗忘。演绎教学方式注重的是形式而不是使用，其中教师的讲解过多，学生的积极参与较少，学生处于被动的学习状态。

归纳式语法教学可增加学生和语言的接触，有助于培养学生的语言感觉。通过分析归纳总结语言使用规律可深化学生对用法的理解。归纳教学比较注重语言的运用而不是语言的形式。但这种教学方式对教师的要求比较高，学生对语言的理解未必准确，需要教师的帮助。尽管有的同学未必喜欢归纳式教学方式，归纳式教学方式却有助于激发学生的参与。归纳和演绎各有其优缺点，策略性教学应该是二者的结合，况且，归纳和演绎是最基本的两大逻辑思维能力，也是教学中应该发展的最基本的能力，只有恰当地使用归纳和演绎的教学方式，才能使归纳和演绎的能力得到应有的培养和发展。

2. 语法课堂教学的程序

一般语法教学的课堂程序应有四步组成：展示、解释、练习和测评。

（1）展示（Presentation）

语法项目的展示方式和所采用的教学模式有关。一般情况下，语法项目应于文本材料

（如故事、对话等）之中展示，组织学生观察、归纳文中的结构及其含义。

（2）解释（Explanation）

将语法结构从所在的上下文中剥离出来进行专门处理，结构如何，什么意思，有什么作用，有什么使用规则等。

（3）练习（Practice）

在学生全面了解所展示的用法之后，随即提供一系列的课堂练习，使学生通过控制、半控制练习和自由运用逐步掌握所学语法项目。

（4）测评（Evaluation）

在语法操练之后，应对新学用法的掌握情况进行测评检查，以便教师和学生都可对学习的情况有一个客观的了解，为下一步的练习提供参考。

二、语法教学的原则

语法的特殊性赋予其应有的重要性和课堂教学的特殊性。综合影响语法教学的各种因素可以看出，要成功地开展语法教学需遵循以下原则：

（一）动机原则

动机是一切教学活动的保证，语法教学也不例外。在大部分学生对语法都缺乏兴趣的今天，动机的激发在语法教学中显得愈发重要。在动机的激发中应注意：

1. 选择适合学生年龄、认知能力和语言水平的话题

在选择话题时应注意以下一些因素：

第一，话题是不是与学生的生活经历有联系。

第二，通过参与相关活动学生能否了解自己想知道的内容。

第三，话题是否能够激发学生的想象力或好奇心。

第四，学生是不是对话题已有所了解，并且想与其他同学交换意见。

2. 创设情景

尽可能地为学生提供视觉物体，如图画、幻灯片等。

3. 增加语法练习的开放性

语法练习以控制性机械练习为主，难以激发学生的参与热情。自由、自主乃人之基本需求之一，如果允许学生按照自己的意思开展活动，学生的兴趣自然可以激发。

4. 形式与意义相结合

语法练习多注重语言形式，这也是语法练习不能激发学生兴趣的原因。练习不仅应以意思的传达为重点，还应能创造一种信息沟通，激发学生的好奇，从而参与活动获取信息。

5. 充分体现个性化

所谓个性化指活动的源泉应来自学生的亲身经历、学生的观点、学生的情感，个性化活动有助于学生进行真实的交流，于思想交流之中内化语言规则。

6. 练习活动应使学生适度紧张

一般说来，人们喜欢稍带挑战性的活动，这说明活动本身不可太容易，应能给学生制

造一定的紧迫感。试对比下列几种指令：

Please make sentences with present progressive tense according to the picture.

Make up 20 sentences about the picture using the present progressive.

Make up 20 sentences using the present progressive within two minutes.

Which group can make the most sentences about the picture using the present progressive.

可以看出第三句比前两句更具有挑战性，最后一句通过竞争也增加了活动本身的挑战性，完成这种具有挑战性任务会给学生带来成功的喜悦。

（二）效率原则

课堂活动的有效开展是语法教学有效性的保证。活动除了必须能够激发学生的动机之外还应具备以下特点：

1. 目的明确

语法活动的目的可以是语言层面的，也可以是超语言层面的，如解决问题、计划出游、订购机票、采访等等，但语言层面的活动常使活动显得比较单调乏味。即使是语法练习也应以信息和任务为目的，使学生运用所学语言语法知识完成所接受的任务。

2. 尽可能增加学生的参与

为增加学生的参与量，一般以采用两人活动和小组活动的方式。

3. 保证练习的有效性

语法教学不同于其他教学，它必须保证学生能够正确地使用新学语法规则。保证练习的效率不只是有错必纠，而是纠错后要有充分的机会让学生感受成功。这种成功可增强学生的自信、营造轻松的课堂气氛、提高学生的学习动机。

4. 增加活动的种类

变化是学习的调料，是教学的调节剂。由于学生水平的差异，课堂上活动任务应有一定的梯度，使各层次的同学都能学到东西。另外，过于单一的教学活动会使学生对语法教学生厌。

5. 练前准备

这里的练前准备指在真正进行语法操练之前必须有展示阶段和解释阶段，当学生完全清楚所学的语法概念之后才可进入语法练习阶段。

6. 课堂评估

课堂评估是对一堂课的综合验收，是对课堂教学效果的评价，是对学生学习结果的评价。一般的语法课堂在结束阶段上应该有语法测试类的检查测试。

（三）变化原则

课堂教学活动的生命力在于课堂活动的变化性，教师应能根据学生的情况设计丰富多彩的教学活动。教学中注意显性与隐性的结合，对于处于"僵化"（Fossilization）状，熟悉的学生应适当加强显性教学的成分，增加控制练习的成分。多数情况下，应多用发现性策略，使学生通过自己的理解探索去发现语言的使用规则。

（四）全面原则

所谓全面原则指教学应是全方位的，应适合班内每个同学，这就要求：

第一，隐性教学与显性教学结合。

第二，归纳和演绎结合。

第三，控制性、半控制性和交际性训练结合。

（五）程序原则

程序原则指课堂教学应遵循由展示/解释，到训练，到拓展的程序，缺少其中的一个，教学效果就会受到影响。

（六）交际原则

语言是为交际服务的，真正的语言能力是在交际使用中培养的，因此在语法教学中应体现出交际的成分。

（七）手段原则

语言能力是交际能力的基础，但学习语法只是学习语言的一种手段，不是学习的目的，教学不能为教语法而教，学习也不能为学语法而学，这也是外语教学必须遵循的重要原则。

三、语法教学策略

要保证语法教学的有效开展就必须遵循语法教学的原则，语法教学策略就是这种原则的体现和实施。下面交代的就是实施这些教学原则的具体操作方式。

（一）迷你情景（Mini-situation）

"迷你情景"是一种展示手段，迷你情景可以用图片展示，也可以通过音像展示，教学步骤如下：

第一，根据要展示的语法项目选择适当的图片或录像。

第二，就图片或录像提问以展示新的语言项目，也可设计表格组织学生填写。

第三，根据图片所示讲解所展项目的用法。

第四，学生模拟情景练习。

如在展示 have something done 这一结构时可利用下面的图片，然后根据图片进行问答。

（二）野餐（Picnic Planning）

野餐是一种交际性语法练习活动，可用来练习 be going to 的用法或用来练习所学习的物质名词。具体操作如下：

第一，将学生分成四到六人的小组。

第二，交代活动的内容和要求，如：

This weekend, we are going out for a picnic. Now please decide what to to. Make a list of the things your group are going to take arid r $ port when you have finished your talking five minutes later.

（三）找主人（Finding the Owner）

这是一个游戏活动，用于名词性物主代词和形容词性物主代词的教学。适合于在练习

阶段使用。具体操作如下：

第一，将学生手中的物品收起来放到讲台上。

第二，邀请同学到前面来负责把物品发下去，为保证该活动的顺利开展，教师应交代活动的规则，最好先示范一下，如：

T：Now，look. What's this?

Ss：A pencil.

T：Yes，this is a pencil. But whose is it? Tom，is it yours?

Tom：No，it is not mine. I think it is Jim's.

T：Is it yours，Jim?

Jim：Yes，it is mine.

T：Here you are.

Jim：Thank you，Ms. Chen.

第三，学生轮流到前面来拿东西找主人，每个同学每次只能拿一件东西，以保证能有多个同学得到问的机会。活动中要鼓励学生进行配合，对学生的回答给予应有的认可。

（四）旅游（Imagined Tour）

这是一种交际生的活动，使学生通过旅游模拟练习掌握特定的语法项目，比如"疑问词＋不定式"的用法。下列步骤可供参考：

第一，将学生分成偶数的小组数个。

第二，将小组分成两部分，一部分为游客，一部分为土著居民。

第三，游客将要在一个小岛上旅游，但对该岛十分陌生，因此他们列举出很多自己想知道的问题，如：

We would need to find out…

how to get to the capital.

where to stay.

第四，土著居民的小组同学要想象游客们可能遇到的问题，提前准备好如何为游客提供帮助。

第五，游客组和土著居民组合并进行旅游咨询。

（五）虚拟情景

人人都会也喜欢"设想自己的未来"。在语法的课堂教学中，教师可以利用人们的这一心理设计虚拟未来的活动，训练虚拟语气的用法。该活动可采用小组活动，也可采用全班活动的方式。比如小组活动：

第一，将学生分成四到六人的小组。

第二，拟订话题，如：If I were you…/If I were a manager. 等。

第三，学生于小组内交换自己对这种虚拟未来的假设，并将各个同学的假想归纳总结。

第四，各小组面向全班介绍自己小组同学的"虚拟情景"。

（六）猜测模仿（Mime Guessing）

该活动通过对动作的描述训练现在进行时。可采用下列操作方式：

第一，根据课堂所学习的动词设计动作卡片。

第二，叫一名同学到讲台前表演出提示的动作。

第三，其他同学用完整的句子对该动作进行描述，如：

You are opening a tin.

You are eating a banana.

或采用猜测的方式：

Are you drinking beer?

第五节　阅读教学策略

阅读是人们获取信息的重要手段，更是学习英语的主要任务之一。能够阅读英文原著，查阅外文材料是大多数英语学习者的共同愿望。因此阅读教学一直受到相当的重视，也出现了许多阅读教学模式。但是，阅读教学应如何开展，阅读教学中应遵循什么原则，有什么策略需要掌握。下面拟在讨论流畅阅读理论的基础上，探讨阅读教学的原则和培养阅读能力的各种手段。

一、流畅阅读

（一）流畅阅读的含义

流畅阅读指快速的、有目的的、交互的、理解性的、灵活的阅读。它是通过学生的长期努力不断发展的结果，而阅读教学的目的就是培养流畅的读者。

1. 流畅读者的特点

第一，流畅读者解码比较快，他们对上下文的依赖性较小。流畅读者理解上下文的意识也许更强，只是在阅读中他们并没有必要过多地依赖上下文而已。实际上随着读者水平的提高，他们对上下文的依赖性将会越来越少。

第二，流畅读者很大程度上不是依靠猜测来理解词法和句法的含义，而是靠一种无意识的自动解码。对于不理解的单词，一个流畅读者通常是跳过而不是利用上下文等策略猜测词义。

第三，流畅读者能够根据自己的生活经验，利用自己已有知识预测文章的发展和作者的态度，利用预测的信息评估已读信息，判断其是否有价值，从而对作者的写作意图做出自己的反应。

第四，流畅阅读者能够有效地运用各种阅读策略监控其阅读过程、理解阅读材料。

2. 影响阅读的因素

要培养流畅阅读的能力，就必须了解促进或影响阅读的各种因素，从而能于教学之中

利用有利因素，控制不利因素。一般说来，影响阅读的因素有：

（1）背景知识

缺乏必要的背景知识是造成阅读困难的主要原因之一。

（2）词汇

词汇的扩充是阅读理解的主要组成部分。词汇量的大小预示着阅读能力的高低。词汇量的缺乏、不能自动解码是构成阅读困难的首要原因。据调查，90% 有阅读困难的学生都有解码技巧方面的困难。

（3）句法结构

句法结构的陌生同样会给理解带来困难，不过句法所造成的理解障碍远不如词汇所带来的困难。

（4）阅读策略

阅读策略是有效阅读的保证，不能正确运用阅读策略就很难在规定的时间内完成阅读任务。

（5）兴趣

兴趣可以加深读者对材料的理解，而缺乏兴趣往往是有效阅读的障碍。

（6）阅读教学

阅读教学的开展对学生阅读能力的提高起着至关重要的作用。教学的程序、采用的技巧、选用的材料、过程的监控、阅读的评估等从不同的侧面影响着阅读教学的有效开展和学生阅读水平的发展。

（二）阅读教学的开展

学生阅读能力的提高依赖于阅读教学的开展。阅读教学的研究为我们提供了不同的阅读教学模式、可遵循的原则和一些行之有效的课堂操作技巧。

1. 阅读教学模式

由于人们对阅读的认识不同，对于阅读教学应采用什么样的方法看法也有所不同。就阅读教学的模式来说，主要有三种：自上而下的模式（the top-down approach）、自下而上的模式（the bottom-up approach）和交互补偿阅读教学模式（the interactive-compensatory approach）：

（1）自上而下的模式（the top-down approach）

阅读是一个语言心理的猜测过程。读者在对语言层次的词语进行解码时，同样也在运用自己的知识（事实和社会文化方面的知识、有关阅读材料话题的知识、文章结构组织的知识、情景上下文的知识等）对文章的下文进行预测，阅读检验自己的预测、修订自己的预测、进行新的预测，整个阅读过程实际上就是读者与文章的交互过程。

根据这种"自上而下"的观点，背景知识比词汇问题更重要，阅读中，尤其是阅读一些暧昧文章的时候，读者所需要的更多的是相关经历和对文章背景知识的了解。不同的读者由于其经历不同对文章的理解可能会相差甚远，这也许就是为什么阅读异文化的材料比阅读本族文化材料要难，阅读不同时代的材料比阅读同时代的材料要难。因此，阅读之前背景知识的了解可以促进对文章的理解。

这一观点的突出体现是"读前活动"（prereading activities）的开展。阅读前的大部分工作是激发学生的知识库，和对文章内容进行预测。

（2）自下而上的模式（the down-up approach）

与"自上而下"的模式不同，"自下而上"的模式认为读者对材料的理解是从比较小的语言文字单位到比较大的单位，从低层到高层一步步进行的。读者从字母，到单词，到句子，逐个进行解码，从而理解全文。

根据"自下而上"的观点，阅读只不过是一个词语解码的过程，在阅读中读者逐个词、逐个词组、逐个句子、逐行进行解码，从而达到对整个段落，整篇文章的理解。该模式认为，阅读的困难主要出现在文字层面上，只要读者掌握相当的词汇，具备迅速地解码能力即能达到流畅理解的程度。因此，在阅读教学中，比较看重词汇教学，包括读前讲授单词，和阅读过程中词语用法的分析。

由于大部分研究都把阅读的困难指向词汇，同时将自动解码列为流畅阅读的必备技能，似乎"自下而上"的教学模式应该得到提倡。

（3）交互补偿模式（the interactive compensatory approach）

交互补偿模式是以上两种模式的结合，是一种比较科学的模式，也被越来越多的人所接受。它既强调背景知识，上下文预测的重要性，又不忽视单词、短语的解码能力、迅速捕捉关键信息以理解阅读材料的重要性，反映了阅读过程的本质。教学中教师应根据学生的具体情况，根据阅读材料的具体情况正确选择阅读教学模式，培养学生的阅读能力，培养流畅阅读者。

2. 阅读的层次

阅读分三层，即字面阅读（read the line），推理阅读（read between the lines）和形象阅读（read beyond the lines）。字面阅读是对阅读的最基本要求，推理阅读则指读者能依据文章的细节材料推测出作者的言外之意、弦外之音，根据字面意思进行必要的推理、推论。形象阅读要求读者能将阅读材料与真实的生活联系起来，特别是与读者自身的经历、知识、观点联系起来。阅读应能激发学生的思维能力、想象能力和创造能力，阅读的层次也为阅读教学提出了层次要求，使阅读教学有了明确的目标。

3. 阅读教学的目的

阅读教学的目的应是培养流畅阅读者。具体说来：

第一，培养基本的理解技能。

第二，培养真实生活阅读技能。

第三，培养灵活的阅读技能，使学生可以根据不同的阅读目的选择不同的阅读方式。

第四，培养批判性阅读能力。

第五，培养自主阅读者，即使学生能够自己决定阅读的目的、选择适当的阅读方式、监控阅读的过程、评估阅读的效果。

第六，增强学生的语言知识，社会文化知识和阅读知识。

第七，减少读者背景知识的依赖性，帮助其掌握词语自动解码的技能。

4. 阅读教学的内容

阅读教学应以培养学生的各种阅读技能为内容，包括以下几种：①辨认语言符号；②

猜测陌生词语的意思和用法；③理解文章的隐含意义；④理解概念性意义；⑤理解句子言语的交际意义；⑥理解句子之间的关系；⑦通过衔接词理解文章各部分之间的意义关系；⑧辨认语篇指示词语；⑨确定文章语篇的主要观点或主要信息；⑩从支撑细节中理解主题；⑪总结文章的主要信息；⑫培养基本的推理技巧；⑬培养跳读技巧；⑭培养览读技巧；⑮将信息图表化。

二、阅读教学的原则

在如何保证阅读教学的有效性的问题上，在适当的时间，以适当的方式，针对具体的学生情况采用适当的教学模式，把握适当的教学难度，争取最好的教学质量。具体操作中一般应遵循的原则有：

（一）选择适当的教学模式

阅读教学模式有三种：自下而上、自上而下和交互补偿。由于第一种和第二种都有其局限性，所以一般以采用交互模式为佳。尽管很多研究都好像在说自下而上的模式应该受到重视（构成阅读困难的主要是词汇问题），但如果阅读教学太注重词汇的训练则会剥夺学生对阅读的兴趣，因为在阅读中令学生感兴趣的不是故事的词语，而更多的是故事本身（包括其中的人物，事件，蕴涵的哲理、观点和思想等），故事的知识性、趣味性等。所以，阅读教学所应采取的模式应是以自上而下的模式为主，以自下而上的模式为辅。

（二）尽早开展阅读教学

阅读的内容很广，可以是一个单词、一个短语、一句话、也可以是一个完整的语篇；可以是只言片语，也可以是长篇大论；可以是独白，也可以是对话；可以是诗歌、散文，也可以是小说、评论，从学习者看到英语字母的时刻起，阅读就已经开始。因此，应尽早开展阅读教学。相当部分的研究发现，一年级中阅读能力低下者，其阅读能力将持续低下，开始的错误可能会导致永久的低效，也就不可能培养流畅的阅读者。所以应尽早地采取预防措施，一开始就给学生传授阅读技巧和阅读策略。

（三）采用三段教学步骤

阅读教学的开展应包括"读前活动""阅读活动"和"读后活动"三个阶段。"读前活动"为阅读的导入阶段。在此阶段主要的任务有两个，一个是背景知识的激活，一个是提前学习新词。教师应根据学生和阅读材料的具体情况选择适当的操作方式。开展"读前活动"的主要目的是：

第一，激发学生阅读的动机。

第二，激活和提供必要的背景知识。

第三，引出话题。

第四，为进一步阅读解决理解上的语言障碍。

"阅读活动"阶段以学生阅读为主。为了保证阅读的有效性，必须交代清楚阅读的任务。该阶段所设计的活动以训练学生的阅读技能为目标，具体可采用以下活动：①览读以了解文章的大意；②捕捉具体信息；③将信息图表化；④记录文章的要点或具体信息；⑤

勾画文章的结构；⑥回答事实性问题；⑦回答推理性问题；⑧将事件排序；⑨根据上下文推测词义；⑩理解文中的复指现象。

"读后活动"阶段的目的有两个，一是根据阅读内容所进行的各种思维活动，二是鼓励学生将所阅读的内容与自己的经历、知识、兴趣和观点相联系，具体包括：①对阅读质量的检查评估（可通过提问，书面检查等形式）；②对学生阅读过程表现的评估（如通过学生自我汇报的方式）；③对策略使用的评估（如组织学生就自己阅读方式进行讨论，也可通过问卷和写读书笔记的方式进行）；④依据所阅读的材料进行口头或笔头的练习（如角色扮演，大意复述，采访活动）；⑤将阅读信息与材料外的信息相连（如换角色讲故事，介绍自己类似的经历，模仿写作等）。

（四）阅读教学注意事项

第一，建立阅读实验室提供个体阅读指导，并且提供课程以外的阅读技巧和阅读策略的训练。

第二，鼓励持久的默读以促进阅读的流畅、增强自信，提高对阅读材料的欣赏力。

第三，注意激发学生的背景知识。如果学生不具有足够的背景知识，应提供最起码的背景知识帮助其理解所要阅读的材料。

第四，具体阅读技巧和阅读策略应置于训练的首要位置。

第五，技巧和策略的选择应根据教育的环境、学生的需求和教学的目标来定。

第六，应经常组织小组活动和合作性学习，使学生可以就阅读材料展开讨论，共同处理阅读中的有关信息，探索解决复杂问题的不同方式。

第七，鼓励学生大量阅读，学生是通过阅读学会阅读的。

第八，进行快速阅读的训练，这将有助于促进解码的自动化。

第九，阅读的策略教学应采用显性的教学方式。显性阅读教学包括教师的示范、直接操练和评估。

第十，阅读中给学生充分的自由，让学生自己确定阅读的材料，阅读的目标和需采用的策略。

第十一，尽可能采用合作性阅读，培养学生的合作精神。

第十二，阅读中问题的提出应符合学生实际，反映学生的需求，适合学生的口味，激发学生的动机。

（五）培养流畅的阅读者

在流畅阅读训练中应注意：

第一，鼓励学生每天阅读新故事并且回读读过的故事。

第二，逐步增加阅读材料的难度。

第三，将阅读信息与学生感兴趣的其他事件相联系，组织学生进行讨论。

第四，不论是阅读故事性材料还是阅读知识性材料，要鼓励学生反思，如：

"I wonder what Jim will do now?"

"How do you think the father feel?"

"I wonder, what frogs do in the winter? Do you think that's a problem? Why?"

第五，示范理解策略，提供指导性的帮助。

第六，训练跳读和览读的阅读技能。

第七，训练学生根据上下文猜测词义的能力。

第八，帮助学生确定阅读目标，选择适当的阅读策略。

第九，训练学生处理各种疑难句法、词语和组织结构的策略。

第十，大量地、反复地训练学生单词解码的自主性。

三、阅读教学策略

阅读教学的成功与否很大程度上取决于教学的策略性。阅读教学的策略性表现在采用模式的正确性、阅读过程处理的合理性、阅读评估的规律性和技巧使用的科学性。下面将要介绍的就是一些常用的阅读教学策略。

（一）合作阅读

CSR 通过使学生参与合作的活动培养阅读理解的技巧，是一种比较有效的培养阅读理解能力、扩充词汇、促进学生间合作的教学手段，对于水平不齐的班级尤为有效。实验证明被试者阅读理解能力提高，词汇量增加，合作技巧得到发展，大大丰富了内容学习。该策略有四部分组成：

1. 读前准备（Preview）

该阶段的目的是：①使学生在尽可能短的时间内了解与所要阅读材料相关的信息；②激活有关话题的背景知识；③预测文中将要涉及的内容。该阶段可以激发学生阅读的兴趣，为下一步的阅读提供维持。该阶段由两部分组成：

第一，通过脑激励使学生了解有关阅读话题的知识，比如，教师可给学生一分半钟的时间让他们写出他们知道的所有与话题有关的信息，然后再给学生一分钟的时间汇总他们的信息。

第二，预测自己可能读到的内容。这时同样也可让学生将其预测写出来。

2. 细节阅读（Click and Clunk）

该阶段的目的是训练学生监控自己的阅读理解，使学生注意自己什么地方理解，什么地方不能理解。当学生确定了自己不理解的语段以后，学生可以通过下列方式帮助理解：

第一，阅读句子，寻找关键词帮助理解单词。

第二，阅读上下句，寻找线索，猜测词义。

第三，寻找单词的前缀或后缀。

第四，拆分单词，寻找其合成部分。

3. 大意理解（Get the Gist）

该阶段要求学生做到两点：

第一，寻找段落中最主要的人物、地点、事件等。

第二，用自己的语言介绍有关这些人物、地点、事件的最重要的观点。

在具体操作中，教师可首先提出阅读要求，学生带着问题阅读，然后组织学生分组讨

论，总结主要意思，然后检查小组活动情况，请一个小组宣读自己所总结的中心大意，其他小组的同学进行评论，发表自己的不同见解。

4. 巩固（Wrap Up）

该阶段用于扩充学生的知识、促进学生的理解和对所阅读内容的记忆。操作中一般是采用组织学生就阅读材料进行提问的方式。为使学生能够问出高层次的理解问题，教师可给学生示范各类问题的提问方式，比如教师可以给学生提供问题的组织形式。

（二）同伴阅读（Pair Reading）

同伴阅读是一种比较有效的训练阅读技巧的教学手段，在培养阅读能力的同时训练学生的提问能力和回答问题的能力，不仅可以提高阅读能力，口头表达能力也可得到应有的锻炼。具体操作如下：

第一，选择两篇难度适中能激发学生阅读兴趣的阅读材料。

第二，将学生分成两人一组的几个小组。

第三，（在学生不具备应有的提问能力时）给每位同学事前准备好问题，以便学生进行问答。

第四，学生进行同伴阅读：一个问，一个读，读后回答问题，提问的同学根据对方的回答进一步发问，由此一直进行到无问题可问为止。需要注意的是，只有在听到对方的问题时才可以开始阅读，根据对方问题的种类选择不同的阅读方式，或览读，或跳读，这样可以训练学生对阅读技巧的运用。

第五，对学生的阅读进行评估。可采用提问的方式，在回答教师的提问时，只有提问问题的同学才能回答，以检测学生通过提问获取信息。

（三）自选阅读（Self-access Reading）

该策略通过指导学生选择自己喜欢的阅读材料以自己喜欢的方式阅读，培养学生对策略的综合运用能力。具体操作如下：

第一，布置阅读任务，比如，阅读后就故事的内容进行总结，或介绍自己比较感兴趣的细节等等。

第二，学生选择自己喜欢的阅读材料进行阅读。

第三，组织学生就自己所阅读的材料进行信息共享。

第四，检查学生的自由阅读情况，可采用学生汇报的方式，可采用书面总结的方式。

第五，组织学生对自己阅读的方式进行讨论，增强学生的阅读策略感。

（四）图片故事（Pictured Story）

该策略通过使学生根据图片进行预测从而激发学生的阅读兴趣，促进对文字材料理解的方式。具体步骤如下：

第一，根据故事制作相关的系列图片。

第二，将学生分成四人小组。

第三，展示第一幅图片，组织学生根据图片对故事的发展进行预测。

第四，展示第二幅图片，学生根据图片调整预测并对下文做进一步预测。

第五，以此方式继续展示图片，直至故事的结束。

第六，图片阅读故事完毕后，指导学生阅读文字材料，对比与图片阅读的差别。

该策略的使用可以根据学生情况，根据故事的特点而定，如：可将故事的开始与结束以图片的方式展示出来，学生根据这两幅图对故事的细节进行预测；也可只给出第一幅或最后一幅，组织学生对故事内容进行预测。

第七章　英语教学语言的表达艺术

第一节　英语教学语言的特点与意义

一、教学语言的定义及其重要性

教学语言（Teacher Talk）是教师在进行课堂教学活动时所使用的语言，又称教师语言。它是知识的主要物质载体，是师生信息沟通的重要手段，是联系师生情感的重要纽带。一个教师课堂语言的质量实际上在一定意义上就是教师基本素质的缩影，良好的教学语言，是教师从事课堂教学的起码要求。掌握教学语言艺术，是教学取得成功的一个重要条件。一个完整的教学过程，是教师对学生进行知识信息的传递、反馈的过程，是师生之间情感交流的过程，是对学生个性的熏陶感化的过程，是引导学生进行观察、记忆、思维、想象等智力创造性活动的过程。在这个过程中，无论是教师讲授、叙述、提问、回答、辅导、解释，还是板书、演示等都必须借助教学语言。只有通过教学语言，引起学生的意识活动，尤其视觉和听觉的活动，引起他们对事物的感知，才能起到意识交流的作用，获得感性认识，继而实现理性的飞跃。尽管现代教学形式日趋多样化，现代教学手段日益先进，诸如社会实践、实地考查、电视、电影、录像、卫星传播、Internet 等纷纷涌进教学过程，但是，它们都无法替代教学语言艺术在教学活动中所起的作用和效果。而且现代化教学对教师的教学语言的规范性、严密性和艺术性提出了更高的要求。因此，教学语言的优劣、教师口头表达能力、思维的条理性和逻辑性以及驾驭语言的技能等，都直接影响学生学习的主动性和教学的有效性，并制约着教师主导作用的发挥，关系到教学的成败。

二、英语教学语言艺术及其特点

英语教学语言通常是英语教师用做讲解知识、传达信息和传授技能的工具。但是外语教师使用的教学语言不仅是一种传授知识和技能的工具，同时也是教师所要传授的知识和技能本身。有相当多的英语教师把教学语言视为课堂用语。其实，英语教学语言（English Teacher Talk）和英语课堂用语（Classroom English）是两个不同的概念。课堂用语是组织课堂教学各个环节的特定用语，它往往有固定的句式。英语教学语言是指在课堂教学全过程中使用的英语，它已超越了课堂用语的范畴。英语教学语言大体上包括四个部分：①课

堂用语（Classroom English）；②讲授用语（Instruction English）；③师生交流用语（Teacher-student Interaction English）。教师反馈用语（Teacher feed-back English）。讲授用语是教师在讲解词汇、句法结构、语篇等时所用的语言。师生交流用语是课堂上师生之间进行各种交谈、对答和讨论时的语言。教师反馈用语是教师指导学生进行课堂操练时对学生的语用行为做出评价的语言。英语教学语言的特点可以概括为以下十二个点：

（一）可接受

英语教学语言兼有讲授和示范的双重功能。英语教学语言的讲授功能和示范功能能否达到预期的效果取决于它的可接受性。学生的接受能力（听、读）和表达能力（说、写）的发展是一个不断学习和不断提高的过程。教学语言超出学生的接受水平就失去了教学意义。英语教师在课堂教学交流中，为了照顾学生的接受能力，应当采用一种能被学生理解的特别英语，即简单、明了和易懂的教学语言。对于接触英语时间不长的初中生来说，教师的语言要做相应的简化，伴以夸张的语调，并辅之以手势、表情、动作，就像儿童习得母语时，母亲使用的一种照顾性语言的实际需要（巩固和复习），又略高于学生现有水平（学习新内容）的可接受性原则。

（二）简明性

教师在课堂上为达到与学生交流的目的，往往对所使用的语言进行加工和简化，用最简明的方式准确传递学习者所需要的信息。从理论上讲，教师的言语交际应使用最经济的信息来表达说话者的意图，正确把握好语言的冗余度。一旦学生接受过于复杂的语码训练，如语言冗余信息（Redundant Information）过大，学生接受起来就有困难。教师的教学语言应当遵循简明性原则，运用一些简化语言的技巧。例如：解释或原文释义（Paraphrase）可以简化复杂的表达，消除歧义，增加表达的清晰度；重复则可以强化必要信息，引起学生的注意，实现教师自我监控或纠正学生错误。

（三）阶段性

学生学习外语是一个发展的过程，这个过程具有阶段性。教学语言的阶段性主要表现在语速的快慢，用词量的多少，表达结构的繁简以及语篇难易度等方面。随着教学过程的延伸和学生语言能力的逐步提高，教学语言应递进到一个新的高度。如果把教学语言凝固成一种不变的模式并停留在较低层次，会使课堂教学变得枯燥无味，难以体现教学大纲和教材的意图。因此，在学生能够接受的前提下，教学语言应不断增加难度，添加新内容，使课堂永远充满吸引力和挑战性，不断激发学生学习新知识的兴趣和热情。

（四）实用性

在初学者的词汇和语句理解阶段，英语教师可能会尽量简化所用的教学语言或使用照顾性语言。当学习者的理解程度提高到语篇理解阶段时，教学语言就应向自然语或标准语靠近，尽可能避免双语的互相干扰。然而，目前在中学英语教学中，很多教师运用教学语言只是为了教学的需要，没有把教学语言和学生课外运用英语结合起来，导致课堂教学与课外运用脱节。在学生学习的较高阶段，教师应根据所教材料，呈现与学生学习和生活相关的自然用语。

（五）规范性

只有规范的语言才能把要表达的意思讲得清楚、明白，只有规范语言才能谈到语言美，才有可能使语言的魅力上升到更高的层次。因此教师的语言必须具有规范性，以产生语言的示范效应。

（六）主导性

英语教师在组织英语教学过程中要让学生注意什么，感受什么，联想什么，以及表达什么，关键在于教师怎样利用教学语言进行引导。教学语言主导性的强弱，是教师主导作用发挥如何的一个重要标志。善于引导学生学习的教师的教学语言总是能沟通学生的思维，拨动学生的心弦，引起学生的共鸣，创造出好的教学气氛，调节教学节奏的张弛，从而带领他们进入教学意境。有主导性的教学语言是积极的、能动的，它犹如教师留给学生的路标，有一种提示作用，彼此可以少走弯路，提高效率，产生无穷魅力。

（七）讲解性

学生对教师所讲内容有听懂、理解、消化和记笔记的需要，这就决定了教师教学语言要有讲解性的特点。重点问题需要强调一下，疑难问题需要解释一下，没说清楚的地方需要重复一下，以便增加教学语言的价值。在教学语言中，分析与综合、演绎和归纳、类推及比较，都可以使讲解的内容更容易为学生迅速接受，取得好的教学效果。

（八）示范性

英语教师同其他教师一样，应为人师表。在学生看来，教师是知识和智慧的化身，他的一言一行都是可以效仿的。教学语言直接影响学生对知识的掌握、品德的形成和语言表达能力的发展，因此对学生来说，英语教学语言又具有示范性。教师在英语教学时"言不可不慎"，对学生思想可能产生不良影响的话不要随便说，应做到"闲话不闲""笑语有意"。

（九）启发性

平庸的教师只是叙述，好的教师讲解，优异的教师示范，伟大的教师启发。教学语言的启发性，就是在教学时用语言把人们的心灵点亮。英语教师的教学是为了发展学生的思维能力。英语教学语言应当相应地含蓄蕴藉、耐人寻味、发人深思，富有启迪性的艺术效果。英语教师还应注意把握启发教学的火候，"不愤不启，不悱不发"，在适当时机施教，才能充分发挥教学语言的启发作用。教师的语言如钥匙，能打开学生心灵的窗户；教师的语言如火炬，能照亮学生的未来；教师的语言如种子，能深埋在学生的心里。

（十）针对性

这是因教学对象不同而决定的。教学对象不同，教学语言自然也就应该有所变化。低年级的学生对生动、形象的语言容易接受，教学语言应当具体、明确、亲切，高年级的学生抽象思维能力不断发展，追求对事物的理性把握，教学语言应该深刻、隽永、灵活，具有哲理性。只有针对学生的心理需求，英语教学语言才能发挥应有的作用，从而充分调动学生学习的积极性。英语教师在教育教学过程中，针对不同的学生，如自尊心强的和自尊

心差的，学习好的和学习差的，性格外向的和性格内向的，骄傲的和谦虚的等，都要注意有针对性地采取不同的语言教学方式，以求收到理想的效果。

（十一）趣味性

英语教学语言的趣味性是指教学语言生动、形象、富于情趣，像磁石一样吸引学生。英语教学语言的生动形象性要求教师在教学时多用大众化语言，如谚语、歇后语、俗语，多用比喻性词语，充分发挥语言的直观功能，具体逼真地描述事物，力求给学生留下深刻的印象。

（十二）审美性

英语教学语言还应当具有审美性，有比一般人的语言更高的美学价值。古人说："言之无文，行而不远。"语言是应当有文采的，英语教师的语言尤为如此。英语教师的语言美，仔细分析起来，应包括两个方面：一个是内容美，一个是形式美。内容美要求教师的语言思想深刻，富于哲理，充实而又含蓄，常常具有令人豁然开朗的启迪性；形式美则要求英语教师在遣词造句和修辞上显示出高超的艺术，不能只满足于一般的规范化语言。许多产生巨大艺术魅力的教师语言范例，都是富有审美性的，因为它美，所以才动人。

第二节　英语教学语言的类型与功能

一、英语教学语言艺术的类型

不同学者从不同角度按不同标准对英语教学语言有不同的分类方法：

（一）根据英语教学语言的功能性质分类

1. 系统讲授语言

系统讲授语言主要是指教师在英语课堂教学中以全班学生为对象系统讲解和传授英语知识的教学语言。这类教学语言的特点是：能够充分体现教师在教学过程中的主导地位和教学艺术才能，易于形成教师独特鲜明的教学语言艺术风格，教学语言表达的内容科学性强、专业特点突出；教学语言的形式逻辑性强、系统完整、层次分明，利于学生感知、理解和记忆；教师可以根据英语学科内容、学生特点精心设计、巧妙安排，增强教学语言表达的艺术效果；教师可以高效率、高质量地完成系统讲解和传授英语知识的教学任务，促进学生的知识、技能、品德等方面的发展。

2. 个别辅导语言

个别辅导语言主要是指英语教师在课内外教学中以个别学生为对象辅导学生学习的教学语言。这类语言的特点是：高度尊重学生的主体地位、充分调动学生的学习积极性、关注学生的个别差异和个性特点；教学辅导语言针对性强，利于因材施教，使学生能够了解自己的优缺点；要尽量适应学生的不同要求，语言形式灵活多变（一般难以事先设计）；辅导语言要求精于启发、巧于点拨、善于激励、长于指导，可以帮助学生查漏补缺、解疑

释惑，使学生形成正确的学习态度，掌握有效的学习方法，培养良好的学习习惯。

3. 组织协调语言

组织协调语言主要是指英语教师在教学中组织教学活动、协调教学关系、控制教学进程的语言。协调语言又可分为：指令语言。指令语言应当明确具体、简短精炼、热情文明，切忌模糊抽象、冗长杂乱。商讨语言。商讨语言应当体现民主的精神、尊重学生的选择、培养学生的参与意识，使教学真正成为双向活动。衔接语言，或称过渡语言。教学要点的衔接、教学活动的转换，都需要有中间过渡语言，才不致使教学要点间缺乏联系、教学活动的变化显得突兀。衔接语言应当前后呼应、穿线贯珠、起承有序、转合明度，这样才能将整堂课组织得严谨细密、天衣无缝。调节语言通过恰当的褒贬评价，强化或改变学生的学习活动，以调节控制教学进程。教学调节语言应当实事求是、力度适当，方法因人而异，形式丰富多样。

(二) 根据教学语言的信息流向分类

1. 单向传输语言

单向传输语言，又称独白性语言，是指英语教师在教学中向学生进行单向输出的语言。此类教学语言的特点是：语言信息密集、渠道流畅；能较好地体现教师的教学意图；语言传输的效率高、质量好；语言表达过程易于自主调控，因而可以精心设计；要求学生具有相应的语言接受能力；可以给学生以良好的语言示范，培养学生的语言鉴赏能力、语言感受能力和语言表达能力；语言信息的单向输出缺乏反馈能力，语言效果取决于教师的语言艺术水平高低等。单向传输语言的运用要十分讲究语言表达技巧，增强其语言本身的吸引力，这样才能激发学生的接受兴趣，避免因单调枯燥给学生造成的语言疲劳。

2. 双向对话语言

双向对话语言，是指英语教师和学生以平等的身份，在民主融洽的气氛下，进行生动活泼的双向对话的语言。此类教学语言的特点是：语言的情境性增强，要求教师具备灵活机智的语言应变能力；语言流程出现曲折，语言信息传递效率受到影响，语言反馈的即时性增强了语言的实际效果；语言主体的平等地位，使师生双方都有了主动参与的积极性；语言信息的不断变换，提供了师生教学相长的可能性，可以增加学生语言实践的机会，锻炼学生思维的灵活性和即时口头表达能力。双向对话语言常用于课堂问答、个别辅导、交换意见、了解情况等教学活动。

3. 多向交流语言

多向交流语言是指英语教师在英语教学中有目的地组织学生进行座谈、讨论、争辩的语言。此类教学语言的特点是：英语教师以主持人的身份，组织和导演教学活动；英语教师的语言具有鲜明的主导性和组织功能，语言流程具有不确定性，这增加了教学语言设计的难度，语言信息的多向流通，使教学活动结构呈现立体交叉网络状态；语言气氛的活跃，会激发师生思维的积极性和语言表达的兴趣；语言信息的碰撞，增加了语言活动的教育价值。多向交流语言的运用，要求英语教师具有较高的语言控制调节能力，使多向交流语言"形散而神不散"；通过激发兴趣、点拨思维、引导言路而达到预定目的。

二、英语教学语言艺术的功能

（一）英语教学语言艺术是影响学生心灵的工具

英语教学语言艺术是指教师创造性地运用语言进行教学的艺术实践活动，它是英语教师教学表达艺术的最重要的组成部分。正如苏霍姆林斯基所说："假如在语言旁边没有艺术的话，无论什么样的道德训诫也不能在年轻人的心灵里培养出良好的高尚的情感来。"他认为"教师的语言是一种什么也代替不了的影响学生心灵的工具"，教师"高度的语言修养是合理利用教学时间的重要条件"，"在很大程度上决定着学生在课堂上的脑力劳动的效率"。可见，国外教育家们也是非常重视教师教学语言艺术修养的。

（二）英语教学语言是英语教师最主要的教学手段

无论教学手段多么先进，但教学语言艺术的地位和作用是难以被完全取代的，因为课堂始终是一种充满着语言的环境。一般说来，教与学包含的语言活动主要有讲授、解释、讨论、提问、回答、复述、概述、修正或纠正等。此外，还有一些为吸引或保持对方注意、控制的讲话，以及表现彼此关系的表达，它们都是课堂语言的组成部分。

（三）教学语言艺术是影响教学质量的关键之一

教学质量的好坏是由多种因素决定的，准确、鲜明、生动，富有吸引力、感染力、号召力的极具艺术魅力的教学语言是启发学生思维、激发学生兴趣、调动学生积极性的重要一环，直接影响到教学质量的好坏。学生的学习积极性和主动性，课堂纪律的好坏，学习成绩的高低，乃至学生的成长，都同教师的教学语言密切相关。

英语教师的教学语言艺术水平综合反映出教师的教学素养，它对英语教师的教学效果和效率具有决定性的意义。学生接受知识的程度同教师的表述水平有显著的影响。教师的教学语言具有条理性，学生的学习收获就较大。教师教学语言逻辑混乱，造成表述不够严谨、周密、条理，会使教学内容漏洞百出、捉襟见肘，甚至会自相矛盾、陷于困境。教师教学语言的动听程度，决定了教师语言感染力的大小和学生的语言接受程度。

（四）英语教学语言艺术能促进学生能力的发展

一个人的智力发展和他形成概念的方法在很大程度上是取决于语言的。教师教学语言艺术的高低，不仅影响到教师教学任务的完成、教学效果的优化，更重要的还在于它能直接影响到学生多方面能力的发展。

1. 影响到学生思维能力的发展

英语教师的英语教学语言艺术水平直接反映着英语教师思维能力的高低。"口才"好的根源在于"脑才"好，会说在于会想。所以列宁很欣赏德国哲学家叔本华的一句话："谁想得清楚，谁就说得清楚。"学生透过教师高超的英语教学语言艺术，可以探知教师的思维进程，学习到思考问题的良好方法，体验到思维过程中的快乐，从而激发学生思维兴趣，提高其思维能力的水平。直观形象的教学语言会影响到学生的形象思维，理性概括的教学语言会影响到学生的抽象思维，英语教师的机言智语会影响到学生思维的敏捷性和灵活性，英语教师的语言观点会影响到学生思维的独立性和批判性，英语教师的语言材料会

影响到学生思维的广阔性和深刻性等。

2. 影响到学生语言能力的发展

英语教师的教学语言不仅是传授知识的工具，还是榜样。教师给学生做出了运用语言的最直观、最有效、有声无形的榜样。英语教师的教学语言对学生语言习惯与能力的影响是日积月累；潜移默化的。实践证明，学生受到言之成序、言之有理、言之动情、言之生趣的教学语言的长期熏陶，就会逐步产生对语言的浓厚兴趣，进而掌握灵活运用语言的本领。

3. 影响到学生审美能力的发展

教师讲的话带有审美色彩，这是一把最精致的钥匙。它不仅可以开发情绪记忆，还可以深入到大脑最隐蔽的角落。英语教学语言艺术本身就可成为学生审美的对象，使之从中获得审美感受，激发审美情趣，锻炼和提高学生的审美创造能力。

（五）英语教学语言艺术是师生情感交流的重要媒介

英语课堂教学不仅仅是"传道、授业、解惑"，而且还是师生间的情感交流。师生间良好的情感交流对教学效率的提高、学生心智水平的增长、英语学习兴趣的增强等都有着积极的影响。心理学研究证明，任何心智活动都不能截然分割为理智活动和情感活动两个领域。情与理应当互为补充、协调活动。而师生间的这种情感交流活动的重要媒介就是教学语言。具有艺术魅力的教学语言能促进师生间的良性情感交流，而差的教学语言却会造成师生情感的恶性交流，从而降低教学质量。

（六）英语教学语言艺术是信息交流的主要物质载体

英语教学过程实质是一个信息交流的过程。在这个信息双向交流的过程中，英语教学语言是信息的主要载体。英语教学信息复杂、多样而具体，要使这种信息以最佳状态进行流动，优美的英语教学语言是传递这些信息的主要物质载体。英语教学语言具有艺术感染力，教学信息量就会大大增加，英语教学的效率就会因此大大提高。

第三节　英语教学语言的要求

教学语言在教学中只有达到规定的要求，才能发挥它的教育教学功能，完成教育教学任务。教学论对教学语言同样有一定的要求，只有满足两方面要求的教学语言才是真正美的教学语言。教学语言还应该符合一定的语用原则，这些原则是教学语言在表达和领会方面应该遵循的规律。英语教学语言也不例外。

一、英语教学语言艺术的要求

英语教学语言是指英语教师在课堂上组织教学所用的语言，它是一种以口头形式为主，书面语言与形体语言等配合和综合运用的特殊语言系统。教师既可通过它来叙述、讲解知识，组织指挥教学活动，又可用它来开发智力、感染情绪，对学生进行思想教育。它

既是一种作手段，也是对学生进行听力和口语训练的方式。

英语课堂教学语言不仅是一门科学，更是一门艺术。因为英语老师走上讲台的目的不是炫耀自己的知识，而是要将自己的知识转化为学生的知识。这就对英语课堂教学语言艺术提出了如下的要求：

（一）正确与规范

英语在形成过程中，约定俗成地形成了自己的规范。凡是合乎英语规范的语言，就是正确的；不合英语的语音、语法、逻辑等多方面规范的语言，都是不正确的。教学时吐字要清楚规范，每个字母、每个音节、每个意群、每个句子的韵律和节奏都应该读清楚、读准确。

（二）音调正确

根据教学内容的不同在教学过程中运用不同的音调：表示愤怒、惊异、号召等激情时用升调，表示沉痛、迟钝、悲伤时用降调，表示安静、庄重、肃穆时用平调，表示幽默、含蓄和讥讽时用曲折跌宕的语调。

课堂教学语言不同于报告式、念经式、背书式的腔调。教师只有学会用十几种声调说同一句话的时候，才具备征服学生、调动其情感、兴趣、注意力的能力，才具备有效指挥学生学习活动的能力。

（三）清楚与明白

在教学活动的过程中，学生主要通过教师的语言来接受知识、领会思想感情、掌握教学内容，因此，教学语言的清楚明白是教学论对言语的首要要求。英语教学语言的清楚明白，有以下几个层面的意义：

1. 说的声音清楚明白

发音说话的声音响亮，发音吐字清楚，字音、字节清晰，说的过程中不吞食音节，语调舒缓，语速适当，停顿合理，意群恰当，音量悦耳，适于学生听觉。主要衡量标准是每个位置上的学生都能毫不吃力地听清楚教师的每句话和每个音节。英语教师音量过高，对学生太刺激，会影响学生思维。英语教师语音不对、不清，学生就不知道老师讲的是什么，就无法接受老师的教学信息。

2. 说的话清楚明白

说的话清楚明白，是对所使用的语言的要求。应该包括：教学语言的条理清楚明白是必不可少的。一节课先讲什么、后讲什么，教师应心中有数，教学思路的清晰能使教学言语清楚明白。思路的清晰，取决于教师对一节课的设计是否通过备课和钻研教材做到心中有数。教学思路清楚了，对教学内容及过程都有了清楚的认识，讲课时教学语言能够按照既定的方向导入教学中去，教学语言就会环节与层次明晰，不会东一榔头西一棒不知所云。

教学内容的段落清楚明白。一节课的教学内容犹如一篇文章，文章有了清楚的思路，讲述才能有条理。有清楚明白的内容还应该有清楚合理的段落，一节课有几个大层次，每一大部分中又包含着几个小段落，每个段落集中讲述一个内容，几个段落的讲述组成一个

问题的完整交代，段与段的讲述中间有必需的停顿，又有相应的过渡与照应，这种清晰的段落使学生听课能明白地听出这节课讲了几个大问题，每个大问题中又包含几个小问题，使教学的知识内容了然于心，而不是听了之后成为混混沌沌的一大片模糊印象。

句子连贯，句意贯通，句子完整。句子是教学语言的基本单位。几个意义相近的句子组成句群，一些意义相近的句群组成自然段；几个有相同中心的自然段组成中等段落，几个中等段落组成部分。教学语言的篇章同文章篇章一样。教学语言的清楚明白，一定要体现在句的清楚明白上。句子完整是必要的，不完整的句子学生听不明白。缺少主语、谓语或宾语的句子可能语义不明，省略或承前省略主语的句子可能造成理解的歧义或困难。还要注意句式的明白易懂，不要用太复杂的句式。除此之外，上下句之间，几个相连的句子之间要有语义上的衔接，要能形成一个有一定中心的句群，要有连贯的语气和贯通的语义。

教学语言要清楚明白地传达教学的内容。教学语言要清楚明白地讲述、阐释、介绍学科的知识、有关的技巧能力等。教师在阐释名词、概念时，要注意使用简单易懂的词语来解释深奥的词语，要注意用口语化的词语，不要使用太深奥、太冷僻、太书面化的词语。

（四）生动形象

形象的语言更能打动和深入人们的心灵，更能占据其心灵。形象有趣的语言，可以把深奥的事物形象化，把抽象的事物具体化，使学生"如临其境"。

（五）与书面语、形体语相互配合

书面语言在这里主要是指板书。形体语言主要是指教态。英语课堂教学过程是不可能使用单一的语言方式表述思想、传授信息的，它要配以相应的手势、面部表情、体态动作等，借以加强表达效果，加深学生印象或弥补口头语言的不足。教师只有根据教学内容和学生交际能力的实际情况，恰当地运用书面语和形体语，才能使课堂教学语言生动形象、有声有色。

（六）简洁

莎士比亚说过："简洁是智慧的表现。"教学语言的简洁是教学的必要，简洁的语言令学生听课不生厌烦，简洁的语言可以让学生留下知识的痕迹。首先，抓住要点，抓住关键，予以精要的说明、解释，这是简洁的前提。教学不分难易，不分重点与非重点，全部逐一讲述，这种教学语言不可能简洁。简洁要求不重复，不翻来覆去地解释、说明、比较、分析。简洁是一语中的，不跑题不啰嗦。简洁是语言有中心，不枝枝蔓蔓，相同内容的语言或释例不反反复复，不跑题，不分岔，不横插入与中心无关的话题。

其次，教学语言的表达，即语言的语音形式也要简洁。有时，教师讲述的内容还算简洁，但由于其语言不简洁，同样令学生听课感到困难。语言形式的简洁指语言干脆利落，不拖泥带水，不嗯嗯啊啊，不重复自己的话语，少有口头语病，少有无意义的插入语等，简洁与正确规范有密切联系。

二、英语教学语言艺术的语用原则

英语教学语言的语用原则指的是英语课堂教学中使用英语的原则，包括表达原则与领

会原则。表达原则即说话讲课与板书、写教案的原则，即修辞原则；领会原则即听话、阅读原则。

英语教学语言的根本任务在于较好地运用自然英语向学生传道、授业、解惑，同时向学生表达自己的情意，并且透过学生的言语活动确切领会学生的意和情，从而实现教学中的双向交流，完成教学任务，实现教学目的。所以，英语教学语言应该追求理想的表达效果，尽可能使自己的话语在修辞上确切、规范、得体，易听易记易懂；追求理想的领会效果，使自己的领会迅速、准确、全面、透彻。教学语言运用的原则，就是为教师圆满完成教学语言的交际任务、实现课堂教学的目标而制定的运用英语的根本准则。

（一）教学语言表达原则

1. 必须为确切传达教育教学信息、实现教学目的服务

英语教学语言无论是英语要素的选择、英语表达方式的运用，还是说话方式、传递形式的选择运用，都要为实现教学目的服务，不能偏离每节课特定的教学目标，也不能不顾表达内容和目的的需要片面追求教学言语的形式美。

英语教学语言要尽量选用那些能够精确、简洁、明白表达学科知识的修辞方式，句式要完整、齐全，教师的说话方式以平实、简洁为主。

2. 必须适应不同学生的不同特点

因材施教是教学论的重要原则之一，它要求教师在教学中从学生实际出发，根据不同对象的具体情况，采用不同的方法，进行不同的教育，使每个学生都能在各自原有的基础上得到充分发展。英语教学语言作为英语教学的最主要的方式，必须遵守这一原则。英语教师在语言表达过程中，对英语从内容到形式的选择都要注意它是否能被学生所准确理解和接受。学生不同，其对英语教学语言的领会能力也不同。同样的话语，有的学生能听懂，有的似懂非懂，而有的则听不懂。学生对英语教学语言的接受与领会程度既是对英语教师教学语言表达水平高低的检验，又是评价教学效果好坏的直接尺度。要保证英语教学语言能够被不同的学生准确地理解和接收，英语教学语言就必须遵循"因材施教"原则，去适应不同学生的不同特点。

首先，教学语言要适应学生的年龄特点。英语教师要牢记苏联教育家马卡连柯曾经强调指出的："要使未来教师养成善于同儿童说话的能力。"儿童化教学语言是符合少年儿童年龄特征、心理特征的教学语言，它的基本特征是：直观形象、明快生动、富于启发性；词语浅显易懂，句式结构简单；语气亲切温和，语调富于变化，表情丰富等。

其次，教学语言要适合学生的知识水平。不同年龄段的学生自然具有不同的知识水平，但即使年龄相同、年级相同的学生，也有不大相同的知识水平。有的班级接受能力强，有的班级接受能力差；有的学生学习成绩好，有的学生学习成绩差。这都需要教师在教学时注意选择不同的教学语言。

3. 使用礼貌用语

一般人际交往的礼貌用语如 Please. Sorry. Thank you 等都应进入课堂。让学生翻书时可说 Please turn to page…教师口误说错话或迟到则说声 Sorry。当学生纠正自己错误时，可说 Thank you，这些都可帮助学生形成礼貌待人的习惯，提高个人素质。

（二）英语教学语言领会原则

英语教学中语言的双向活动，既有教师表达、学生领会，也有学生表达、教师领会。学生表达指学生回答问题、学生向教师发问等，学生领会指学生对教师表达的理解与接受。这里主要谈教师对学生表达的领会。

1. 注重倾听

倾听是领会的前提，美国学者卡耐基把注意倾听列为使别人喜欢你的十原则之一。

英语教师要养成注意倾听学生说话的良好习惯。可惜教师们大多关注自己的说，往往疏于倾听学生的话，从而导致双方沟通的非良好反应和困难，造成学生不愿向教师说、教师不了解学生学习的困难之所在的恶性循环现象。好教师不但要会说，还要会听。所谓"听话听声，锣鼓听音"，所谓"会说的不如会听的"，都说明听的重要。

2. 以学生的具体言语为依据

英语教师在教学中应以学生的具体言语为依据来领会言语意义，学生要表达的思想感情绝大多数都在自己的言语中。虽然体态语也可表达一定的情与意，但它只是自然语言的辅助手段，通过察言观色来领会学生的思想感情是有限的，它远不如听所领会的多，也不如听所领会来的直接，言语形式本身负载的意义始终居于首位。以学生的具体言语为依据，就是教师在学生发问或回答问题时注意倾听其中的信息意义、情感意义，不误听。

第四节　英语语言教学用语

一、英语教学幽默

"幽默"一词来自英语 humour 的音译。查阅英语词典，我们可以得到这样的释义 the quality of beingamusing。意思是用诙谐的修辞手法表现意味深长的哲理，以求得特殊的艺术效果。在现代生活中，幽默越来越受到人们的青睐。有人甚至将它比喻为美化生活的大师。借助幽默，作家们创作了幽默作品，画家们创作了幽默漫画，表演家创作了幽默动作。当然，这里所说的用于英语课堂教学的幽默，有其固有的意义范畴，它主要指英语教师课堂教学时激发学生乐趣的能力。幽默在课堂上适当地使用，大概有四个方面的意义：

（一）松弛紧张感

幽默可致笑，而笑在生理学研究中证明是有益于精神和生理放松作用的。开怀大笑可锻炼放松肌体内每个主要肌肉部位。一天至少笑一百次相当于划船 10 分钟。获取知识需要紧张感，但是课堂连续 40～50 分钟的紧张学习对学生们来说，是有很大精神压力的。若授课期间能不时地给学生一些幽默材料，引得学生发笑，学生们的紧张情绪就会有所缓和，学习效率也会更高。

（二）促进联系

幽默有助于促进人际关系，给我们带来理解、带来友爱、带来沟通。这方面既适合于

日常生活，也适合于英语课堂教学。一位优秀教师课堂上应善于呈现双重面孔——"严师"和"良友"。虽然"严师"是教师们大部分教学时的角色，但"良友"的作用也是不可忽略的。师生能共同欣赏幽默，一起畅怀大笑，实际上双方也就相互加深了理解。学生们对教师没有敌意，觉得上课有趣，那对学习英语也就不会产生厌烦情绪而加以抵触。

（三）激发趣味性

不言而喻，任何人觉得工作有趣，那他干活的劲头就大，工作效率也会高。学生们学习英语同样需要趣味性，而在课堂上使用幽默，激发学生开怀大笑将会使英语学习过程变得轻松而富有趣味性。一些复杂的英语句型或词组若构成可笑有趣的概念，学生们会在娱乐和大笑时对它们留下较深的印象，从而不知不觉地加以消化吸收。

（四）消除厌倦感

心理学研究表明，长时间地保持同一姿态会使人产生厌倦，若让厌倦感无止境地蔓延发展，即使最优秀的人也会变得平庸。同样地，厌倦感对学生也会产生严重的危害。学生如发生厌倦感，任其加深，那他会旷课，或上课时情绪低落，注意力不集中。教学中我们可观察到，最积极的学生上课期间有时也会跑神或心不在焉。为振奋学生的精神，保持学生高昂的学习激情，让学生思想集中，授课时教师可不时地发挥其幽默才能，讲讲笑话或讲述有趣的轶事，这样，学生们在笑的过程中可以不断得到振奋，学习兴趣会更浓。

二、幽默在英语课堂教学中的巧用

既然幽默在课堂教学中能带来不少益处，那么作为英语教师就应该加以充分使用。

（一）用幽默说明英美语言表达上的差异

英美语言表达上的差异繁多，单靠教师照本宣科地讲授，学生是很难记住的。若教学得法，能取得事半功倍之效。例如：讲授 the first floor 的英美语言差异时，只需用一则幽默，就可让学生掌握这一知识。某饭店男厕所在第一层，女厕所在第二层：

American woman：Where is the toilet？

Chinese clerk：On the second floor.

Englishman：Where is the toilet？

Chinese clerk：On the first floor.

Finally，the man and the woman went to the same floor，why？

接着解释：在美国英语中 the first floor 意为"第一层"，在英国英语中意为"第二层"英国人说"第一层"要用 the ground floor 来表达。

（二）用幽默区别相似短语或习惯用法

在区别 in a family way 与 in the family way 时，可用如下一则幽默，帮助学生掌握它们之间的区别：

一个略懂英语的法国姑娘去英国朋友家做客。主人是一对夫妇。他们热情地款待了来客，使这位法国姑娘感激不已。临别时，客人说：Thank you. You made me in the family way. 听了此话，主人面面相觑。

通过教师解释，学生在笑声中领会了"笑因"之所在，并牢记了 in the family way（怀孕）与 in a family way（宾至如归地）之间的差异。

（三）用幽默辨别句型差异

首先，学生可能不懂笑因何在，教师告诉学生幽默藏于朋友的答话之中。学生通过思考，领悟了 A、B 句型之间的差异。接着教师可引导学生复习 give sb. sth. make sth. sth. 等常用句型，让学生说出它们各属哪种句型结构。

（四）用幽默帮助学生掌握某些多义词

在讲授 engage 与 marry 的词义及用法时，如下两则幽默会使学生过目不忘：

Tom：Is your mother engaged?

Jim：Engaged? She has three children, you see!

教师解释道，be engaged 常表示：不得空（= be busy）；订婚。汤姆的问意显然是前者，而吉姆却理解为后者，故他很吃惊也很生气地答道："订婚？她孩子都有三个了？"笑声过后，教师指出：be engaged in（doing）sth. 意为"忙于做某事"，be engaged to sb.（不能用 with）意为"与某人订婚"。

Tom：Mr Smith married his daughter last week.

Joan：Why? How can it be?

Tom：Well, it was my brother John who married Smith's daughter.

通过教师讲解，学生弄清了 marry 有两种含义：把……嫁出去；娶……因 Joan 认为 Tom 的话是后者的意思（或许故意这样理解），所以她感到（或故作）惊讶。

教师简短的讲解，使学生在笑声中轻松地掌握了这两个词的多种词义及用法。

（五）用幽默帮助学生牢记某些同音词

为了帮助学生记住某些同音异义词，教师可自编一些句子，让学生练习掌握。如：

Most people write with their right hands.

He threw a stone through the window.

（六）用妙趣英语句子讲授某些多义词

英语单词大都多"性"多"义"。让学生孤立地记忆，远不及让学生记住一些妙趣横生的英语句子效果好。例如：Well, it's well that the water in the well does well up so well.

三、英语课堂教学幽默运用的艺术

（一）双关语（Pun）

双关语实际就是诙谐地使用同形异义词（Homonym）或同音异义词（Homophone）。英文中不少谐音双关和词义双关的词或词组，可为教师们提供广泛的选择范围。这些双关语用于英语教学中，一方面可以取得幽默效果，让学生觉得好玩，从而提高对英语学习的兴趣；另一方面，也会渐渐让学生掌握这种英语修辞的正确使用。

例如：

I finally figured out how government works. The Senate gets the bill from the House. The Pres-

ident gets the bill from the Senate. And we get the bill from everything.

这是一例词义相关，即利用同形异义词，造成诙谐的效果。前面两个 bill 指议会提案，第三个 bill 指账单，由此构成双关。

"Mr President，what kind of 'concrete assurances' would you like to see to guarantee Saddam's withdrawal，from Kuwait？" "Pieces of his bunker."

这是一则假想的对话，在 concrete 一词的含义上，交际双方明确地选择了一种含义，排斥了另一种含义，从语义分离中泄露出心声。记者心中的 concrete 意为"具体的"，对方的理解却是"混凝土"。地下掩蔽所（Bunker）是用混凝土修建的，如成了碎片，即通过轰炸加以摧毁了。交际双方，在不同的心态中，各自选择了分离的语义，说出了各方解决问题的办法，反映了各自潜意识中的内心活动。

（二）英语字谜（English Word Puzzles）

英语纵横字谜游戏，是利用所给的提示，在棋盘一样的纵横交错的方格里填入单词的一种知识性、趣味性游戏。这种游戏把趣味性和单词学习集于一体，可以使学生摆脱学习英语单词的单调和枯燥，从而轻松愉快地记忆单词。英语教学中插入这种被称为"大脑的体操"的英语字谜，可以极富趣味性和娱乐性，让学生们在轻松愉快的语言游戏中充分运用知识。至于字谜的范围，教师可以按学期或学年有系统有计划地进行，一段时间介绍一个方面的内容，涉及的知识最好由浅入深。例如，可以先让学生填写一些简单图案，如风筝、飞机型字谜。

（三）英文幽默故事（English Humorous Stories）

英语中不乏精彩的幽默故事，篇幅多异，涉及面也极为广。老师在课堂教学时可选一些读给学生听，让学生回答所涉及的提问，或抽掉其中的一些单词、词组，改写成不完全的句子，让学生们依据上下文来完成。为使学生们兴趣更浓，老师们还可侧重一些名人的幽默轶事趣闻。这样持之以恒，循序渐进，学生们不仅能获得极大的乐趣，而且也能掌握更多的英文单词及表达，在英语对话、听说写各方面定会有很大进步。

例如：

When Mark Twain edited a newspaper in Missouri，one of his subscribers wrote him that he had found a spider in his paper and wished to know whether it meant good，luck or bad.

Twain replied："Finding a spider in your paper is neither good luck nor bad. The spider was merely looking over our paper to see which merchant was not advertising，so that he could go to that store，spin his web across the door and lead a life of undisturbed peace ever afterwards！"

读完这个故事，老师可以提出诸如此类的问题：

What had one subscriber found in his papers？

What did the subscriber ask Mark Twain？

How did Mark Twain reply？

如果大部分学生对这些问题感到棘手，老师可以重读，并讲解其中的一些单词、词组，如 spider（蜘蛛），look over a paper（仔细阅读报纸），spin his web（结网），从而帮

助学生更好地理解故事，更正确地回答问题。之后，教师可以抽掉一些单词或词组，把原文抄在黑板上或印发给学生，让学生们填空，以提高他们的理解和运用能力。

（四）英文笑话（English Jokes）

笑话是诙谐的玩笑或使人好笑的情形。笑话的取材很广，可以选择于日常生活的方方面面。一则好的笑话常充满智慧和知识，以让人摆脱尴尬和沉默，也可让人赢得沟通，处处备受他人欢迎。英文笑话被运用于教学，还可具有特殊意义。学生们可以在哄笑中了解各种西方人的心态和生活方式，学到地道精彩的英语。

四、英语课堂教学幽默运用的注意事项

幽默在教学中运用可发挥有效的作用，而且老师可选择的幽默形式也不少。但有两个方面值得注意：一方面要依据教学计划选择恰当的幽默形式；另一方面要从道德和民族等意识考虑，选择恰当的幽默内容。

不同的幽默形式需用的时间会有很大的差异，如双关语（Pun）与幽默故事（Humorous Story）。双关语可以是一个简单句（如：He looks like a bull in a china shop.），在几分钟内学生就可以领悟其含义而哄堂大笑。一个幽默故事就不同了，它一般由至少两段文章构成，学生需要更长的时间来接受和理解其中的意义。教师在课堂教学时穿插幽默要充分考虑各种幽默形式所占用的时间，力求使各类幽默形式的运用达到最佳效果，既不影响整个教学计划，又能促进教学计划的完成。

另外，幽默在教学中使用也要注意恰当的内容。有些幽默可能会伤人感情或丢人面子，教师在使用时要尽量谨慎小心，要充分考虑学生的利益。只有恰当的幽默内容才能正确引导学生，积极地为教学服务，提高英语教学质量。要做到恰当地运用幽默辅助英语教学，首先要求教师平时注意积累资料，备课时巧妙设计，精心选材；其次，要求教师把握火候，让学生在笑声中"开窍"。这样才有利于提高英语教学质量。

第八章　英语教学方法

第一节　互动教学与提问教学法

一、互动教学模式的研究

英语综合技能课是一门基础语言综合课，其课程性质决定了它应该是一门语言实践性很强的课程。但由于种种原因，目前其教学模式往往不能很好地反映出"语言实践"这一教学特点。比如说，由于教学内容多、教学时数少、教学班级大、学生英语程度参差不齐、教师投入教学的精力和时间不足等原因，导致英语综合技能课教学往往只注重了课文理解、语言点学习这一知识层面的教学，较少重视或顾及学生的语用技能训练。

学习知识固然重要，但会用知识更重要。我认为，就目前来说，专业英语教学中语言技能训练应该是课堂教学的主要任务。语言知识学习与语言技能训练在课堂教学中并不矛盾，二者之间只是由于教学重点不同、教学时数比重分配不同、教学方法不同，从而产生出了不同的结果。课堂教学中二者可以同时进行，通过技能训练方式来强化语言知识的理解与记忆，在学习语言的过程中提高语用能力。就结果而言，通过专业英语教学培养出来的学生应当不仅仅具有一定的语言知识，而且还要具有一定的语言应用能力。

（一）互动教学模式的可行性和适用性

互动教学模式的基本框架结构是，课堂教学始终围绕着教材提供的特定内容，以学生为主体，在教师有意识的精心策划、组织、指导下，让学生在有意识或无意识的学习状态中动脑想、动口说、动手写。互动教学模式的本质在于"活动"，其目的是在"活动"过程中实践语言、训练语用技能、提高语用能力，其作用在于让学生变被动学习为主动学习，迫使和诱导学生动脑、动口、动手，从而激活课堂学习气氛，提高学生的学习兴趣。

互动教学模式的特点是，教师与学生、学生与学生、学生与教师相互作用，互牵互动，共同来完成某一特定教学内容。课堂教学活动是构成互动教学模式的具体行为，比如辩论（Debate）、小组讨论（Group Discussion）、对话（Pair Work）、问答（Asking and Answering Questions）A 听写（Dictation）、听力的理解（Listening Comprehension）、写阅读报告（Writing Reading Report）等形式多样的活动。它涉及面很广，例如，阅读教学中的主题讨论、段落主题句与例证查找、观点与事实辨认、语句引申意义的推断、词义判断、对某一观点的归纳或评论、中心思想总结、人物特征和事物细节描述、作者语气态度的评

判、写作目的的思考等，有关阅读技能训练都可以通过课堂教学活动来进行。这些活动是在教师指导下以学生为主体进行的，课堂大部分时间应用于学生活动。

理清这一道理的意义在于，从原理上理清课堂教学中知识学习和技能训练这二者的不同概念和轻重关系，明确课堂教学的目的不仅仅是关注词义、句意、课文意思、语法、文章结构、作者的观点态度、写作目的等诸如此类的知识层面的理解，而更应该关注获取这些知识过程中各种能力的培养，尤其是语言表达能力的培养，通过运用某种有效的教学模式，从而达到知识层面的理解和语用能力的提高这一教学目的。

另外，互动教学模式也反映出教师与学生、学生与学生、学生与教师互牵互动这一相互作用关系。在这一关系中，教师起着主导和牵动作用。教师根据教学内容提出讨论话题和方式，营造语言实践环境，并对学生活动做出反应，随时调整话题，不断调整活动方式，对学生与学生之间的互动起一个互相帮助和促进的作用。相互之间的交流既可以进行知识层面的学习，又可以在知识层面学习的过程中大量使用所学词语；既有机会倾听别人的陈述，又有机会表达自己的观点，在倾听和表达过程中锻炼了听说能力，在有意识地学习知识的过程中无意识地锻炼了语用技能。久而久之就会提高语用能力。学生在活动中的主动、积极学习行为反过来又会感染教师，提高教师的教学积极性。

一般来说，这三个点的互动作用力越大、越协调，课堂气氛就会越活跃，学生的学习兴趣就会越浓厚。而且，学生的这种求知欲和表现欲会自然而然地延伸到课堂之外。课外学习兴趣的大小往往与课堂气氛活跃成正比，课堂气氛越活跃，学生课外学习兴趣就会越大，反之亦然。

互动教学模式要求教师必须具备较高的综合素质。要成功地开展课堂教学活动，教师首先要有足够的激情。无论是课堂活动的设计还是组织，教师都需要认真投入。只停留在知识理解层面的教学与在知识理解层面之上进行各种技能训练的教学所需要投入的备课时间是不一样的。前者比较单一，所需要花费的精力和时间比后者少。课堂教学中要导入某一话题，教师的激情往往会感染学生，使他们在讨论中情绪高涨，发言积极。其次，教师要有驾驭课堂的能力，这一能力涉及教师的语言表达能力、协调能力、应变能力和决策能力。口语流畅，语音语调好，例句具有生活气息，简单易懂，对学生提出的问题反应敏捷，能及时处理讨论中出现的各种问题，善于与学生沟通，把握好讨论的话题、方式和时间等，诸如此类的能力是决定互动教学是否成功的关键因素。

互动教学模式要求学生做一定的课前预习工作，比如背记单词、查阅词典或有关的学习资料、预习课文及相关练习、标出疑难问题和自己的看法，这样，学生在讨论学习中会表达自如、积极发言。因此，教师也就可以较少进行知识理解层面上的讲解，把较多时间用在知识层面理解之上的话题讨论和各种技能训练上。一旦形成这种学习模式，学生对所学内容的接触就是反复多次的，这是一个熟悉所学语言的过程，这种学习过程完全符合语言学习规律。

（二）互动教学模式的基本特点

互动教学模式是集交际教学法、听说教学法、认知教学法、阅读教学法等教学方法为一体而形成的一种课堂教学模式。这种教学模式是在有关语言学习、语言习得理论指导下

从教学实践中总结出来的。英语教学中的互动教学模式的形成原因有以下几点。

1. 英语是一门基础语言课

学生入学时，领会式单词只掌握了 1800 个，复用式单词为 1200 个。而大学两年学习期间要求学生掌握领会式单词 4200 个，复用式单词 2500 个（包括中学所掌握的单词和词组）。这只是较低要求，即四级要求。较高要求（六级要求）则是：掌握领会式单词 5500 个，复用式单词为 3000 个（包括中学所掌握的单词和词组）。就词汇量而言，中学阶段平均每年要求学生掌握 300 个单词，而大学阶段平均每年要求学生掌握 1200 个单词（较低要求）。就学习词汇而言，可以说大学生学习英语与我国小学生学习汉语没有什么区别，还脱离不了背记单词这一关。不光词汇量少，而且学生入校时的语用能力也很差，尤其是听说能力和写作能力。要达到教学大纲对学生的语用能力的要求，就必须在课堂教学中老老实实地遵从基础语言课的教学规律，在教学活动中突出学生这一主体地位，加强学生语用技能训练，有效利用单位教学课时，因此，互动教学模式更符合基础语言所要求的学习规律。

2. 专业英语综合技能课是一门综合课

综合技能课教学不仅涉及阅读和写作教学，它还涉及词汇、语法和听说教学。如何把主体时间用于知识层面教学和在知识理解层面之上的语用技能训练，这就是互动教学模式力图要解决的主要问题。

听力课程是专门训练学生"听"的能力，大部分课堂教学时间让学生听录音。"听说"课也一样，课堂大部分时间用于学生的听说操练。那么，"综合技能课"尽管涉及的知识面较广，教师需要花一定的时间对这些知识进行必要的解释，但解释或讲解不应该占用课堂的大部分时间。通过某种训练方式学生会自己理解有些概念性知识，从而自然而然地记住。有些教师由于过分担心学生的知识理解多少或深浅，往往把课堂的大部分时间用于语言点讲解，在理论上没有弄清楚"综合技能课"（或"读写课""综合课"）也应该像"听力课"和"听说课"一样，学生需要一定量的时间来锻炼获取知识的技能。不管进行哪方面的技能训练，保证学生操练的"时间量"非常重要。从这个意义上说，确定"综合技能课"的性质很有必要。如果说它不是一门纯理论或纯知识课，而是像"听力课"或"听说课"一样，是一门有广泛知识的综合技能训练课，那么教师就应该在课堂教学中给学生留出大量的时间让他们进行活动，进行有关语言技能的操练。

综合技能课应该是一门综合语言课，它所承载的知识非常广泛，涉及天文地理、各地的风土人情、古往今来的文化与历史、各个学科的知识与研究成果等。它所要求学习者掌握的语言技能也不是单一的，其中包括听、说、读、写、译等各种技能。互动教学模式正是基于此意义上形成的一种教学模式，它既强调知识理解层面的教学，更强调在知识理解层面之上技能训练的教学。

3. 互动教学模式符合"准习得"论说

自从 Krashen 提出第二语言"习得"（acquisition）理论以来，我国一些语言学家对这一理论在外语教学中的实际意义做了大量的深入探讨和研究。在研究"学习"与"习得"理论如何指导我国外语教学的基础上，有的学者提出了外语教学中的"准习得"（quasi-

149

acquisition）论说。这一论说分析了"纯无意识性习得"（subconscious-acquisition proper）和"准无尽、识性习得"（quasi-subconscious acquisition）之间的共同点与不同点，强调了"准无意识性习得"通过人造语言环境（artificial language environment）来达到习得的目的。这一论说有力地支持了互动教学模式。

互动教学模式强调要给学生留有足够量的时间让他们进行课堂活动，在互动中通过动脑想、动口讲、动手写等语言实践行为来训练他们的语用技能，帮助他们提高语用能力。事实上，这些课堂活动正是营造语言环境的积极行为，这一行为是在教师有意识的策划、组织和指导下与学生有意识或无意识地进行语言操练而共同完成的。操练者或学生的学习目的和学习行为在活动中有时是有意识的，有时则是无意识的。可以说，学生在接受活动指令时是有意识的，他们明白要进行什么活动和活动中要完成什么任务，但在活动过程中的大部分时间，他们相互之间的交谈是随意的、即兴的，他们在互动中获取的语言技能是"准习得"的结果。

综上所述，互动教学模式主要体现了以下这几个特征：①给学生营造语言实践环境；②给学生留有足够的时间让他们进行语言活动；③语言活动是在教师的策划、组织、指导下与学生共同完成的。

（三）互动教学模式的运用

在目前专业英语综合技能课（读写课或综合课）教学中，都不同程度地体现出了互动教学模式。但从总体上看，大部分教师在课堂教学中用于讲解知识的时间比用于组织学生进行课堂活动的时间要多。也就是说，教师的言语行为比学生的多，课堂教学中主体角色大都是教师而不是学生。这种教学模式在很大程度上还是沿用着传统的教学模式。教师看重的是知识传授，忽略了基础课中语言技能训练这一教学环节，教学方法违背了语言学习的基本规律：语言是学会的而不是教会的。

综合技能课教学中互动教学模式有没有通用性？比如说，单词表中的生词讲不讲？课文结构、文化背景、语言要点、句子结构等诸如此类的知识讲不讲？互动教学模式并不排除知识要点讲解，但并不赞同把课堂上大量的时间用于讲解知识。在涉及的所有知识中，教师必须理清哪些是知识要点，哪些是影响课文理解的知识难点。

词汇和阅读教学就像听说教学一样，互动教学模式同样强调给学生留有足够量的时间和足够量的内容让学生去实践语言。背记单词不是课堂教学任务，但却是学生基础语言学习中的主要任务之一，所以在课堂教学中教师有必要帮助学生学习并掌握单词。

综上所述，互动教学模式应该是目前课堂教学的一种比较理想的教学模式。课堂上组织学生进行的种种活动是互动教学模式的具体行为，但目前就普通高校而言，综合技能课课堂教学活动的开展并不是十分理想。大部分教师把大部分的课堂教学时间用于知识层面的讲解，有的教师甚至还是"满堂灌"，把时间全用于讲解，因此，目前影响开展课堂教学活动的主要原因有以下几个方面。

首先是教师对课堂教学持有的价值观。有的教师认为课堂教学的目的就是给学生传授知识，认为知识比技能重要，教知识比进行技能训练要高级；认为技能训练花费不少时间却学不到多少知识。有的教师认为技能训练应该是中学阶段的教学任务，英语教学的主要

任务是让学生学习教材中罗列出的各种知识，他们由于担心完不成规定的教学任务或担心完不成传授知识这一任务而放弃了课堂教学活动。

另一个原因是教师的综合素质问题。有的教师投入教学的精力和时间不足，面对社会上的种种诱惑和生活中的种种压力，他们花在其他方面的精力和时间比花在教学上的更多一些。他们的态度是能把教材中的知识性问题给学生讲清楚就不错了。除了责任心不强外，另一个综合素质差的问题则表现在驾驭课堂的能力方面。比如，语言表达能力、组织能力、沟通能力、应变能力等，诸如此类的能力是互动教学模式能否顺利进行下去的主要因素。

还有一个原因是来自学生方面的。有些学生学习英语的动机是为了应付各种过关考试。由于目前英语方面的各种测试题偏重于知识性测试，所以有些学生只习惯于知识学习，认为能把一些知识理解了就足以应付各种英语考试，觉得技能训练太浪费时间。还有一部分学生口语表达十分困难，中学阶段基本上学的是哑巴英语，面对专业英语教材中出现的大量生词更是觉得无法适应，在课堂活动中不敢开口讲英语。这部分学生的学习习惯、态度和心态非常不利于课堂教学活动的持续开展。

除了上述三个问题外，当然还有教学设施、教材的适用性和教学管理与教育体制等方面的问题。以上种种问题尽管对顺利实施专业英语教学中的互动教学模式有一定的影响，但有相当大的一部分教师已经开始重视课堂教学活动，在他们的课堂教学中已经不同程度地运用着互动教学模式。

二、英语教学提问技巧的研究

英语专业基础阶段的综合技能课旨在为学生打好坚实的语言基础的同时，也要培养学生用英语进行交际的能力。

多年来，我国传统的英语专业综合技能课教学，一直采用以教师讲授为主的基本模式。课堂教学活动的主角是教师，学生处于被动的配角地位。这种教师上课"一言堂""满堂灌"的教学模式，往往导致教师把重点放在学生是否弄懂了词意、句法上，使综合技能课教学停留在讲解词汇、语法、解释句子和课文的层面上，而忽略了对学生语言实际运用能力的培养。使得学生上课时多半忙于记笔记，很少开口参与课堂活动，缺少动脑思考所学内容的机会，只是被动接受教师传授的语言知识。久而久之，这种教学模式客观上剥夺了学生亲自体验语言习得的学习过程，使学生在语言学习中产生了"惰性"心理，压制了学生学习主体意识的发挥，致使英语综合技能课成了一门死记硬背，缺乏灵活性、生动性和趣味性的课程。结果，在综合技能课上教师教得辛苦，学生学得疲惫，收效往往不尽人意。

近年来，越来越多的教师意识到了综合技能课教学应把重点放在培养和提高学生的交际能力上。那么，如何挖掘综合技能课堂活动所拥有的交际潜能，使它更适用于学生的英语学习呢？

整个教学的最终目标是培养学生正确提出问题和回答问题的能力，任何时候都应鼓励学生提问。提问是英语专业综合技能课课堂教学可以常用的有效方法之一，它是教师启发

学生运用所学的语言知识进行交际的过程，体现了英语课堂教学的交际性。课堂问题的设置直接影响课堂提问的数量和质量，而课堂提问的数量多少和质量好坏直接关系到一堂英语专业综合技能课成功与否。

（一）英语综合技能课问题的设置

综合技能课问题的设置直接影响课堂交际的质量。教师在设计问题时应由浅入深、由表及里，由思考型向总结型、评论型过渡，多问概括性、个性化和开放性的问题，提问的问题要有特色，要能打开学生的思维，让学生充分发挥想象力、创造力，从不同角度寻找多种答案。

1. 导入型问题

一个成功的节目主持人往往善于通过相关话题"热场子"，自然而然地把观众的注意力带入到特定的节目氛围中。

其实，教师在开始讲授新课之前，所要做的工作又何尝不是如此呢？在导入新课过程中，教师以提问的方式或以话题讨论的方式，让学生预测即将学习的内容，做好学习的心理准备。提供与新授内容有关的背景知识和语言信息，可以使学生对所学内容充满期待，使课堂教学引人入胜。

游戏是学生们关注和喜爱的话题，他们自然会踊跃发言，答案当然也是丰富多彩、生动有趣的，这时他们的注意焦点就会自然而然地集中到 game 上。

在师生充分讨论的基础上，教师再提出新授内容并布置学习任务，既顺理成章又科学合理。

2. 浅层面问题

浅层面问题即细节型问题，意在帮助学生在学习过程中获取相关的详细信息，如：事件发生的背景、过程和结果等，包括以下四种类型。

（1）重复信息问题

这类问题要求学生模仿、重复所听到的教师所讲的内容或录音材料，可以采取从词到句到段落的循序渐进的过程。它们可以锻炼学生的瞬时记忆力及快速反应能力，同时可以使学生更加集中注意力听讲并注意自己的语音语调。

（2）判断正误问题

这类问题要求学生对所听和所读的材料中的事实、数据、情节等进行合理分析，正确判断。它们可以锻炼学生的记忆力及快速判断能力。

（3）特殊疑问词问题

这类问题一般可以从所学材料中直接找到答案。一般用 what、when、where、who、whom、why、how 等特殊疑问词来进行提问，也就是说，要求学生注意话语或语篇的时间、地点、人物、原因、方式、结果等。它们可以帮助学生理清课文的脉络，提高阅读和学习效果。

（4）完形填空问题

这类问题考查学生对所学知识的理解和掌握情况。教师可将所学对话或课文改写或缩写，留下空格让学生口头补充或笔头填写相关内容。这是学生进行信息处理和加工的过

程，也是复习巩固知识的过程。

3. 深层面的问题

（1）思考型问题

这类问题一般不能直接找到答案，往往需要学生综合所获取的信息，经过思考、加工、整理后，才能得出深刻的见解和合理的答案。

（2）总结型问题

总结型问题旨在培养学生从整体上把握语篇的能力，要求学生通过阅读、学习和思考，对文章的每个段落和整篇文章的中心思想加以概括、总结，并运用自己的语言流利地表达出来。

（3）评论型问题

评论型问题旨在培养学生阅读学习后的语言输出能力，要求学生结合自己的社会实践和经验对所提出的问题进行分析、判断，而后得出自己的观点或结论。这是学生利用已有知识进行梳理和创新的过程。要通过提问，启发他们敢于提出自己的看法，而这种质疑和创新精神正是当代高等教育所大力提倡和孜孜以求的。

（二）综合技能课课堂提问的方式

1. 鼓励启发引导式——教师提问，学生回答

这是一种传统的提问方式，由教师提出问题，引发学生思考，选择学生回答，但也可以"旧瓶装新酒"，问出特色、创出新意。自上课开始，师生互致问候就启动了师生间的交际活动。教师就所复习内容或所学内容，设计难易不同的问题，选择相应水平的学生来回答，让每个学生都有尝试成功的机会，这是师生间成功地以提问促交际的活动。也就是说，问题应有针对性，既考虑到全体学生的水平，又要照顾个别学生，考虑到可能出现的错误答案以及如何纠正。

方式可以灵活多样，切忌一成不变。例如：在进行复习，做浅层面题的问答时，不妨将全班分成四至六个组，进行比赛，激烈活跃的比赛气氛可以使复习活动变得妙趣横生。值得一提的是，教师提出问题时应表现出对问题的兴趣和对答案的期待，语调、表情应亲切自然。对回答正确的同学应适当表扬，多说 Very good! /Great! /Interesting! /A good idea! /I'm glad lo hear that! /A clear answer! /Wonderful! /Excellent! 等鼓励性语言。对一时回答不出问题的学生，应给予适当的暗示，或通过类似于电视节目"开心辞典"启动求助热线的方式，鼓励组内其他同学给该学生大声"打电话"，帮助其回答问题，这样即可以活跃课堂气氛，又可以使该同学及全班都将所提问题的答案牢记在心。对回答错误的同学也要顾及其自尊心，不要果断地批评或嘲笑，不妨说：I'm afraid that your answer is not right. /Please sit down and think it over. /OK. You can have your own idea. /I hope you can give us a correct answer next time. 等。或者转而问可以使学生们有勇气积极参与课堂活动、踊跃回答的问题，并使他们在回答问题的过程中既能看到自己的长处、进步以及自己的能力，又能正视自己的不足、差距，找到努力的方向，从而增强学习的自觉性和自信心。

2. 结对操练巩固式——同桌之间，互问互答

在教学活动中，教师就某一内容或某一话题让同桌学生结成"对子"，发现提出问题

并寻找答案，可以让学生坐在自己座位上进行练习，也可以有选择性地找一些"对子"到讲台上进行操练表演。这一活动充分体现了课堂教学以学生为中心，充分发挥其主体性和主动性的原则。学生们非常积极地参与，有些学生只发现了低层面、表象性的问题，而有些学生则发现了一些深层面、实质性的问题，需要从全文进行分析、推理和判断。

这样，学生在互问互答中，得到较多的练习机会，可以使他们加深对所学内容的理解，提高语言表达能力，可以激发他们的学习动力，调动他们的学习积极性，而且也可以鼓励他们的创新意识，激发其创造性思维。

3. 鼓励质疑创新式——学生提问，教师回答

这种提问一般安排在刚刚讲授完内容之后，给学生一定的时间，让他们对所学的内容提出质疑。这一活动有利于敦促学生及时复习所学知识，因为只有先复习，才有可能发现问题，有利于培养学生的质疑精神，敢于向权威挑战，这时教师的应答显得尤为重要。

如果学生对语言点有疑问，教师应耐心讲解，多举与现实生活密切相关的例子，并启发学生思考运用。如果学生对学习材料中的某个观点、作者的写作意图、名人名言甚至教师本人的讲解等提出质疑，教师应以宽容的态度"洗耳恭听"，只要合理就应表示赞许，即使不合理甚至是错误的想法，教师也应多加鼓励，肯定其质疑精神，因为有质疑才可能有创新。正如爱因斯坦所说："提出一个问题往往比解决一个问题更重要"。因为解决问题也许只是一个数学上或实验上的技能而已，而提出新的问题、新的可能性，从新的角度去看旧的问题，却需要有创造性的想象力，而且标志着科学的真正进步。

4. 多种角度思维式——组内讨论，班上汇报

话题营造的氛围下，学习语言并用英语进行交际。每个句型和话题，每篇课文都与现实生活有关，因此教师可以设计一些既与学习材料相关又与学生实际生活关系密切的问题让学生进行组内讨论。在讨论中，学生们可以互相交流，进行学习。而且，学生在小组里比在全班更敢于表达自己，在轻松的气氛中学生更易发挥主动性及创造性。教师则应当好"导演"，组织、控制整个讨论的节奏，不时地给学生以指导和建议，使活动顺利进行下去，有时教师也可直接参与学生的讨论活动，最后教师应在班上做总结性点评发言。这一形式可以使学生从各种不同的角度考虑同一个问题，发挥想象力，寻找不同答案。有利于培养学生的发散性思维和求异精神，有利于激发学生的创新意识，有利于培养其合作精神。

综上所述，英语综合技能课课堂提问应讲究策略和艺术，教师应考虑问题设置的合理性、针对性和可操作性，提高提问的效果。教师还应注意提问的技巧。优秀的教师不会自始至终由自己发问，也不会面无表情、目光低垂，而会采取多种多样的提问方式，以生动的面部表情和善解人意的眼神与学生进行心灵的交流与沟通。尽量用生动、形象的语言提出开放式、个性化和多答案的问题，给学生提供修正的机会；放手让学生自己提问，相互讨论，打开全体学生的思维，培养其想象力和创造力。

只有这样，才能有效地组织英语综合技能课教学，变教师与学生之间的主动—被动关系为教师与学生之间的良性互动关系，真正做到"教学相长"，从而提高英语专业学生学习综合技能课的兴趣，增强学生学习的主体意识，进而提高其听、说、读、写、译诸方面实际运用英语的交际能力。

第二节 交际教学与逆向教学法

一、交际教学法的研究

交际法（Communicative Approach）出现于20世纪70年代，其理论主要来自社会语言学、心理语言学和乔姆斯基的转换生成语法。交际法所倡导的宗旨是在理论上把学生的交际能力视为教学目的，即强调对学生实际运用语言的能力的培养；在实践上承认不同的语言交际需要采取不同的教学方法来达到教学目的，即正确处理语言知识与语言实际运用的能力。语言学家认为，语言的社会交际功能是语言的最本质的功能。交际法十分重视这一功能，主张在交际活动中表达意念，掌握运用语言对意念的表达方式，即交际不仅是语言教学的目的，而且也是掌握语言最主要的手段，是外语学习的中心环节。同时交际法强调语言学习者学习外语的主动性和积极性，鼓励学习者运用所学语言进行交际。并且交际法也符合语言的教学原则，提倡师生互动的双边活动。综合技能课的教学采用这种方法切实可行，因为交际法所倡导的教学宗旨正是职业英语专业教学大纲对综合技能课所提出的要求。

（一）交际能力

众所周知，语言是重要的交际工具之一，课堂教学或其他任何形式的语言学习无论其内容和方法如何，其最终目的都是能以所学语言为工具进行必要的口头和书面交际，即培养学习者具有一定的交际能力。

1. 交际能力的含义和对学生的要求

交际能力这一概念源于语言学，语言行为有规则可循，有限的规则可以生成无限的句子。"语言能力"是说话人对语言的全部知识，是内在的、先天的，而"语言行为"则是前者的具体体现，是外在的。

2. 培养交际能力的必要性和可行性

提高交际能力，从小的方面讲是教学大纲的要求，是教学活动中必须做到的，否则便意味着我们没有尽职尽责，只完成了一半任务。从大的方面来说，这也是我国改革开放形式所迫切需要的。我们的学生将来的任务不是去参加各种各样的外语测试，而是在各种各样的场合下运用英语。从语言教学过程本身来讲，交际能力的提高是增强语言能力和语言知识最有效的途径。只有通过不断地读、听、写、说的实践，才能接触各种语域的词汇和语法规则，并加以理解和记忆，从而在更多的实践中学会应用并最终掌握。

（二）交际法在实际教学中的应用

交际法在实际英语教学的很多环节中都有用武之地，比如听说教学和课文教学等。以课文教学为例，英语教学的原则是师生互动的双边活动。运用交际法讲授课文，就是把学生作为课堂中的主体，把课文作为课堂讨论材料，把整个课堂过程交际化。教师是个循循

善诱的"导演"，他实际上扮演心理学家的角色。教师发挥的是课堂活动的组织者，学生学习语言的鼓舞者的作用。教师要采用最佳的教学组织形式，给学生创造一个"下意识"的学习环境，引导学生去主动学习。通过恰当的启发性讲授，引导学生积极地参与实际活动。运用交际法分析课文，把重点放在培养学生正确地阅读的能力上。从篇章入手，引导学生抓住文章的主题和谋篇布局的特点，其次才是词、句的分析。

用交际法讲授课文的好处在于有利于发动学生开动脑筋，培养其逻辑思维能力，同时使学生主动学习，独立获取知识，有助于提高学生分析问题和解决问题的能力。

第一，避免了教师逐词逐句地讲，但不一定都是学生所需要的东西，有利于提高课堂效率。

第二，从整体出发，侧重语篇分析。使学生对课文整体感知，整体理解，有利于语言信息的整体输入。克服了综合技能课传统的教学太慢、太细，"见树不见林"的缺点。

第三，坚持了英语教学原则，课堂上以教师为主导，学生为主体，开展积极的双边活动。因此，学生活动得以最大幅度增加，学生有更多的即兴发言的机会。有利于英语教学宗旨的实现：培养和提高学生的语言交际能力。

二、逆向教学法的研究

目前英语界主要流行着两大教学法：即以语法加词汇为主线的传统教学法和近年来兴起的交际教学法。传统的语法加词汇的教学法过多地强调语法在阅读中的运用，其目的不是为了从阅读中获得尽可能多的信息，掌握阅读技巧，而是为了更多地获取语言知识。

语言知识固然很重要，但不是我们主要的教学目标。用传统的教学法培养出来的学生在语法上占有优势，但不足之处是，学生不能形成行之有效的语言思维结构，在语篇理解和写作能力上有所欠缺。而交际教学法能较快地培养学生的听说能力和快速阅读的能力。交际分为书面交际和口头交际两种。阅读是书面交际的一部分，而与口头交际相比，阅读是更重要的交际形式。该方法的不足之处是只强调交际功能，而忽视了语法理论的指导意义。

高等教育的改革和发展对英语教学提出了更高的要求。英语的教学目标应该放在培养学生独立的阅读理解能力上，也就是语言技能上。

通过词汇形成和句子结构的规则，语言才得以起到交际工具的作用。由此可见，语言知识和交际能力是相互促进的，语言知识是交际的基础，但不进行交际技能的训练，也不能变语言知识为实际运用语言的能力。因此，教学过程中，不能完全按照传统的英语教学法由部分到整体，以语法为主线的教学模式，即：单词—词组—句子—段落—篇章，也不能完全按照以听说领先的语言知识捕捉重要的语言线索，获得一个总体印象（main idea），再把一些长句和难句以及重点词汇和结构放在一定的语言环境中进行重点语法分析、讲授和训练，进一步要求学生掌握处在一定语境中的活的语言表达方式、词组和词汇，达到双方共同协作。同时利用综合技能课本中非常优秀的典型例文具体分析、掌握理解语篇知识的方法，起到以点带面的作用。课上有重点讲解，课下有针对性地做大量泛读练习，促进英语教学的水平提高。

另外，讲授课文要使学生首先对整篇课文的内容有大致的了解和印象，再用一定的时间帮助他们分析各段之间的联系，各大段落的主要意思，段落内部的意义上的发展和联系以及所使用的联系手段，在掌握了一定的重要信息后，归纳出中心思想。另外，在分析、归纳总结的同时，把重点的词汇结构放在一定的语言环境中进行讲授、分析和训练。众所周知，背诵一个个孤立的单词，固然对扩大词汇量有所帮助，但学生当中往往会出现这样的问题，即背过某个单词，也知道是什么意思，但放在句中就不知何意了，或者说不能真正理解其含义了，从而影响对全篇课文的理解，更达不到提高语言技能的目的了。

当然，在精讲过程中，贯穿一些阅读技巧，也是必不可少的。在综合技能课每单元课后的 Reading Practice 中也给我们介绍了阅读的方法，很多方法是可以借鉴的。其中浏览（skimming）和扫读（scanning）对提高学生快速阅读的速度和准确性很有帮助。浏览的目的是找出文章的中心思想，而扫读的目的是从文章中找出重要的细节，找到关键词和关键句子。

运用逆向教学法在综合技能课上的尝试有其利和不利两个方面。

（一）有利方面

第一，在加深和提高学生们词汇结构的实际应用能力，为写作打下一定基础的同时，也提高了学生们对语篇理解的能力。

第二，既防止了只讲语言点而忽略全篇内容，又避免了只注意文章内容而忽视语言基础训练的弊端。

第三，调动了学生的积极性和自觉性，课堂气氛活跃，不再是教师的全盘灌输，而是学生们积极自觉的配合，从而做到真正地理解全篇内容。

第四，从篇章入手，了解文章的结构、各段落的特征、段落的主题句（topic sentence）等，就是把握了整篇文章的大动脉，形成了阅读中的正确预见，从而提高了阅读的效率。

（二）不利方面

对于基础不好的学生来讲，如果课前不预习，课下不及时归纳、总结，还是达不到理想的效果。还有必要针对部分差生就如何充分地调动其主动性，弥补其基础不好的弱点等问题，做进一步的探索和研究，找出适合他们的更好的教学方法，从而使教学水平和教学质量不断提高。

语言是一种交际工具。语言教学的最终目标是培养学生以书面或口头方式进行交际的能力。因此，在教学过程中，既要传授必要的语言知识，也要引导学生运用所学的语言知识和技能进行广泛的阅读和其他的语言交际活动。教学活动不但要有利于语言能力的训练，也要有利于交际能力的培养，不仅要重视句子水平的语言训练，还要逐步发展在语篇水平上进行交际的能力。

第三节　启发式教学法

启发式教学法应用到语篇教学当中，就成了语篇教学和启发式教学相结合的新方法，这两种教学法打破了传统的以句法、词汇和翻译进行教学的框架，改变了过去"填鸭式"的教学方法，使学生由被动学习变为主动参与。

一、语篇教学

语篇教学的目的在于培养学生了解作者的观点、意图，使学生具有通览、驾驭全篇的能力，并将其注意力转向"篇"，而不是文章的"句"，转向文章的"意"，而不是文章的"语言点"。传统式综合技能课教学的重点往往偏重于语音、语法和句法，把一篇完整的文章当成分散的语言点进行讲解，多停留在单句的表层，很少引导学生深入到全段、全篇中去。往往一篇文章讲完后，学生讲不出文章中的基本内容和要点，更说不出作者的主导思想。针对这一现象，使用语篇教学法就成为解决这一问题的新的行之有效的方法。那么怎样进行语篇教学呢？

（一）教师认真备课、引导学生全面地理解课文

进行语篇教学，在备课方面对教师提出了更高的要求。它要求教师挖掘课文思想深度，了解作者的意图，对整篇文章从宏观结构上进行分析，帮助学生扫清语言障碍；了解文化背景知识，以便使学生能够全面领会整个语篇的层次结构、逻辑关系、主题思想和作者的立场观点，并从语言技巧和思想内容两方面加以评论。更重要的是，采用语篇教学，能够使学生从自然的课堂教学而不是生硬的思想灌输中提高艺术鉴赏能力。

传统的教学方法是从单词开始，逐字、逐句向前推进学习，而语篇教学则是采用分段讲解的手法，注意段与段之间的衔接，进行词句讲解，分析人物性格或事件缘由，总结段落大意、中心思想及写作技巧。

在进行语篇教学中，教师要力求做到既不排斥词汇、语法结构的讲授，又要把文章作为一个整体来讲，既重视语言功能，又不忽视语言形式。由此可见，采用语篇教学法并不是将一篇文章笼统地介绍给学生，而放弃对有碍学生正确理解全文的语言难点的讲解。必要的语言点的讲解仍是培养学生掌握语言基本技能的重要组成部分。

（二）督促学生认真预习，提高他们的理解与实践能力

语篇教学同样对学生提出了更高的要求。它要求学生课前对所学文章通篇认真预习，了解文章的梗概，这样，学生就可在教师讲解中做到胸中有数，在课堂上积极配合教师。由于新的教学法在课堂上为学生提供了大量的语言实践机会，学生的语言表达能力则不断地亮相和暴露出来。他们爱面子、怕当众出丑的旧习惯会使他们产生紧张感，加之自尊心的驱使，他们就会积极地进行思考，配合教师表达自己对文章中出现的人物、事件和作者意图的看法。

除了描写人物的文章，议论文采取语篇教学法也有较好的效果。例如，在讲解"Modern Examination"一文时，一开始就用几句准确的话总结了现代考试采取的主要方法：客观试题（objective test）和论述试题（essay test）两种。紧接着启发学生用自己的话说出每种考试方法的优点和不足之处。通过发言、讨论，大部分学生对这两种考试的长处和弊端有所了解，并对作者的意图和表达手法都了如指掌。最后，大家的看法与作者一致，总结出当代考试的最佳方法就是同时使用客观试题和主观试题，只有这样，才能真正检测出学生的真实水平，才能避免有人靠运气得高分，有人得人情分的不合理现象。

使用语篇教学使这一读来平淡无味的议论文独具吸引力，学生的赞同之情溢于言表。实践证明，语篇教学把课文当作整体来处理，符合语言的实践性和交际性原则，整个教学过程都交替着师生间的听说活动，强化了听说能力的培养。另外，由于语篇教学强调了课前预习，学生运用自己掌握的知识，借助于工具书和参考资料解决阅读中遇到的问题，从而获得了新知识，提高了理解能力。语篇教学跳出了过去那种以教师为中心的教学方法，给呆板的课堂注入了活力，拓宽了学生的知识面，扩大了学生的视野，使学生由过去的被动学习转变为目前的主动表达。

二、启发式教学

启发式教学与语篇教学不可分割，二者相依为命，缺其一就很难达到教学的目的。启发式教学可以引导学生积极思考，主动地去探求和掌握知识。能否启发学生配合教师的教学活动，课堂气氛是否活跃是语篇教学成败的关键，也是检验启发式教学效果的重要途径。

我们知道，人对信息刺激的反应和接受是多种感官协调活动的结果。心理学告诉我们，运用的感官越多，大脑皮层上建立的联系点越多，知识的掌握就越牢固。外语教学应该动用学生听、说、读、写各种器官，启发学生运用形象思维和逻辑思维，使学生在理解的基础上，通过大量的语言实践，发展他们的创造性，培养学生的自学能力和独立解决问题的能力。针对一些枯燥的科学性文章，采用启发式教学，就能取得良好的教学效果。

以"Food"一课为例，选用简洁易懂的英语启发学生总结出食物的三大主要种类：碳水化合物、脂肪和蛋白质。然后采取提问式，启发学生进行主动思考，回答总结出三大食物的主要用途。接着，根据文章顺序，又向学生提出哪些食物提供热量，脑力劳动者最需要补充哪些食物等等，由于学生进行了充分的预习，启发式教学就会取得良好的教学效果。

综上所述，采用启发式教学，配合语篇教学法，把学生推入一个具体的语言环境和社会环境中，让他们通过连贯的语言表达来提高运用语言的能力。坚持启发式教学，引导学生进行思维，归纳，能激发他们的学习兴趣，开拓思路，体现了以教师为主导，学生为主体的"精讲多练"的原则。

采用启发式教学，还增加了学生自我表现的机会，符合学生的心理需求，使他们感到自己有能力学好英语，提高了他们的主动性，增强了他们的自信心。启发式教学还使学生摆脱了对教师和教材的依赖，改变了以往在课堂上"只听不问，只记不说"的习惯，使他们从词汇和句子中走出来，把语言学活，有利于培养创造型人才。

当然，采用新的教学方法，其效果着实让人振奋，但新的教学方法对教师的知识面、语言表达能力和综合能力也是一个检验。教师备课需付出几倍的心血，稍有疏忽，就会影响效果。因此，教师还要根据课文的不同体裁，设计出合理的课堂教学方案，要想使这些教学方法结出更丰硕的果实，还需不断提高自身的业务素质，掌握学生的实际水平，最大限度地调动学生的学习积极性。

第四节　多元化教学法

高校英语专业英语教学大纲明确提出其培养目标，即培养具有扎实的英语语言基础和广博的文化知识并能熟练地运用英语在外事、教育等部门从事翻译、教学、管理、研究等工作的复合型英语人才。根据这一培养目标，具体针对综合技能课也提出要求：培养和提高学生综合运用英语的能力。

综合技能课是一门综合英语技能课，它应既重视交际能力的培养，也应注意语言能力的培养。因为前者是教学的最终目的，后者是达到这一目的的必要手段。为此，本课程需通过语言基础训练与篇章的讲解分析，使学生逐步提高语篇阅读理解的能力，了解英语各种文体的表达方式和特点，扩大词汇量和具备基本的口头与笔头表达能力。基于本课的综合性及实践性都很强的特点，需在多个教学环节中完成各项教学工作。语言学习的实质就是获得语言能力和交际能力，为达到此目的，与之适应的教学手段尤为重要。单一的教学方法不足以胜此重任，教学实践证明，多元化的综合教学模式是一种行之有效的教学途径。

这种教学模式是根据不同的教学环节，将应用语言学界所归纳的英语教学的三大流派的语法翻译法、听说法和交际法以及语篇教学法、启发式教学法和逆向教学法等应用到教学实践中，其理论依据为兼收并蓄，博采众长，因材施教，为我所用。

纵观整个英语教学过程，它是一个多样、复杂的过程，具体可分为三个阶段：起点、中点和终点。教师要根据学生的具体要求、情况和各个不同阶段的不同的教学内容，考虑到现有的条件和可以创造的条件，采用相应流派的教学手段，将各具特色的教学方法运用到各个相应的教学环节中去，使其互相弥补、相互渗透，从而达到教学目的。以下主要以交际法和语法翻译法为例。

在前些年的教学实践中，教师对交际法教学比较注重。它和听说法实际上都是从直接法演变过来的。它所倡导的宗旨是在理论上把学生的交际能力视为教学目的，即强调对学生实际运用语言的能力的培养，在实践上它注重以实现课程目标为导向的师生协调发展。在许多教学环节中，交际法都起着非常重要的作用。在教学过程中，大量采用这种方法作为教学手段，把学生作为课堂中的主体，把对话作为课堂语言交际和讨论的材料，将整个教学交际化，充分调动学生的积极性，让学生在类似真实的情景中扮演角色。学生的语言交际能力得到了提高，取得了一定的教学效果，但是无论在教学的哪一个环节，都以此法为重点是不行的。因为它的适用性是相对的，有一定的局限性。交际法教学手段的全面实

施受到学生的素质、学习的动机与其英语语言的实际水平以及学生的学习时间和语言使用范围的制约。学生获得的语言能力相对受到限制，这就使得教师要更新教学观念，积极探索更加有效的教学模式，以更好地达到教学目的。将交际法与语法翻译法等有机结合起来，就能更好地促进教学宗旨的实现。

语法翻译法也称传统法，即注重语言形式，尤其是语法结构。其特点是省时，学生只需记忆和运用已总结出来的语法规则即可。基础阶段应侧重语言能力，要借助语法翻译法来培养学生的语言能力，兼顾交际能力。传统的外语教学手段的优点为：它把句子的理解和运用作为重点。这似乎和另外一种教学手段——语篇分析相矛盾。但是其实并不然，前者是把句子的理解和运用作为重点，后者则是将理解整个语篇的意思作为教学重点。试想，构成语篇的是一个个句子，在理解句子的基础上，才能够理解语篇。那么，在使用外语时，如果能理解每个句子，也就能理解语篇的大意了。这里，两种方法的结合使用使语言能力的获得更加容易。因此，语法翻译法与交际法之间，也有着必然的联系，二者表面上对立，实际上各有所长，在教学中是互补的。

专业英语综合技能课的教学往往顺潮而涌，没有多少新的突破，改革的道路艰难而漫长。如何加快综合技能课教学改革的步伐？怎样恰当地利用教材内容，开拓教改的思路，不断探索新的教学方法，从而提高综合技能课教学质量？我们认为，支撑多元化教学模式有以下几个"转向"。

一、由"沉闷"教学转向"兴趣"教学

在目前的综合技能课教学中，有些教师仍然避免不了按部就班、循序渐进的教学方式，好像缺了哪一个环节就显得教学步骤没到位似的。教师一旦拟定一节课要讲的内容和固定步骤之后，往往把时间卡得死死的，即使在课堂实际操作中出现有些安排似乎是多余的，或者说乏味的，也要硬拼着去完成已定任务。这就造成整个课堂气氛显得十分沉闷，学生无心思学习，甚至感到厌倦，使学生的学习效果和教师的教学效果显得逊色。所以应该提倡不拘泥于教案，不局限于提前设计的课堂形式，要根据学生的情绪及其在课堂上所掌握信息量的程度，采取灵活变通、以兴趣引路的教学手段进行课堂教学，从而打破沉闷，及时扭转劣势。

比如，根据教材内容，在讲解语言知识时，教师应抓住课文的中心，充分展示其特点，给学生提供一些相关的背景知识或穿插一些小故事，让学生自己去总结或欣赏，使之从中获得大量的信息和语言乐趣。比如，在讲到马克·吐温的文章时，不能光讲他的大作描述了一些什么或者好在哪里，还要通过一些小故事讲他作为一位伟大作家的人品和幽默，讲他怎样喜欢与别人开玩笑，喜欢戏弄人，但有时又被别人戏弄的一些趣事。这样才能打破教学中的沉闷，使整个课堂呈现出生动活泼的氛围。

二、由"讲解灌输式"教学转向"启发思维式"教学

讲解灌输式的教学其实就是传统的所谓"填鸭式"教学。在课堂上，对某些内容尤其是语言点的讲解是必要的，但一定要提炼，抓住一些适用的东西和疑难点，讲解力求精

辟，而不是从头到尾进行"满堂灌"。讲解的目的是要在很短的时间内突破难点和疑点。当然教师不能一口气把所有疑难问题全解决，应有意识地留给学生一部分，把重点交给学生，让他们自己去思考和发挥。

三、由单一的"文字式"教学转向"讨论式"教学

综合技能课中的文字式教学主要是指语法、短语和一些重要生词的板书。一般说来，在遇到课文中的较适用的短语、重点词汇和典型的语法时，教师都很自然地要在黑板上写上一些，然后或者讲解，或者举例，或者让学生造句，或者做一些翻译。这些形式在中学英语教学中也屡见不鲜，不能说毫无必要，相反，能给学生带来很大益处，起到帮助学生掌握知识的重要作用。但作为大学的改革课程，可以适当保留一些综合技能课的这种文字式教学的必要的形式，而不是面面俱到，一味地抄写或做呆板的口头练习，更重要的是要把主动权交给学生，以学生为中心进行讨论式的教学。

我们曾尝试把语法项目的讲解变成讨论，通过多次实践，效果明显。学生反应良好，使他们既掌握了语法，又训练了口语。比如，在讲 comparison 这个词的语法时，教师仅花极短的时间提示学生在中学就已学过的几种比较级的类型，接着用少量时间讲一些学生容易忽视或者在使用时容易搞错的一些异常的单音节词的比较级用法：

①please—more pleased, most pleased; bored—more bored, most bored

②glad—more glad, most glad; right—more right, most right

然后，教师给学生出一个或几个讨论话题，让学生分成若干小组，以讨论或辩论两种形式进行。

第一，讨论可先分小组在老师规定的时间内进行，然后各小组选代表或者自愿向全班阐述观点。比如：Compare countryside with city，这个题目比较大，学生可以充分利用所学过的词汇和各种比较级，进行广泛的口头表述，将农村与城市进行对比：过去与现在，优、劣、利、弊，无所不包。

第二，辩论可分成两大组，由甲方和乙方进行专题辩论。例如：在讲 would rather（than）这个短语的用法时，要与 better than、rather、than（口语用法）、prefer to 等联系起来讲。教师在作简要提示之后，规定一个相对立的辩论题，让甲、乙组双方选择：Choose rather to be the tail of a phoenix than the head of a cock.（宁为凤尾，不做鸡头。）Choose lather to be the head of a cock than the tail of a phoenix.（宁为鸡头，不做凤尾。）。在两组经过激烈的辩论之后，教师进行评论和总结。这种讨论式不仅能代替文字式的语法教学，在综合技能课中的其他项目上也很适用。它不仅从形式上加强了老师和学生的双边活动，避免了死板教条的传统语法教学法。从主观上看，学生感到新奇别样，所以兴趣浓厚，激起了他们主动开口和动脑筋的积极性，收到优良效果是无可置疑的。

四、由"讲台前"教学转向"多媒体"教学

随着高科技的发展，目前许多学校的外语教学中的很多科目都采用多媒体教学，这是外语教学改革中的又一成果。根据外语专业的特点，虽然在多媒体教学过程中也存在一些

弊端，比如：根据教材，某些内容开展活动不方便；学生与学生，学生与老师面对面地进行口头交流或示范不便等，但多媒体教学确实对外语教学改革起到了很大的推动作用。多媒体教学能使学生广泛地掌握信息；能通过画面、文字进行想象性地发挥；能使学生动脑又动手，丰富和扩充知识量；能起到直观教学的作用，并达到形象思维和强记的效果。

五、由"室内"教学转向"室外"教学

这种教学形式主要是针对合适的材料内容而言的。在课堂教学中，采取室内与室外相结合的方式，老师仅作指导，把学习的时间、空间和主动权完全交给学生，一节课大部分都在室外进行。具体地说，就是根据课文内容，走出教室，在室外某一个地方进行短剧和游戏式的表演。但这种手段只能偶尔采用，一旦有好的题材，老师布置学生提前做好充分的准备，以便上课时顺利表演而不耽误时间。采用这样的方式大都能获得很好的效果。具体有以下几种形式。

（一）短剧表演

让学生分成很多小组，在课外提前准备，把课文改编成短剧，再进行角色分配。上课时，每组轮流展示其各具特色的表演，最后全班评比，评出所谓的最佳男、女主角奖和最佳配角奖。这样，每位同学都有训练口语和表演的机会，既活泼又有趣，有力地促进了口头表达能力的提高，效果极好。

（二）英语故事、诗朗诵，小品和滑稽剧等多种项目表演

老师从班上挑出若干学生做评委，其余的学生分成大小不同的小组，让学生自找与课文有关的各种题材，课外准备。上课时，老师只对课文内容进行概括性的讲解，然后各组进行表演比赛，学生评委对每组打分，评出小组一、二、三等奖，最后由学生评委发言和老师总结。这种形式使学生个个积极主动、人人兴趣盎然。

（三）参观校园，自由交谈

老师带领学生在校园内游览，并指导学生进行自由交谈，但所规定的是课文题材内的一些话题，让学生在有限的时间内完成。完成的质量如何，由老师随时抽查并给分。这种方式既给学生以压力，又激发他们的热情，使他们触景生情，充分发挥自己丰富的想象力和创造精神。由此可见，室外教学也是一种能培养学生主体意识和创新意识并灵活运用语言的有效手段。

总之，英语综合技能课的教学要体现在使学生全面掌握知识、训练口语和培养技能上。教师的引导作用是保证学生学习效果的关键，一节课的成败主要取决于教师。尤其在新世纪的教学改革浪潮中，教学手段必须不断更新，教师应把教学生"学会"什么变成教学生"会学"什么，使学生的学习从被动转变为主动，摆脱传统的教学模式，提高教学效率。英语专业综合技能课是一门精而深，细而全的课程，讲课时面面俱到不行，舍本逐末更不行，必须抓住重点、难点，力求在合适的时间内，以恰当的手段和形式取得理想的效果。因此，教师应该不断研究，努力探索，每堂课都得动脑子，精心设计，还要随堂应变，灵活机动地完成授课任务。

第五节　多媒体教学法

综合英语课程教学涉及对英语专业低年级学生听、说、读、写等专业基本技能的综合培养，其专业教学地位显得非常重要，由于受到相关语言理论和教学观念的影响，尽管历史经验证明综合英语课程教学对打好学生语言基础非常有效，但传统英语综合课程教学也存在一些弊端。为了克服这些弊端，我们力求在教学内容、教学模式、教学手段和教材等方面对综合英语课堂进行改革，目的是促进学生英语综合运用能力的提高。这其中就包括运用现代化多媒体技术到综合英语课教学中去。由于英语输入是第二语言习得的基础，信息输入的特征对学习者的注意和理解都会产生重要影响。信息的输入频率直接影响到理解和记忆，因而重视频率效应在第二语言习得中的重要地位是毋庸置疑的。多媒体技术由于其本身的特点，能够充分发挥频率效应在综合英语课堂教学中的作用，有助于提高综合英语课程的教学质量。

一、频率效应和第二语言习得

对于语言习得而言，频率也是一个重要原则。随着心理语言学的发展和儿童语言习得研究的不断深入，第二语言习得研究进展很快。研究者关于频率效应对语言习得和对于学习的影响的重视程度不断加深。动态语法大量研究证明，频率对语言成分和规则的理解、生成和使用非常重要。从理解的角度来看，人对事物的认识是一种复杂的意识状态，在生理层面表现为存在于大脑里的感官刺激和反应之间的一种联系，大脑对事物的认识就是各种发散的联系路径。正因为这种联系的存在，人才会在受到相同刺激时产生同样的反应，而随着这种联系的不断加强，刺激与反应之间的关系也趋于自动化。因此语言输入是理解的基础，而输入的频率直接影响到语料的输入，输入频率影响到语言的生成和使用。从记忆的角度看，频率是一种较强的联系，新的记忆在新信息和已知信息之间建立联系，而新信息的重复出现会不断增强这种联系，那么对该信息的记忆也会不断得到强化。对语言成分和规则的生成过程，具体上讲是对词的提取过程。在词的提取中，形象性原则和频率效应交互起作用，高频率又形象性强的词是最容易提取和回述的，而低频率又形象性弱的词是最难提取的；词汇发生系统根据候补词和输入词的共享特征之不同以计算出其相对频率，数目高的"胜出"。在语言使用方面，流利使用语言知识的基础不是抽象的规则或结构，而是一个由以前经验过的话语所组成的庞大的，某些内存的记忆组合。因此频率效应与语言习得关系紧密，频率的高低会直接影响语言习得的效能。

在语言学习理论里，频率同样是一个核心问题。如果学习过程首先是个理解和记忆的过程的话，频率效应会影响到这两个方面，影响到学习过程的质量。研究证明，被强化了的输入更易吸引学习者的注意，并且也有助于学习者记忆。心理语言学中句子即时回述的研究表明，句子即时回述之所以准确是因为短时记忆提供了一个句子的原则表征（这些表征包括声音、语音、文字的表层形式），而在长时记忆里保存的是句子的意义。短时记忆

回述和长时记忆回述的差别在于前者有一套激活的词项可供使用。因为在短时记忆回述中，为了要表达句子的意义，受试要选择词项，而最近被激活的词最有可能被选上，所以在句子中出现的词被选上的概率就会很高。因此，出现频率高的词汇往往容易被习得或提取，从而便于语言的理解、记忆和运用。

二、多媒体教学和频率效应

频率效应无疑会影响外语教学的质量和效能。频率高的语言成分无疑是最容易习得的，因此为语言成分提供较高频率的机会是外语教学过程的重要环节。由于现代多媒体技术的特性，在高校英语课堂采用这种教学手段能够实现这个目标。

输入信息量大，便于回述是多媒体教学最重要的优势。由于输入的信息包括对听、说、读、写等基本技能的训练，而且操作灵活，多媒体技术的使用能够非常便捷地、有重点地提高单词、句子和语篇的频率，从而提高学习的效能。其次，多媒体技术的使用，授课内容图文并茂，便于创设真实语境，趣味性强。有关研究证明，单词在语境中的出现次数对学习效果有重大影响，被学会的单词在语境中的平均出现次数达到 15 次才会被习得。通过多媒体便捷的再现方式，提高词形出现的频率，能够很大程度上避免这种失误。最后，多媒体手段便于突出重点，节约时间。心理语言学研究发现，高频词的提取比低频词的提取要快，低频词的固视要比高频词的固视要高。通过将所需教学内容以文本形式进行投射或以 PowerPoint 等形式的媒体进行播放，将强化内容以特殊的字体或以标题等醒目的形式呈现，能够大量节约教师进行讲解和板书的时间，同时提高所需内容的出现频率，提供纯正标准发音的声像素材，便于学生进行自主学习，提高个体的学习效率。

三、频率效应对多媒体教学的启示

Anderson 把技能学习分为获得陈述性知识面、把陈述性知识程序化、使程序化知识自动化三个阶段。而这三个阶段都与语言成分的使用频率有关，因此英语多媒体课堂教学为提高教学成分频率效应，应该从以下方面着手。

（一）要注意信息输入的质量、数量和速度

多媒体英语教学既为英语教学提供了方便，同时也提出了更高的要求。相关教学内容的输入必须是经过深思熟虑的，在教案设计过程中精心挑选重点和难点。在此基础上，要注意提示的数量，过于频繁的重复会违背多媒体英语教学的初衷。同时要适当估计回述的时间，回述时间过长或过短都不利于提高知识点频率效应的发挥。

（二）多媒体技术使用要人性化

在人类接受外界信息的诸多途径中，通过听觉获得的信息占 11%，通过视觉获得的信息占 83%，因而提高授课内容的频率主要从这两方面着手。要针对第二语言习得的特点、技能学习三阶段的不同特点和针对提高不同语言技能而采用的普遍方法适当调整媒体使用的方式和手段的侧重。如中国学生常用的听力策略主要是通过听英文广播、歌曲，看英文读物、电影、做练习等方式，因此在听力训练中主要以媒体播放为主，教师可以适时提醒

学生没有及时反映出来的单词、句子或重要细节。

（三）要注重学生练习的质量

语言在很大程度上是人们对信息的自动处理，因此不容忽视输出练习的重要性，同时练习不仅能使程序自动化，而且能够建立新的程序，重组已有的知识。因此练习要逼真，这样才能有效地克服惰性知识问题。练习也要与课文出现的内容相适应，这样才更有利于发挥频率效应。

四、大班和综合英语课教学

国内外研究证明，班级大小跟教学质量之间无直接的关系。因此英语教师往往对大班教学褒贬不一。持怀疑甚至反对态度的教师认为大班教学存在一些问题。这些问题主要体现在：①学生多，语言练习机会少，同教师的交流少；②课堂纪律有时难以控制；③教学效果差，四级通过率低；④学生水平参差不齐，教师难以把握教学的程度和进度；⑤课堂教学空间小，不便于组织师生的互动活动，难以活跃课堂气氛；⑥教师批改作业负担加大等等。肯定和支持大班教学的教师认为其有一些好处：①课堂环境轻松，气氛活跃，学生没有压力，不用担心点名，班上总有人能够回答老师的问题并大胆发言；②能够增加竞争意识，可以博采众长，结交朋友等。同时我们应该清楚地知道，大班教学不失为缓解当前外语教师严重不足的无奈之举，更何况目前大班教学是否能达到教学效果仍然难以确定。

传统的综合英语课程主要采用语法翻译法，教学活动采取深入细致地分析课本范本，向学生传授语言知识，操练常用句型，注重语言的正确性。教学步骤以教师讲授生词开始，然后介绍语法，逐句地讲解课文，为巩固新的单词、语法、重点和难度句式，教师向学生提出相关问题或是布置作业。毋庸置疑，传统的综合英语课教学存在着一些缺陷，但它对打好学生的外语基本功是非常有帮助的。现代外语教学的最终目的是培养学生运用外语进行交际的能力。新的综合英语课程开设以更有效地培养学生的综合运用英语的能力为最终目标。课程设计以实现这个目标为原则。为更好地实现这个目标，部分教师已经开始着手有关如何提高英语大班综合英语课程教学效果方面的研究。如王建新等人提出四个策略：①集体备课，发挥团队优势；②提高讲课的主动性，用激情讲课；③科学运用多媒体教学，合理控制教学信息量；④应用认知心理学研究成果，合理安排讲课和练习。

五、大班综合英语课多媒体教学结构设计现状

多媒体技术用到外语课堂教学中去也是教育部大力提倡的。为了更好地将现代化多媒体技术应用到外语教学中去，各高校纷纷采用多媒体教学，开展相关调查和研究。

研究认为，多媒体技术在大班综合英语课教学中的使用有以下优点：①多媒体能够提高学生的口语能力，学生能够学到纯正的发音；②多媒体图文并茂，画面动感，学习内容易记难忘；③便于提供真实材料，操作灵活，资源共享；④加大了授课量，节省了师资；⑤有助于学生自觉性的培养；⑥学生焦虑度降低等。

同时多媒体技术在课堂中的使用也暴露了一些问题：①教学量过大，部分教师采用多

媒体手段组织教学，目的是避免在黑板上写板书，电子教案成为手写教案的翻版，授课仍然以教师为中心，学生忙于做笔记，学习十分被动；②教学方法单一，部分教师仍然主要采用传统的语法翻译法组织教学；③教学材料选择不合理，学生外语交际能力差，上课容易走神；④多媒体配套设备不全，功能难以充分发挥；⑤课件形式设计、内容安排、难度等忽略学习实际水平和个体差异等。

那么就英语教学而言，课堂教学设计是开展课堂教学活动的前提和基础，它为英语课堂教学的实施提供了可靠的"蓝图"。采用多媒体手段的大班综合英语课程教学设计中的重要一环就是媒体的选择与应用。媒体的选择一般依据教学任务、教学内容、学生的需求和水平、教学条件而取舍。而多媒体的实际运用主要是根据教学结构设计预先安排好的步骤进行。而教学结构的设计要根据教学内容和任务的要求以及教学目标的规定，确定多媒体和教学方法的应用，安排师生活动形式以及活动程度。

六、多媒体课堂教学结构的最优化设计

大班综合英语课堂上采用多媒体技术授课是必要的。发挥多媒体技术授课的关键是设计出合理的课堂教学结构。教学结构设计的最优等，就是根据教学目标和学生的特点，对教学中师生的活动过程、形式涉及的教学媒体和方法等多种要素进行整体最优化的安排，形成特定的最佳的结构或模式。大班多媒体综合英语课程教学结构的最优化设计就是我们必须在明确的教学目标、具体的学生、特定的教学环境的前提下，根据教学任务、教学内容、学生的需求和水平等教学要素，对多媒体的使用进行最优化的组合，保证能够达到最优教学效果。

多媒体大班综合英语课教学最优化设计的前提是，要明确教学目标、教学任务、教学环境、教学条件和授课对象。最优化的教学活动的目的是将教学目标实现到最佳程度，不同层次学校的教学目标和施行措施不尽相同。大部分的非重点院校和地方院校外语教学的目标是功利性的，教学目标是提高学生的四级通过率，绝大多数学生学习的首要任务乃至唯一任务是通过四级考试。多媒体的选择必须满足完成教学任务的需要。当前部分教师对外语课堂采用多媒体技术产生误解，课堂讲授时展示大量的图片或是播放原声录音或电影，其结果往往是既不能按时完成教学任务，又使学生上课容易走神。现代教学认为，课堂教学要以学生为中心，教师主要充当课堂活动的组织者，因此多媒体的选择要考虑教师和学生的特点。

教学方法的最优化选择。有的教师发现，多媒体教学实践活动在学生中产生了强烈的反响。根据学生平时的反应、课堂表现与最后的反馈意见，多媒体教学比传统教学的模式具有更大的优势，但是如果两者结合起来，取长补短，可能将产生更佳的效果。因此在教学法的选择上应该针对不同的教学活动做出最优的选择。具体来讲，语言结构部分以示范教学法为最佳，对话部分以情景教学法为佳，阅读和写作部分以语法翻译法为佳，互动活动部分以任务型教学为佳。最佳的教学方法要求使用最佳的多媒体组合。比如对话部分以情景教学法为佳，但是情景教学法要求多媒体再现或是创设教学所需的情景。以投影仪和媒体播放的声像材料必须是与对话内容最具关联的；在媒体的选择上，媒体播放工具优先

于投影仪，因为媒体播放工具能够非常方便地再现情景，使学生在教学过程中达到精神集中和愉悦并存的境界，从而加速对情景的感知和理解。因此英语课堂教学结构设计中，教师必须对教学法及其所需要的多媒体组件做出最佳选择。

对输入和多媒体手段的最佳选择？综合英语课堂教学的直接目的就是帮助学生理解和记忆。多媒体教学中的输入不应该是手写教案的翻版，它必须符合多媒体大班综合英语课教学的特点。输入内容应该主要是能够激发学习兴趣的不可理解的输入，而不是可理解的输入，因为我们坚信，显形教学比隐形教学更有效。认知心理语言学研究成果显示语境因素是理解的另一关键因素。多媒体技术的运用非常便捷地创设了相关语境。遗忘是造成记忆困难的直接原因，而造成遗忘的原因不是时间因素，而是语料在短时记忆中会互相干扰，即产生前摄和倒摄的作用。通过再现教学内容和设计相关语境，多媒体技术的采用无疑会非常方便地达到克服此类干扰的目的。教学内容的最优取舍同样是非常必要的。综合英语课上投射的教学内容必须是在课程结构计划时经过教师精心选择的。重点单词、句型结构和情景的合理再现有助于学生的理解和记忆。教学内容的媒体再现方式应该根据需要做出最优取舍即教师讲解语言结构部分时应该采用图片、幻灯片等形式引导词汇和语法结构；对话部分应通过教师文本讲解和媒体播放录音形式讲授；阅读和写作部分多采用投影方式显现重点和难点。

课堂活动的最优化设计。课堂教学的主要弊端是设计的语境大都是虚构的，不利于对学生实际的交际能力的培养。多媒体技术通过视频、播放小电影、对话等形式完全能够为学生提供一些丰富多彩的实况外语节目，能够弥补以上不足；同时能够保证纯正的语音，有利于学生口语的提高。大班课堂教学设计可以采用全班、双人练习等组织形式，同时为了突破空间的限制，完全可以将课堂当作英语角，让学生自由寻找训练对象，从而活跃课堂气氛，学生积极性相对较高。同时多媒体课堂教学设计往往包括相关学生自主学习和教学的软件，这些软件将非常有利于学生自主学习。

参考文献

[1] 张丽亚．现代英语语言学研究［M］．长春：吉林人民出版社，2019.

[2] 张晶薇，蔡丽华，赵晴．简明英语语言学理论与实践［M］．沈阳：辽宁大学出版社，2019.

[3] 冯华，李翠，罗果．英语语言学与教学方法研究［M］．长春：吉林人民出版社，2019.

[4] 刘曦．基于多维视角的英语语言学理论探索与应用［M］．北京：新华出版社，2019.

[5] 田昆，戴文婧．现代英语语言学基础理论的多维分析及发展研究［M］．北京：中国大地出版社，2019.

[6] 郭月琴．现代英语语言学的多维分析及其发展研究［M］．北京：中国大地出版社，2019.

[7] 周榕，郭沫，秦波．英语翻译与语言学［M］．安徽师范大学出版社，2019.

[8] 王立群．英语语言测试的社会学研究［M］．西安：西北工业大学出版社，2019.

[9] 杨静．现代语言学流派与英语教学探究［M］．北京：中国商业出版社，2019.

[10] 许丹丹，陈蕊．功能语言学与英语教学研究［M］．长春：吉林大学出版社，2019.

[11] 冯小巍．现代英语语言学多维探索与研究［M］．北京：新华出版社，2018.

[12] 戴炜栋，何兆熊，戴炜栋．新编简明英语语言学教程［M］．上海：上海外语教育出版社，2018.

[13] 司显柱．英语基础写作教程第2版［M］．上海：东华大学出版社，2018.

[14] 马道山．语言学概论英文［M］．汕头：汕头大学出版社，2018.

[15] 王晓丹．认知语言学视角下视障学生英语多义词习得研究［M］．天津：天津大学出版社，2018.

[16] 张秀萍．认知语言学理论视角下英语教学新向度研究［M］．北京：中国商务出版社，2018.

[17] 邱云峰，姚登峰，李荣．中国手语语言学概论［M］．北京：中国国际广播出版社，2018.

[18] 武成．英语教师语言意识［M］．上海：学林出版社，2018.

[19] 翁凤翔．商务语言学［M］．上海：上海交通大学出版社，2018.

[20] 汪榕培，王之江．英语词汇学［M］．上海：上海外语教育出版社，2018.

[21] 陈新仁．英语语言学实用教程第2版［M］．苏州：苏州大学出版社，2017.

［22］邓林，李娜，于艳英．现代英语语言学的多维视角研究［M］．北京：地质出版社，2017.

［23］吕兴玉．语言学视阈下的英语文学理论研究［M］．长春：东北师范大学出版社，2017.

［24］林竹梅.ESP 语言认知研究［M］.北京：对外经济贸易大学出版社，2017.

［25］袁德玉．认知语言学基础上的语言衔接［M］．成都：电子科技大学出版社，2017.

［26］马晓雷，柳晓，梁晓波．军事语言与文学探究［M］．北京：中国言实出版社，2017.

［27］戴耀晶．戴耀晶语言学论文集［M］．上海：复旦大学出版社，2017.

［28］郝彦桦，李媛．当代英语翻译与文学语言研究［M］．成都：电子科技大学出版社，2017.

［29］李晓坤．商务英语语言及其教学研究［M］．北京：中国纺织出版社，2017.

［30］郭娟．外语教学与语言文化［M］．长春：吉林文史出版社，2017.